Лекции по Книге Иова

ЧЕЛОВЕК ПЛОТИ,
ЧЕЛОВЕК ДУХА (I)

Лекции по Книге Иова

ЧЕЛОВЕК ПЛОТИ, ЧЕЛОВЕК ДУХА (I)

Доктор Джэрок Ли

ЧЕЛОВЕК ПЛОТИ, ЧЕЛОВЕК ДУХА (I)
Автор Доктор Джей Рок Ли
Издано в Urim Books. (Представитель: Kyungtae Noh)
73, Yeouidaebang-ro 22-gil, Dongjak-Gu, Seoul, Korea
www.urimbooks.com

Впервые издана в февраль 2013 г.
Вторая редакция 2014 г.

Отредактировано Ёнми Ли
Дизайн издательского бюро Urim Books
За дополнительной информацией
обращайтесь: urimbook@hotmail.com

Откройте для себя Книгу Иова

Ветхий Завет в основном делится на Тору, Невиим и Ктувим. Тора – это Пятикнижие Моисеево, в котором заключены учение и Закон. Невиим – это книги пророков, а в Ктувиме отражена мудрость древнего Израиля.

Книга Иова относится к Ктувиму. Она рассказывает о страданиях человека, о Божьем провидении и вере Иова. Имя «Иов» переводится и как «удрученный», и как «гонимый», однако сказать точно, что оно означает, трудно.

Иов жил в земле Уц, которая сейчас находится вблизи границы, пролегающей между Ираком и Саудовской Аравией. Некоторые ученые полагают, что Иов – это вымышленный персонаж, описанный в литературных трудах. Но Иов – это реальная фигура. Библия подробно говорит о том, где он родился, сколько у него было детей и каким имуществом он владел.

Иезекииль, Ной и Даниил – все они личности исторические, так что Библия подтверждает, что Иов был реальным историческим персонажем (Кн. пророка Иезекииля, 14:14; 20). И Иаков в Новом Завете также говорит о терпении Иова (Посл. Иакова, 5:11).

Книга Иова содержит множество слов на иврите, которых не встретишь ни в одной из других книг Ветхого

Завета. Она также включает обширные сведения по астрологии, географии, зоологии, океанографии, горному делу, путешествиям и праву. Это настоящий шедевр мировой литературы.

Эта книга мудрости даст вам ясные ответы на наиболее часто возникающие в жизни вопросы и приведет вас к успеху

Книга Иова – одна из самых сложных в Библии. Обычно люди думают об Иове, как о человеке праведном и непорочном, которого Бог испытывал безо всякой на то причины, который, не жалуясь, достойно выдержал все испытания и получил вдвое больше благословений, чем имел прежде. Но подобное поверхностное восприятие не дает нам возможности получить ответы на вопросы, которые подняты в этой книге.

Я страстно желал постичь истинную суть Слова Божьего и жить согласно ему. С того времени, как я принял Иисуса, я начал просить Бога подробно объяснить мне смысл Библии. Через семь лет, во время которых я много постился и молился, Бог, наконец, ответил на мои молитвы. С самого начала Святой Дух вдохновил меня, позволив понять наиболее трудные места в Библии, и я осознал, какой глубокий духовный смысл заключен в каждом Библейском стихе.

Книга Иова тщательно исследует сердце человека

и указывает на зло и нашу истинную сущность, укоренившуюся глубоко в нашем сердце, таким образом позволяя нам понять самих себя. В конечном итоге, благодаря этой книге, мы можем осознать, кем мы являемся – людьми плоти или духа. Книга также подсказывает нам, как мы можем стать людьми духа. Под «плотью» следует понимать нечто неистинное, темное, подверженное изменениям. Тогда как под словом «дух» подразумеваются истинные, нетленные ценности и мир Света.

В декабре 1986 года, на пятничных всенощных собраниях, я начал проповедовать то, чему Бог научил меня через Книгу Иова. И это длилось в течение шести лет – до 11 декабря 1992 года. В то время как я проповедовал по Книге Иова, большинство членов церкви многое узнали о себе и, меняя себя в истине, старались побороть в себе самолюбие и эгоизм.

Книга Иова говорит о том, что наш успех зависит от произносимых нами позитивных слов и правильно выстроенных социальных взаимоотношений. Но духовный смысл книги настолько глубок, что полностью познать его можно только по вдохновению, полученному от Святого Духа. Она охватывает обширный круг жизненных проблем и подробно рассматривает три направления духовных законов, которые применимы к отношениям между Богом, людьми и сатаной. Книга Иова описывает путь, ведущий к обретению благословений, и говорит о том, что дает основание сатане выдвигать обвинения против людей.

Если мы поймем Книгу Иова, мы сможем обрести

мудрость и силу, преодолеть любые трудности и жизненные проблемы.

Я выражаю благодарность поэтессе Ёнми Ли, которая редактировала книгу *«Лекции по Книге Иова: Человек плоти, человек духа (I & II)»* перед ее выходом из печати. Я так же признателен *«Крисчиан Пресс: Christian Press»* за ее публикацию. С благодарностью и хвалой я обращаюсь к Богу, благословившему нас на издание этой книги.

Пусть же вся эта книга еще больше укрепит надежду читателей на Небесное Царство, чтобы они преуспевали во всем, как преуспевает их душа, и обладали крепким здоровьем. Я молюсь об этом во имя Господа Иисуса Христа!

Д-р Джей Рок Ли

Мои духовные глаза открылись, благодаря данным в книге духовным толкованиям, я был захвачен литературными и художественными достоинствами книги

Иов является прообразом всех страдающих людей. Разумеется, его страдания не сравнимы с теми, что вынес Иисус. Однако Иов, скоблящий черепицей свои струпья, может служить примером «человеческого страдания».

«Лекции по Книге Иова: Человек плоти, человек духа (I & II)» – книга, написанная преп. д-ром Джей Роком Ли, дает такую теологическую трактовку, которая опровергла мое прежнее восприятие Иова.

Раньше я лишь знал о том, что Иов был человеком непорочным, что он укорял свою жену, когда та сказала: «Похули Бога и умри» (Кн. Иова, 2:9-10). Он не стал хулить Бога, вынес все смертные муки и получил благословения вдвое больше тех, что у него были прежде. Друзья же его, безо всяких на то причин, создавали ему трудности.

Когда я был молодым, то для своей церкви придумал пьесу об Иове. Я как раз написал об Иове и трех его друзьях. Но работа д-ра Джей Рока Ли *«Лекции по Книге Иова:*

Человек плоти, человек духа (I & II)» послужила моему пробуждению. Мои духовные глаза открылись благодаря тому, что цитируемые автором места из Ветхого и Нового Заветов были даны в привязке к реальным жизненным ситуациям.

Я испытывал сожаление от того, что Иов хранил молчание, когда друзья пытались учить его и заставить признать свои беззакония и пороки. И кто бы мог подумать, что Иов достигнет того уровня, когда начнет искать себе необоснованные оправдания и жаловаться на Бога?

Но поскольку Книга Иова и Книга Откровения – самые трудные в Библии для восприятия, то каждый может интерпретировать их по-своему. И когда преп. д-р Джей Рок Ли сказал: «Книга Иова написана с позиций веры Иова, поэтому не все, сказанное в ней, является истиной, так как Иов часто выражал ошибочные идеи». И это правда.

Затем у меня возник вопрос. Страдания приходят, когда люди грешат? Или это Божье наказание? Судя по тому, что говорил Елифаз, мы можем подумать, что людской грех является причиной болезней и страданий. Преподобный Джей Рок Ли ясно отвечает на этот вопрос. Осуждать Иова было весьма самонадеянно со стороны Елифаза.

Даже тогда, когда мы говорим правильные вещи, мы должны делать это в достойной форме, соответствующей

Слову Божьему, которое является истиной. Я досконально понял, что мы не должны говорить правильные слова, опираясь лишь на собственные знания.

Благодаря этой книге, я еще раз убедился в том, что никто в этом мире не может осуждать нас, верующих, кроме как Иисус Христос. Он дал нам жизнь, и Сам будет судить нас.

Я старался понять истинный смысл лекций по Книге Иова, сравнивая их с Библией. Благодаря деталям и содержательным объяснениям, я смог понять каждый, даже самый трудный, стих, применяя полученные из книги знания в реальной жизни. Я был поглощен чтением Книги Иова, которую отличает высокий литературный и художественный уровень. Благодаря этому, я понял, почему Библия так популярна во всем мире.

И я бы хотел порекомендовать эту книгу всем христианам, каждому, кто верит в то, что страдания являются благословениями, и тем, кто никогда не сетует на Бога, оказавшись в трудном положении.

Юрим Хан, телесценарист Корейского ТВ
Март 2007 г.

Лекции по Книге Иова – один из последних литературных шедевров

Похоже, что старший пастор Центральной церкви «Манмин» – один из счастливейших людей в мире. И не только потому, что он возвел крупнейшую в мире церковь, но и потому, что он завоевал полное признание и благосклонность членов своей церкви.

В дополнение к этому, силой Божьей он исцелил бесчисленное множество больных у себя на родине и за ее пределами и привел их к Богу. И многие другие, страдающие от болей и болезней, горячо желают принять его молитву.

Однако есть нечто, на что мы не можем ни обратить внимания. Исцеление через молитву не является основной целью его служения. Основная цель его служения – позволить тем, кто был исцелен через его молитвы, обрести спасение души и надежду на Небеса. Служение исцеления является промежуточным на пути к конечной цели.

Наш Господь Иисус большую часть своего

общественного служения, которое было таким же ценным, как золото, посвятил исцелению больных. Но было ли восстановление здоровья людей главной целью Иисуса? Вовсе нет! Он являл Божью силу для того, чтобы они познали Бога, воздали хвалу Его всемогуществу и обрели спасение. Точно так же служение исцеления д-ра Джей Рока Ли ориентировано на то, чтобы многие люди достигли заветного Небесного Царства.

«Лекции по Книге Иова: Человек плоти, человек духа (I & II)» исследуют всю жизнь Иова, включая его физические недуги, страдания и восстановление, и знакомят нас с новым духовным взглядом на Иова, который заново открыл для себя Бога и устремил свой взор на Небеса.

Обычно люди думают об Иове следующее: Иов – человек, который был праведнее всех на Востоке и который верно служил Богу. Пришел день, когда из-за безосновательных обвинений сатаны на него обрушились суровые испытания и болезни, но, поскольку он был терпеливым до самого конца и не жаловался на Бога, Бог дозволил, чтобы он полностью восстановился и удвоил его благословения. И в заключение: Иов оставался непорочным даже в самый разгар страданий, в то время как друзья были не справедливы к Иову, осуждая и обвиняя его.

Работа д-ра Джей Рока Ли, *«Лекции по Книге Иова: Человек плоти, человек духа (I & II)»*, с самого начала перевернула традиционное представление о Книге Иова. Иов считался человеком непорочным и справедливым, но в действительности у него не было ни истинных знаний о Небесах, ни уверенности в справедливости Божьей, так как вера его была всего лишь плотской. Правда то, что он стремился к совершенству в делах, но при детальном рассмотрении убеждаешься, что он не достиг успеха в обрезании своего сердца. И еще: те места, в которых говорится, что он страшился потерять свои владения, богатство и земной достаток, доказывают, что ему недоставало веры и доверия к Богу.

Когда его вера, из-за чрезмерных испытаний и трудностей, обрушилась, он, в конечном итоге, разгневался и начал жаловаться; тогда-то и выявилось зло, сокрытое в глубине его сердца. Пройдя через период испытаний и страданий, он стал человеком духовной веры.

Через великолепную драму, написанную по Книге Иова, я пришел к пониманию истинной цели служения д-ра Джей Рока Ли по исцелению тела и души – его мечты довести как можно больше людей до Царства Небесного.

Эта работа, *«Лекции по Книге Иова: Человек плоти, человек духа (I & II)»*, неотделима от других его работ – *«Мера веры»*, *«Слово о Кресте»*, *«Небеса»* и *«Ад»*. За историей болезней, испытаний, исцеления и полного восстановления Иова, словно радуга, встает великая история Божьего искупления человечества. На этом и сделан основной акцент д-ром Джей Роком Ли, старшим пастором Центральной церкви «Манмин». Он неустанно раскрывает секреты Царства Небесного и убеждает многих людей брать Царство Небесное силою. Его цель не в том, чтобы хромые отбросили костыли, – он убедительно просит их твердой поступью идти к Небесам.

Я слышал, что автор этой книги, д-р Джей Рок Ли, страдал от различных заболеваний и в молодости был даже прозван «универмагом болезней». Со времени встречи с Живым Богом, он получил полное исцеление от всех болезней и с жаром в сердце отдал всего себя Царству Господа. Поскольку автор сам стонал, страдая от физической боли, вызванной серьезными болезнями, в своей работе «Лекции по Книге Иова» он смог более ярко описать страдания Иова.

Идея, которую д-р Джей Рок Ли проносит через всю книгу, проста и, вместе с тем, сильна, как и все его проповеди. Эта книга основана на его личном опыте, чувствах и впечатлениях, копившихся долгое время. Его проповеди звучат боговдохновенно, а при личной встрече убеждаешься, насколько он мягок и кроток. В жизни он демонстрирует такое смирение, которое не позволяет ему снисходительно относиться даже к маленьким детям.

Я полагаю, это объясняет, почему члены Центральной церкви «Манмин» так любят его.

Я так рад быть свидетелем мощных дел, способных

пробудить многих людей от духовной дремоты, и быть свидетелем их желания разделить огромную радость со многими христианами у себя на родине и за ее пределами.

Буюн Жонг Ким,
доктор наук, профессор Сеульского национального университета

Откройте для себя Книгу Иова

Пролог

Рецензия на книгу

Комплимент

Глава **1**

Иов был непорочен и справедлив

1. Иов был непорочен в своих делах

2. Возникновение сатаны

3. Сатана обвиняет в соответствии с законом духовного мира

4. Иов проходит первый тест сатаны

«Был человек в земле Уц, имя его Иов; и был человек этот непорочен, справедлив и богобоязнен и удалялся от зла» (Книга Иова, 1:1).

1. Иов был непорочен в своих делах

«Был человек в земле Уц, имя его Иов; и был человек этот непорочен, справедлив и богобоязнен и удалялся от зла» (1:1).

Люди судят по внешности, Бог же смотрит на внутреннее сердце, и именно так Он узнает о том, кто из них честен. Когда Бог смотрел на сердце Иова, Он видел его непорочность и справедливость.

Переработанное несокращенное издание словаря Вебстера определяет слово «непорочность», как свободу от чувства вины и заблуждений, невинность. Быть непорочным, в духовном смысле, – значит демонстрировать кротость, подкрепленную делами. Кроткий человек обладает смиренным, мягким, сдержанным характером, отличающимся достоинством и способностью объять всех. Неважно, насколько кротким с виду выглядит человек, но если в экстремальной ситуации, когда, к примеру, ему ни за что дают пощечину, и он гневается, мы не можем назвать его кротким.

Далее, если обратиться к тому же словарю за значением слова «справедливый», то мы найдем там следующее определение: «морально стойкий, имеющий незыблемые моральные устои, честный; человек, во всем руководствующийся принципами справедливости».

Духовное же значение этого слова не ограничивается лишь честным отношением к другим, а предполагает такую же честность по отношению к самому себе. Тот, кто не обманывает сам себя, никогда не нанесет вреда и другим.

В приведенном выше отрывке говорится, что Иов был непорочным, справедливым и богобоязненным человеком. Бояться – значит уважать и почитать. Имеющие страх Господень и верующие в Бога почитают Его. Они удерживаются от всякого рода зла (1-е посл. к Фессалоникийцам, 5:22) и соблюдают все заповеди Божьи, оставляя в прошлом все свои прегрешения.

Иисус – это Слово, Которое стало плотью и обитало среди нас в этом мире. Он был богобоязнен и верен во всем, говоря в ответ Богу только «да» и «аминь» (Откровение, 3:14). Библия говорит нам, что страх Господень был также и в патриархах веры, и это помогло им стать смиренными и полностью отдать свои жизни Богу. Если вы живете по Слову Божьему, не вступая в конфликт с истиной, то вы можете сказать, что вы боитесь Бога.

Когда ваша жизнь во Христе лишь только начинается, тогда ваша вера еще недостаточно крепка, и вам может показаться, что вы боитесь Бога, но истинного страха Господнего вы еще не испытали. По мере роста вашей веры, вы сможете больше познать Бога и не грешить. Тогда у вас не будет страха перед Ним, и вы полюбите Его всем сердцем.

Иов боялся Бога, следовал Слову Божьему и отвратился от зла. Зная, как Бог ненавидит зло, и из страха пред Ним Иов не грешил. Из этого становится ясным, что Иов служил Богу не потому, что любил Его и относился к Нему с трепетом и благоговейным страхом, а из боязни последствий.

«И родились у него семь сыновей и три дочери. Имения у него было: семь тысяч мелкого скота, три тысячи верблюдов, пятьсот пар волов, и пятьсот ослиц, и весьма много прислуги; и был человек этот знаменитее всех сынов Востока. Сыновья его сходились, делая пиры каждый в своем доме в свой день, и посылали, и приглашали трех сестер своих есть и пить с ними. Когда круг пиршественных дней совершался, Иов посылал [за ними] и освящал их и, вставая рано утром, возносил всесожжения по числу всех их. Ибо говорил Иов: может быть, сыновья мои согрешили и похулили Бога в сердце своем. Так делал Иов во все [такие] дни» (1:2-5).

Этот библейский эпизод говорит нам о благословениях, уготованных для тех, кто боится Бога и хранит себя от зла. Иов был назван самым знаменитым из людей Востока именно потому, что у него был страх Господень и он отвратился от зла. То же происходит и сегодня. Те, кого признает Бог, будут благословлены богатством, детьми и здоровьем и получат многие другие благословения.

В этом отрывке числа «3000» и «7000» не имеют особого скрытого смысла. Но в Библии число «3» символизирует правоту, а «7» – совершенство. Числа «3» и «7» часто фигурируют для того, чтобы показать, что Сам Бог действует в жизни Иова, поскольку тот является человеком богобоязненным, стремящимся отвратиться от греха. То есть это говорит нам о том, что Иов был весьма благословенным человеком.

Поскольку Иов был непорочным и справедливым, то и его дети выросли в любви, и отношения между ними были очень хорошими. Если глава семьи показывает добрый пример, то дети будут расти в мире друг с другом. Дети Иова поочередно проводили в своих домах пиршества, братья приглашали сестер на свои дни рождения, чтобы вместе насладиться празднеством.

Но мир, который царил между ними, не был истинно духовным – это был плотский мир. Конечно, в наши дни, когда любовь охладела, многие семьи не имеют даже плотских радостей и покоя. Иов был богатым человеком, но он всегда тревожился за своих детей.

А все потому, что в его детях не было страха Божьего. Иов волновался, что его дети могут совершить что-либо противное Богу, поэтому он постоянно возносил всесожжения за каждого из них. Поскольку он неизменно делал это, то мы можем утверждать, что он действительно боялся Бога и избегал зла.

Во времена Ветхого Завета, чтобы получить прощение грехов, что бы люди ни совершили, нужно было принести жертву всесожжения. В Ветхозаветные времена грехом считались только действия, противоречащие Закону. Так что, Иов, приносивший жертву, мог считаться непорочным, если судить по его делам. Но Бог видит внутренние сердца людей, и Он, в действительности, хочет не показного, а истинного обрезания сердца.

В эпоху Нового Завета, когда у нас есть Святой Дух, каждый, кто верит в Кровь Иисуса, может силой, данной Духом Святым, сделать обрезание своего сердца. Благодаря силе Духа Святого, мы можем избавиться от своей греховной природы, пороков, скрываемых в наших сердцах, и изменить отрицательные качества своего характера, превратив их с помощью истины в достоинства. Важнейшая причина, по которой Бог дал Иову эти испытания, была в том, что Он хотел, чтобы у Иова было непорочное и освященное обрезанием сердце, вместо попыток оправдаться хорошими делами.

2. Возникновение сатаны

«И был день, когда пришли сыны Божии предстать пред ГОСПОДА; между ними пришел и сатана. И сказал ГОСПОДЬ сатане: откуда ты пришел? И отвечал сатана ГОСПОДУ, и сказал: я ходил по земле и обошел ее. И сказал ГОСПОДЬ сатане: обратил ли ты внимание твое на раба Моего Иова? ибо нет такого, как он, на земле: человек непорочный, справедливый, богобоязненный и удаляющийся от зла» (1:6-8).

Некоторые исследователи Библии утверждают, что «сыны Божии» в этом отрывке – это ангелы. Но в Послании к Евреям, 1:5, говорится: *«Ибо кому, когда из Ангелов сказал Бог: „Ты Сын Мой, Я ныне родил Тебя"? И еще: „Я буду Ему Отцом, и Он будет Мне Сыном"?»*.

Бог никогда не называл ни ангелов, ни других духовных существ Своими сынами. В 1-й главе Книги Бытия рассказывается о сотворении Богом этого мира. В частности, в Бытии, 1:26, говорится: *«И сказал Бог: сотворим человека по образу Нашему по подобию Нашему»*, что свидетельствует о том, что Бог Отец, Сын и Дух Святой участвовали в сотворении мира.

Также в Книге Иова, 38:6-7, написано: *«На чем утверждены основания ее или кто положил краеугольный камень ее, при общем ликовании утренних звезд, когда все сыны Божии восклицали от радости?»*. Здесь также упоминаются «сыны Божии». Когда Бог в процессе сотворения заложил основание для создания земли, сыны Божьи, как сказано, радовались.

То есть здесь, под «сынами Божиими», подразумевается Иисус Христос, Единственный и Единородный Сын Божий, и Дух Святой, Который является нашим Утешителем. Итак, «сыны Божии» в 1-й главе Книги Иова – это две ипостаси: Бог Сын Иисус Христос и Бог Святой Дух.

Некоторые могут удивиться: «Как Бог, Который настолько свят, может общаться с порочным сатаной?». Они думают, что у сатаны есть возможность прийти к Богу и говорить с Ним. Но сатана не может войти даже в Эдемский сад, не говоря уже о том, чтобы войти в Царство Небесное и предстать пред престолом Божьим. Бог управляет всей Вселенной. Его престол находится в Царстве Небесном, но Сам Он может перемещаться, куда только пожелает. В духовном мире, если Бог захочет, Он может говорить с сатаной, где бы тот ни был.

Теперь, что же это за существо – сатана? Библия пишет о его происхождении.

«Как упал ты с неба, денница, сын зари! разбился о землю, попиравший народы. А говорил в сердце своем: „взойду на небо, выше звезд Божиих вознесу престол мой и сяду на горе в сонме богов, на краю севера; взойду на высоты облачные, буду подобен Всевышнему"» (Кн. пророка Исаии, 14:12-14).

В английской версии Библии короля Якова вместо слов «сын зари» используется слово «Люцифер». Люцифер – это архангел, обязанностью которого было восхвалять Бога еще до того, как Бог сотворил людей. Люцифер, пользуясь любовью Бога, возгордился от мысли, что он тоже может стать подобным Богу.

Со временем Люцифер совратил подвластных ему ангелов, драконов, занимавших главенствующее положение среди херувимов, а также других животных, которые были под контролем драконов, и составил план восстания против Бога. В Откровении, 12:9, об этом говорится: «*И низвержен был великий дракон, древний змий, называемый диаволом и сатаною, обольщающий всю вселенную, низвержен на землю, и ангелы его низвержены с ним*».

По этой причине в Библии упоминаются нечистые животные, поскольку они были теми существами, которые участвовали в восстании против Бога вместе с Люцифером (Кн. Левит, 11-я глава). Однако Люцифер проиграл битву против воинства Бога, был низвергнут с положения, которое он занимал при престоле Божьем, и стал господствовать в воздухе. После своего изгнания, Люцифер сформировал мировое сообщество злых духов. Он стал управителем злых духов, драконов и падших ангелов, сатаны и дьявола.

Сатана обвиняет и день и ночь

Когда люди грешат или совершают недостойное в очах Божьих, сатана обвиняет их пред Богом и день и ночь (Откровение, 12:10). Бог Справедливости управляет всем согласно закону духовного мира, поэтому, если наши поступки не согласуются с истиной, Бог дозволяет, чтобы через врага, дьявола и сатану, пришли испытания.

Но Бог не позволит сатане оклеветать нас и подвергнуть нас испытаниям без соответствующей на то причины.

Вкусив запретный плод, Адам нарушил закон духовного мира. Бог запретил ему есть плод от дерева познания добра и зла, но он не исполнил Божьего повеления, а поэтому вынужден был передать сатане власть господствовать над всеми творениями.

Бог проклял змея, сказав, что он будет есть прах во все дни жизни его (Бытие, 3:14). Под прахом здесь подразумеваются люди, сотворенные из праха земного, а змей – это враг, дьявол и сатана. То есть это означает, что те, кто живут во тьме и неправде и совершают греховные поступки, станут добычей врага, дьявола и сатаны.

Как только люди начинают грешить, сатана обвиняет их пред Богом, искушает и испытывает их, и они попадают под его контроль. Однако для сатаны недосягаемы те, в ком нет никакого зла, кто ходит во свете и живет по Слову Божьему.

3. Сатана обвиняет в соответствии с законом духовного мира

Книга Иова рассказывает нам о законе духовного мира через треугольник отношений, существующих между Богом, людьми и сатаной. В главе 1-й, в 7-м стихе, Бог спрашивает сатану, откуда тот пришел. Это не означает, что Всеведущий Бог не знает о том, где он был, просто Библия дает подробности этой беседы, чтобы мы поняли, как именно сатана выдвигает против нас свои обвинения.

Поскольку Бог повелел сатане есть прах, то сатана поглощает тех людей, кто отдаляется от Божьего слова и грешит. Но и тогда, когда люди становятся грешниками, сатана может поглотить их только с разрешения Бога, Бога Любви и Справедливости.

Вот почему сатана ходит повсюду, ища кого поглотить, и приходит к Богу, чтобы нас оклеветать (1-е посл. Петра, 5:8). Бог Справедливости дозволяет сатане предъявлять свои претензии, если это соответствует закону духовного мира. Сатана пристально следил за Иовом, поскольку Бог очень любил Иова, и сатана жаждал его падения.

Поэтому Всезнающий Бог и спросил сатану: «Обратил ли ты внимание твое на раба Моего Иова?». Сатане незачем приглядывать за теми, кто не верует в Бога, потому что они и так грешат и идут по пути, ведущему к погибели, он и без того имеет над ними власть. Сатана пристально следит, чтобы найти повод для обвинений, за теми, кто старается поступать так, как велит истина. Более того, сатана может строить козни только против тех, чьи поступки не согласуются с истиной.

Однако он бессилен против тех, кто веруют в Бога и ходят во свете.

«И отвечал сатана ГОСПОДУ и сказал: разве даром богобоязнен Иов? Не Ты ли кругом оградил его, и дом его, и все, что у него? Дело рук его Ты благословил, и стада его распространяются по земле; но простри руку Твою и коснись всего, что у него, – благословит ли он Тебя?» (1:9-11).

Сатана знал о коварстве людских сердец, которые наполнены благодарностью только тогда, когда есть благословения, достаток, здоровье и слава. Вот почему сатана заявил, что Иов благоговеет перед Богом только потому, что Бог обильно благословляет его.

Есть люди, которые благодарят Бога, когда получают

ответы от Него, но когда приходят испытания, они забывают о Божьей благодати, впадают в искушения, жалуются на Бога. Однако мы должны благоговеть пред Ним за то, что Он спас нас и ведет по пути к вечной жизни. Это главное! Следовательно, неверно благоговейно трепетать пред Богом только тогда, когда у нас есть благословения.

И далее, Бог «оградил его, и дом его, и все, что у него», что означает, что Иов был полностью под защитой Бога, Который щедро благословил его.

Но сатана, используя свои знания о хитрости человеческой натуры, начал испытывать сердце Иова.

«И сказал ГОСПОДЬ сатане: вот, все, что у него, в руке твоей; только на него не простирай руки твоей. И отошел сатана от лица ГОСПОДНЯ» (1:12).

Сатана знает, что власть благословлять и проклинать принадлежит Богу, и он попросил Бога лишить Иова всего, что у того было. Тогда Бог допустил, чтобы Иов лишился всего, чем он владел, но не велел сатане простирать руку свою на его тело. Бог знал, что сатана будет покушаться на жизнь Иова, поэтому Бог запретил ему делать это.

Поскольку власть над жизнью и смертью также принадлежит Богу, то прервать чью-то жизнь сатана может только с Его разрешения. Таким образом, искушения и испытания приходят только тогда, когда Бог принимает обвинения сатаны. Очень важно понять, что в этом случае претензии сатаны были несправедливыми. Ведь когда сатана отобрал у Иова все имущество и даже жизнь его детей, Иов только славил Бога, он отказывался хулить Его.

Тогда почему Всемогущий Бог дозволил сатане обвинять

Иова? Бог хвалил Иова за его положительные качества, коими были его непорочность и справедливость. Но Бог не затронул его слабые стороны. Вот почему у сатаны были основания обвинять Иова пред Богом. И вот почему сатана смог осудить Иова, а Бог вынужден был это принять.

Если бы в Иове не было никакой неправды, то Бог не дозволил бы сатане клеветать на Иова, в чем бы ни заключались его обвинения.

4. Иов проходит первый тест сатаны

«И был день, когда сыновья его и дочери его ели и вино пили в доме первородного брата своего. И [вот], приходит вестник к Иову и говорит: волы орали, и ослицы паслись подле них, как напали Савеяне и взяли их, а отроков поразили острием меча; и спасся только я один, чтобы возвестить тебе» (1:13-15).

Поскольку Бог дозволил сатане выступить с обвинениями, то тот начал испытывать Иова. Бог разрешил отобрать у Иова только его собственность. Но «собственность» Иова включала в себя также и его детей. В то время как дети Иова ели и пили в доме первородного брата своего, пришел раб, трудившийся в поле, и принес недобрую весть. Савеяне напали, взяли волов и ослиц и поразили мечом рабов.

Испытания приходят как к верующим, так и к неверующим. Верующие могут с помощью Слова Божьего найти объяснение своим проблемам. Они могут покаяться в своих грехах, вновь обрести Божью благодать и не просто возродиться, но и получить еще большие, по сравнению с прежними, благословения.

Тогда как неверующим, когда им нужна помощь, кроме как на себя, рассчитывать не на кого. В некоторых случаях они легко решают свои проблемы, но иногда могут попасть в еще более затруднительное положение.

Сатана устроил так, что язычники отобрали у Иова его собственность. И сегодня рядом с нами есть люди, которые считают себя верующими, но они не защищены от несчастий, они несут убытки, став жертвами мошенников, и страдают от других серьезных потерь.

В этом случае им не следует сетовать на Бога, спрашивая: «Почему Бог не защитил меня?». Вместо этого они должны найти причину в себе, и тогда будет ясно, почему им пришлось столкнуться с проблемами. После этого им необходимо покаяться в своих заблуждениях, удалиться от них, и тогда проблемы разрешатся.

«Еще он говорил, как приходит другой и сказывает: огонь Божий упал с неба и опалил овец и отроков и пожрал их; и спасся только я один, чтобы возвестить тебе» (1:16).

Раб еще не успел договорить, как уже другой вестник пришел, чтобы сообщить Иову о том, что огонь Божий упал с неба и опалил оставшуюся собственность Иова.

В Ветхом Завете предусматривалось наказание огнем; Илия также получил ответ ниспосланным с небес огнем. Во времена Ветхого Завета, который предвосхищает Новый Завет, люди спасались своими делами. Поэтому Бог, порой, являл им настоящий огонь. Однако в Новозаветные времена Иисус Сам сошел на землю и предъявил множество доказательств, благодаря которым мы можем обрести веру, и поэтому Богу незачем больше являть Свой огонь.

Несчастья Иова могут быть сравнимы с тем положением, когда у человека дотла сгорает дом или принадлежащий ему завод, либо тайфун или другие природные катаклизмы полностью уничтожают его урожай.

Конечно, вы можете подумать, что природные катаклизмы могут принести одинаковые разрушения как верующим, так и неверующим. И все же, те, кто живут по Слову Божьему, находятся под защитой, поскольку Святой Дух, касаясь сердца верующего, может побудить его посеять, к примеру, культуры, которые более устойчивы при таких стихийных бедствиях.

«Еще он говорил, как приходит другой и сказывает: Халдеи расположились тремя отрядами и бросились на верблюдов и взяли их, а отроков поразили острием меча; и спасся только я один, чтобы возвестить тебе» (1:17).

Сатана подстроил еще одну ситуацию, в результате которой Иов лишился всего. Если бы Иов в тот момент знал о законе духовного мира, то он бы оглянулся назад, на свое прошлое, и покаялся в своих проступках. Когда мы каемся в своих прегрешениях и отстраняемся от них, неприятности проходят стороной, но если мы этого не делаем, то неизбежно сталкиваемся с еще большими проблемами.

Спланировав все до мелочей, сатана с помощью язычников отобрал у Иова собственность. По современным меркам, это сравнимо с финансовым надувательством, хитро спланированным мошенниками.

«Еще этот говорил, приходит другой и сказывает: сыновья твои и дочери твои ели и вино пили в доме первородного брата своего; и вот, большой ветер пришел от пустыни и охватил четыре угла дома, и дом упал на отроков, и они умерли; и спасся только я один, чтобы возвестить тебе» (1:18-19).

В три приема сатана полностью лишил всей собственности Иова, который был «знаменитее всех сынов Востока». Последним из того, на что покушался сатана, были его дети. Когда семеро сыновей и три дочери Иова пировали, задул сильный ветер и «охватил четыре угла дома»; дом упал, и все его дети погибли.

«Четыре угла» имеют важное значение в конструкции дома. Сокрушить все четыре угла – значит лишить весь дом опоры, а это как раз та роль, которую играют дети в семье. В подобной ситуации многие люди, скорее всего, начнут плакать и хулить Бога. Но Иов, который был непорочным и справедливым, лишь восхвалял Бога и благодарил Его без всяких жалоб.

«Тогда Иов встал и разодрал верхнюю одежду свою, остриг голову свою и пал на землю, и поклонился и сказал: наг я вышел из чрева матери моей, наг и возвращусь. ГОСПОДЬ дал, ГОСПОДЬ и взял; да будет имя ГОСПОДНЕ благословенно! Во всем этом не согрешил Иов и не произнес ничего неразумного о Боге» (1:20-22).

«Разодрал свою одежду», другими словами, означает, что Иов усмирил себя. Таким образом он выразил свои недостатки и слабости. Своими действиями он хотел сказать, что без Божьей помощи он ничего бы не мог сделать. Он умалил себя полностью, что означало: «Мои дети и имущество – это не моя заслуга. Все это было дано мне Богом. Сам же я – никто и ничто».

Этим он также показал недостаток мудрости и добродетели в себе. Раздирая одежду, он выразил свое отчаяние из-за того, что оказался не способным достойно воспитать своих детей.

Если мы полностью удаляемся от зла и живем только по истине, наша гордость, эгоизм, наше собственное «я» умирают. Только в этом случае Иисус Христос будет жить в нас и действовать. Когда мы признаёмся, что сами сделать ничего не можем, а с Господом все возможно, и полностью полагаемся на Бога, тогда мы не будем сетовать на Бога, даже если Он отберет у нас все, чем мы владеем.

Остриженная же голова означает, что у него больше ничего нет.

«... Всякому мужу глава – Христос» (1-е посл. к Коринфянам, 11:3), и остриженная голова является символом того, что это Бог дал ему все, что у него было, Бог же и забрал; и теперь он остался ни с чем.

В Ветхом Завете люди демонстрировали свою веру в Бога через определенные действия. Поэтому Иов остриг свою голову, упал на землю и стал молиться: *«Наг я вышел из чрева матери моей, наг и возвращусь. ГОСПОДЬ дал, ГОСПОДЬ и взял; да будет имя ГОСПОДНЕ благословенно!»* (ст. 21). Он лишь благодарил Бога и не жаловался на Него. Эта ситуация показала, что сатана клеветал на Иова, говоря, что он был богобоязненным только потому, что Бог щедро благословлял его.

Начиная со второй главы я буду говорить о причинах, по которым сатана стал обвинять Иова, а также почему Бог принял эти обвинения.

Глава 2

Иов выражает недовольство Богом

«И взял он себе черепицу, чтобы скоблить себя ею, и сел в пепел.
И сказала ему жена его: ты все еще тверд в непорочности твоей!
похули Бога и умри. Но он сказал ей: ты говоришь как одна из безумных:
неужели доброе мы будем принимать от Бога, а злого не будем принимать?
Во всем этом не согрешил Иов устами своими» (Книга Иова, 2:8-10).

1. Второе испытание, данное сатаной

«Был день, когда пришли сыны Божии предстать пред ГОСПОДА; между ними пришел и сатана предстать пред ГОСПОДА. И сказал ГОСПОДЬ сатане: откуда ты пришел? И отвечал сатана ГОСПОДУ и сказал: я ходил по земле и обошел ее. И сказал ГОСПОДЬ сатане: обратил ли ты внимание твое на раба Моего Иова? ибо нет такого, как он, на земле: человек непорочный, справедливый, богобоязненный и удаляющийся от зла, и доселе тверд в своей непорочности; а ты возбуждал Меня против него, чтобы погубить его безвинно» (2:1-3).

Несмотря на страдания, вера Иова не сокрушилась, потому что он был непорочным и справедливым, и Бог признавал за ним эти качества. Тогда сатана должен был бы отойти от него. Почему же он вновь стал обвинять его?

Обычно, когда человеку предстоит трудный разговор, он начинает говорить издалека, обсуждая сначала менее значимое и лишь потом переходя к главной теме разговора. Так же и сатана: он знал, что потеря достатка не станет для Иова трудным испытанием. Поэтому он не отходил от Иова и выдвигал свои обвинения до тех пор, пока обвинять его было уже не в чем.

Если мы не стоим твердо в истине, то нас ждут постоянные искушения и испытания. Так как Бог по-настоящему любит Своих детей, то, видя, как они идут по пути, ведущему к смерти, потому что грешат и не следуют истине, Он отворачивается от них, чтобы они могли обратиться, покаяться и стать лучше. Вот почему в Послании к Евреям, 12:5-6, говорится: *«И забыли утешение, которое предлагается вам, как сынам: „сын мой! не пренебрегай наказания Господня, и не унывай, когда Он обличает тебя. Ибо Господь, кого любит, того наказывает; бьет же всякого сына, которого принимает"»*.

Если дети Божьи могут радоваться и благодарить в любой ситуации, они смогут пройти все испытания и получить щедрые благословения. Поскольку Иов был непорочным и справедливым, он выдержал первое испытание. Но в нем все еще оставалась неправда, которая дала повод вновь обвинить его.

Сатана досконально познал сердце Иова. Разорить Иова не было истинным намерением сатаны. Вот почему он не остановился на этом, а продолжал изобличать Иова. И Бог Справедливости вынужден был допустить обвинения против Иова.

«И отвечал сатана ГОСПОДУ, и сказал: кожу за кожу, а за жизнь свою отдаст человек все, что есть у него; но простри руку Твою и коснись кости его и плоти его – благословит ли он Тебя? И сказал ГОСПОДЬ сатане: вот, он в руке твоей, только душу его сбереги. И отошел сатана от лица ГОСПОДНЯ, и поразил Иова проказою лютою от подошвы ноги его по самое темя его» (2:4-7).

Сатана, обвиняя Иова, говорил: «Кожу за кожу...». Имея в виду, что если жизнь Иова окажется под угрозой, то он начнет хулить Бога. Сатана на сей раз просил разрешения посягнуть на его кости и плоть. Наша жизнь, смерть, удача и неудача – все от Бога, но если нас есть в чем обвинить, то сатана станет изобличать нас пред Богом.

Бог справедлив, поэтому, если сатана прав, Он должен позволить справедливости восторжествовать. Только с Его дозволения сатана может навлечь испытания на человека. Ни Бог не искушает людей по собственному усмотрению, ни сатана не подойдет к человеку без Божьего дозволения.

Далее написано: «... коснись кости его и плоти его». Если кости человека смещены, то меняется и форма его тела, а это часто создает угрозу для его жизни. Сатана утверждал, что Иов по-прежнему благоговел пред Богом лишь потому, что его жизнь не находилась в опасности, но если бы его жизнь оказалась под угрозой, Иов стал бы проявлять недовольство Богом.

Кости, в качестве опоры, и плоть образуют форму человека. Если кости и плоть поражены, то это равносильно разрушению основной конструкции, изменению и нарушению строения человека. То же относится к испытаниям, которые ставят под угрозу человеческую жизнь.

Сатана признаёт, что Бог обладает властью над жизнью и смертью, благословениями и проклятиями, и говорит нечто подобное: «Позволь мне коснуться костей и плоти Иова. Давай посмотрим, действительно ли Иов является тем человеком, о котором Ты мне говорил». Тот, кто в очах Божьих абсолютно прав, всегда находится под Божьей защитой, и сатана не может ни в чем его обвинить.

Только с дозволения Бога сатана может подвергать людей

искушениям и испытаниям; следовательно, если приходят испытания, нам нужно как можно скорее покаяться в своих прегрешениях и отвратиться от грехов, чтобы мы могли находиться под защитой Бога. Когда Бог допустил это, сатана поразил все тело Иова проказой. От проказы, которой заболел Иов, загноились его кости; нагноение проступило наружу, образовав гнойники на коже и вызвав сильнейший зуд. Все началось с небольшой язвы, но поскольку он все сильнее и сильнее расчесывал нарывы, они стали быстро распространяться по всему телу и покрыли всего Иова – от подошв ног его по самое темя.

2. Иов заблуждается, полагая, что Бог дает благословения и проклинает безо всякой причины

«И взял он себе черепицу, чтобы скоблить себя ею, и сел в пепел. И сказала ему жена его: ты все еще тверд в непорочности твоей! похули Бога и умри. Но он сказал ей: ты говоришь как одна из безумных: неужели доброе мы будем принимать от Бога, а злого не будем принимать? Во всем этом не согрешил Иов устами своими» (2:8-10).

Иов, сидя в пепле, сначала чесался руками, но когда зуд стал невыносимым, он взял черепицу, чтобы скоблить ею себя. В Ветхом Завете сидение в пепле означало максимальное смирение и покаяние человека пред Богом.

И даже в этой ситуации Иов не стал хулить Бога, однако жена Иова стала проклинать мужа, который очень страдал: «Ты все еще тверд в непорочности твоей! похули Бога и умри».

На самом деле, в отличие от Иова, у которого был кроткий характер, в его жене не было страха Божьего. Вот почему Иов постоянно тревожился о том, что его дети будут походить на мать и станут совершать греховные поступки, и поэтому он постоянно возносил за них всесожжения. Жена Иова, вместо того чтобы успокоить мужа, советовала ему похулить Бога и умереть, толкая его на путь, ведущий в ад. Если вы проклинаете Бога и умираете, то где вы будете, если не в аду?

Иов ответил своей жене: «Ты говоришь как одна из безумных: неужели доброе мы будем принимать от Бога, а злого не будем принимать?». Устами своими Иов не согрешил против Бога. Однако у Иова было неверное представление о Нем. Бог не был Тем, кто безосновательно благословляет и проклинает.

> «И сказал: если ты будешь слушаться гласа
> ГОСПОДА, Бога твоего, и делать угодное пред
> очами Его, и внимать заповедям Его, и соблюдать
> все уставы Его, то не наведу на тебя ни одной
> из болезней, которые навел Я на Египет, ибо Я
> ГОСПОДЬ, целитель твой» (Исход, 15:26).

> «Если ты будешь слушать гласа ГОСПОДА, Бога
> твоего, тщательно исполнять все заповеди Его,
> которые заповедую тебе сегодня, то ГОСПОДЬ,
> Бог твой, поставит тебя выше всех народов
> земли; и придут на тебя все благословения сии и
> исполнятся на тебе, если будешь слушать гласа
> ГОСПОДА, Бога твоего. Благословен ты в городе и
> благословен на поле. Благословен плод чрева твоего,

и плод земли твоей, и плод скота твоего, и плод твоих волов, и плод овец твоих. Благословенны житницы твои и кладовые твои. Благословен ты при входе твоем и благословен ты при выходе твоем» (Второзаконие, 28:1-6).

Поскольку Книга Иова написана с позиций самого Иова, то мы не должны думать, что все сказанное Иовом достоверно. В книге также отражены недопонимание и ошибочные идеи, которые были у Иова в отношении веры. Чтобы мы правильно понимали эту книгу, крайне важно осознать, что сам Иов неверно понимал многое из того, что он говорил, если сравнивать сказанное им с истиной.

Каким же образом мы можем обрести благословения и как из-за обвинений сатаны мы можем столкнуться с трудностями? Бог не дозволяет несчастий без причины.

Если Бог наказывает, то для этого есть определенные причины. Когда мы живем по Слову Его, повинуемся Ему, мы обретаем благословения, но если мы не будем слушать гласа Господа, не будем стараться исполнять все Его заповеди и постановления, то на нас падут проклятия (Второзаконие, 28:15-19).

Как Иисус сказал в Евангелии от Иоанна (8:32): *«И познаете истину, и истина сделает вас свободными»*; если вы не знаете истины, то сатана всегда найдет, в чем вас обвинить, чтобы вы не имели свободы, которую дает истина.

Поэтому, из-за своих заблуждений, Иов не мог быть под Божьей защитой, и ему пришлось столкнуться с обвинениями сатаны и пережить все несчастья. Если бы Иов понял причину своих страданий, он мог бы покаяться и отвратиться от своих грехов, но так как он их не находил в себе, то и не понимал причины того, что с ним происходило. Вот почему он продолжал страдать от испытаний.

3. Появление трех друзей Иова

«И услышали трое друзей Иова о всех этих несчастьях, постигших его, и пошли каждый из своего места: Елифаз Феманитянин, Вилдад Савхеянин и Софар Наамитянин, – и сошлись, чтобы идти вместе сетовать с ним и утешать его. И, подняв глаза свои издали, они не узнали его; и возвысили голос свой, и зарыдали; и разодрал каждый верхнюю одежду свою, и бросали пыль над головами своими к небу. И сидели с ним на земле семь дней и семь ночей; и никто не говорил ему ни слова, ибо видели, что страдание его весьма велико» (2:11-13).

Иов всегда был человеком великодушным и добропорядочным, поэтому у него было много друзей. Друзья Иова прознали новость о том, что Иов лишился всего своего состояния и потерял детей, да к тому же его самого поразила тяжелая болезнь. Они усомнились, но, тем не менее, пришли утешить его. Это были три друга – Елифаз Феманитянин, Вилдад Савхеянин и Софар Наамитянин.

Они еще издалека поняли, что положение Иова действительно такое, как им описывали, и были весьма шокированы увиденным. Они, как написано, «возвысили голос свой и зарыдали». Каждый из них разодрал свои одежды, и они стали бросать над головами своими пыль к небу. Затем они уселись на землю и просидели семь дней и семь ночей, ничего не говоря ему, в полном безмолвии.

Что же произошло после этого? Иов, который всегда боялся Бога и никогда не хулил Его, открыл свои уста и начал проклинать день своего рождения.

Глава **3**
Жалобы и причитания Иова

1. Иов проклинает день своего рождения
2. Иов предлагает плотскую жертву

«Для чего не умер я, выходя из утробы, и не скончался, когда вышел из чрева? Зачем приняли меня колени? зачем было мне сосать сосцы?» (Книга Иова, 3:11-12)

1. Иов проклинает день своего рождения

«После того открыл Иов уста свои и проклял день свой. И начал Иов, и сказал: погибни день, в который я родился, и ночь, в которую сказано: „зачался человек"! День тот да будет тьмою; да не взыщет его Бог свыше, и да не воссияет над ним свет!» (3:1-4)

Из Библии мы знаем, что наше тело дано нам Богом, и поэтому мы не можем относиться к нему пренебрежительно. Но Иов стал проклинать день своего рождения, поскольку, как мы понимаем, боль, вызванная проказой, была невыносимой.

В старину люди придавали гораздо большее значение продолжению рода, чем сегодня, поэтому они были намного более счастливы, если у них рождался сын, а не дочь. Родители Иова, должно быть, тоже очень радовались его рождению. Но, заболев и лишившись всей своей собственности, он ощутил бесполезность прихода человека в этот мир, все стало бессмысленным для него.

Итак, Иов стенал и проклинал день своего рождения. «Тьма», о которой говорит Иов, олицетворяет полный мрак, а также могилу, преисподнюю. Иов говорит о бессмысленности существования человека, в котором нет жизни и который ни на что не способен. Он не ставил ни во что собственную жизнь, считая, что она не представляет никакой ценности.

Иов проклинал свою жизнь. Он стенал и проклинал своих родителей. «Ночь та, – да обладает ею мрак», «Зачем приняли меня колени?» – причитал Иов, говоря, что лучше бы ему не родиться.

Так как он признавал, что только Бог обладает властью над душами, он стал жаловаться на Бога, в руках Которого была его душа. Если Бог не позаботится о его душе и если в нем не будет света жизни, то в нем и жизни как таковой не будет. Свет жизни необходим новорожденному ребенку, иначе он не выживет. Иов был жив, поскольку Бог дал ему этот свет. Но он сетовал на то, что с ним произошло все это.

«Да омрачит его тьма и тень смертная, да обложит его туча, да страшатся его, как палящего зноя! Ночь та, – да обладает ею мрак, да не сочтется она в днях года, да не войдет в число месяцев!» (3:5-6).

И если бы тьма и тень смертная заявили бы свои права на Иова, то Иов бы просто не родился. Слова «да обложит его туча» являются пожеланием дождя. Если бы пошел дождь, то родители Иова были бы заняты спасением посевов и скота, и у них не было бы времени зачать его, и он бы не родился.

Иов использует сравнения, которые вызывают ассоциации с солнечным затмением. Когда происходит затмение, то Солнца не видно, и мрак царит средь белого дня. Современные люди знают об этом явлении, и оно их не пугает, но те, кто жил во времена Иова, при виде солнечного затмения содрогались от ужаса.

Мрак средь бела дня внушал чувство ужаса, что не располагало людей к интимным отношениям, а темнота ночи лишь усиливала этот страх. Поэтому, случись нечто подобное, и Иов мог бы не родиться. «Да не сочтется она в днях года» – эти слова означают пожелание исключить из летописи день своего рождения, то есть не родиться вовсе. Тот же смысл вложен и в слова, относящиеся к ночи его зачатия: «Да не войдет [имеется в виду «эта ночь». – Ред.] в число месяцев!». Всеми этими словами Иов выражал недовольство своим появлением на свет.

> «О! ночь та – да будет она безлюдна; да не войдет в нее веселье! Да проклянут ее проклинающие день, способные разбудить левиафана! Да померкнут звезды рассвета ее: пусть ждет она света, и он не приходит, и да не увидит она ресниц денницы... » (3:7-9).

К тому же, если бы ночь была безлюдна, то его родители не встретились и не полюбили бы друг друга, а значит, и он бы не родился. Под словами «да не войдет в нее веселье» подразумевается, что мать и отец Иова не стали бы радоваться супружеским отношениям и рождению сына. Таким образом, не будь всех этих счастливых дней, не было бы и его.

Левиафан – это чудище, подобное крокодилу, выглядит оно отвратительно и зловеще. И является воплощением самого зла. Сердце блудливого человека нечисто и отвратительно и подобно самому Левиафану. Тот, кто готов разбудить Левиафана, способен совершить такое, на что не каждый человек решится.

То есть Иов мечтал о том, чтобы кто-нибудь прервал его

жизнь. Он был согласен на все. Он хотел, чтобы злой человек проклял ту ночь, когда он был зачат, чтобы ему не родиться вовсе. Иов говорил все это, негодуя на свое рождение.

Бог обещал Аврааму, что у него будет столько потомков, сколько звезд на небе. Следовательно, звезды сравнимы с людьми. Слова же «звезды рассвета» символизируют взятое на себя обязательство. Это относится к родителям Иова. И это означает, что, не будь родители его связаны обязательством любить друг друга, он никогда не был бы зачат.

Какой бы радостью это ни было – иметь детей, если бы его родители не хранили это обязательство, детей у них не было бы. И если бы померкли звезды рассвета, то этот мир погрузился бы в полный мрак и был бы разрушен, и тогда бы он не родился.

«За то, что не затворила дверей чрева [матери] моей и не сокрыла горести от очей моих! Для чего не умер я, выходя из утробы, и не скончался, когда вышел из чрева? Зачем приняли меня колени? зачем было мне сосать сосцы?» (3:10-12).

Иов сокрушался о том, что чрево его матери не оказалось бесплодным: будь оно таковым, он не был бы зачат, и ему не пришлось бы страдать от подобных испытаний. Он также сожалел о том, что не умер во время родов, что спасло бы его от теперешних мук. Он причитал и жаловался на своих родителей.

Он также считал, что лучше бы мать не кормила его, когда он родился, и тогда бы он умер от голода, но так как она заботилась о нем, то теперь ему приходится выносить все эти мучения. Иов знал о том, что его жизнь была во власти

Бога, но, тем не менее, проклинал день своего рождения. По сути, он жаловался на Бога.

> «Теперь бы лежал я и почивал; спал бы, и мне было бы покойно с царями и советниками земли, которые застраивали для себя пустыни, или с князьями, у которых было золото и которые наполняли домы свои серебром; или, как выкидыш сокрытый, я не существовал бы, как младенцы, не увидевшие света» (3:13-16).

Иов говорил, что если бы он не родился или умер при родах, то покоился бы в могиле, лежал бы спокойно, отдыхая. Он утверждал, что там он был бы подле советников земли, которые застраивали для себя пустыни. А если бы он родился мертвым, ему бы не пришлось увидеть свет, как не видят его младенцы, когда у матери случается выкидыш.

То, что говорил Иов, в очах Божьих не было истиной, это были его собственные мысли, которые порождали слова неправды.

> «Там беззаконные перестают наводить страх, и там отдыхают истощившиеся в силах. Там узники вместе наслаждаются покоем и не слышат криков приставника. Малый и великий там равны, и раб свободен от господина своего» (3:17-19).

Иов начал рассказывать о жизни в могиле, говоря, что если бы он умер при рождении, то покоился бы в могиле, где можно не страшиться беззаконников и где находят отдых те, чьи силы истощены. Здесь слово «приставник» означает того, кто контролирует; у кого кто-то находится под контролем; кто накладывает ограничения в чем-то, например, ограничения, налагаемые Словом Божьим.

Иов говорит о могиле, как о месте, где никто никого не контролирует, и все, независимо от значимости их положения, равны. Однако это лишь мнение Иова, которое в действительности не соответствует истине. Нищий Лазарь, в ком при жизни на земле был страх Божий, после смерти отправился в Верхнюю могилу, и удостоился места на лоне Авраамовом. А богач, ублажавший лишь себя на земле, оказался в Нижней могиле, то есть в Гадесе, где его ждали вечные муки (От Луки, 16:19-31).

Иов ошибался, говоря, что отношение ко всем почивающим в могиле одинаковое, независимо от того, добропорядочны они или порочны.

«На что дан страдальцу свет, и жизнь огорченным душою, которые ждут смерти, и нет ее, которые вырыли бы ее охотнее, нежели клад, обрадовались бы до восторга, восхитились бы, что нашли гроб? [На что дан свет человеку,] которого путь закрыт и которого Бог окружил мраком? Вздохи мои предупреждают хлеб мой, и стоны мои льются, как вода... » (3:20-24).

Иов был в отчаянии от того, что лишился своей собственности и детей, и все его тело было покрыто проказой. Иов проклинал свою жизнь и хотел умереть, но его желание не исполнялось. Если кому-то станет известно место, где зарыты сокровища, он непременно пойдет туда и откопает их; Иов жаждал смерти сильнее, чем тот, кто ищет клад, кто жаждет найти сокровища.

Он желал одного – умереть, поэтому, когда он ел, он

сокрушался. Его огорчала не сама пища, а то, что она продлевает его жизнь, наполненную страданиями, которые потоком обрушились на него.

К слову, есть люди, которые причитают, принимая духовную пищу. Многие по собственному выбору живут во тьме, не зная истины. Но если они принимают Господа и ходят во свете, то обретают способность слышать духовные слова, к примеру, такие, как «храни день Господень», «не употребляй алкоголь», «не завидуй и не ревнуй», «очистись от всякого зла». Вкушая Слово Божье как духовный хлеб, им необходимо вслед за этим приложить все усилия, чтобы избавиться от старых привычек, а это болезненный процесс.

Если они не избавятся от них, то будут испытывать беспокойство в сердце, и они потеряют полноту Духа. Они не смогут просто отбросить старые привязанности, как им того хочется, и это будет печалить их. Они по-прежнему будут вкушать духовный хлеб, но при этом будут плакать и сокрушаться по поводу своих проблем.

2. Иов предлагает плотскую жертву

«Ибо ужасное, чего я ужасался, то и постигло меня; и чего я боялся, то и пришло ко мне. Нет мне мира, нет покоя, нет отрады: постигло несчастье» (3:25-26).

У Иова был страх, что однажды Бог покарает его без всякой причины, и он искренне признался в этом, проходя через испытания. Он всегда думал о том, что Бог накажет его, наслав на него болезни или другие несчастья, и это произошло в реальности.

Иов не предлагал духовных жертв, исходящих от любящего сердца, что действительно порадовало бы Бога. То есть он не приносил жертв из чувства истинной любви к Богу, желая этого всем сердцем своим, всем разумом и душой, и он не покланялся Богу в духе и истине. Он делал жертвоприношения лишь из чувства беспокойства. Он тревожился о том, что если он не вознесет всесожжения, то что-то плохое может случится с его детьми, либо проклятие ляжет на его семью. Он признавал, что предлагаемые им жертвоприношения были плотскими, и лишь страх и беспокойство толкали его на вознесение всесожжений.

В Откровении, 21:8, говорится: *«Боязливых же и неверных, и скверных и убийц, и любодеев и чародеев, и идолослужителей и всех лжецов участь – в озере, горящем огнем и серою. Это – [смерть] вторая»*. Здесь говорится о том, что тот, кто боится, не будет спасен.

Они знают Слово Божье, но не имеют истинной веры в Бога. Они по-прежнему дружат с миром и совершают порочные поступки, оттого и чувствуют страх. Такие люди не смогут получить спасение.

В Притчах, 26:2, сказано: *«Как воробей вспорхнет, как ласточка улетит, так незаслуженное проклятие не сбудется»*. И в Первом послании Иоанна, 3:21-22, также говорится: *«Возлюбленные! если сердце наше не осуждает нас, то мы имеем дерзновение к Богу, и, чего ни попросим, получим от Него, потому что соблюдаем заповеди Его и делаем благоугодное пред Ним»*.

Незаслуженное проклятие, как сказано, не сбудется, но Иов все же боялся Бога, поскольку он в действительности не понимал слова Божьего. Жертвоприношения его были лишь следствием страха перед Богом. Его поступки не были продиктованы истинной любовью к Богу.

Он говорил так, потому что потерял все свое имущество, а также своих детей, и теперь у него не было покоя в жизни. Он сказал, что теперь, когда ему не найти мира на земле, нет у него и отрады. Это говорит нам о том, что Иов был человеком плоти, у которого не было ни веры, ни надежды на Небеса.

Поэтому его уста источали лишь обиды и жалобы, и поэтому он не мог обрести ни мира, ни покоя. Он привык иметь все это, рассчитывая на свое материальное положение, но имущественный достаток не приносит истинного мира и покоя, которые может дать только Бог.

Те, в ком есть истинная вера, будут уповать на Бога, даже если заболеют. Даже если у них не будет ни детей, ни места для отдыха, они все же смогут обрести покой, потому что у них есть надежда на Небеса.

Ветхий Завет – это предвосхищение Нового Завета, но Бог и в те времена не довольствовался лишь видимыми делами. Люди не могут распознать духовных помышлений друг друга, поэтому Бог дозволил внешние проявления для того, чтобы мы могли ощутить их физически. Но между Собой и людьми Бог не допускает ничего плотского, проявляемого физически. Бог есть Дух, и Он воспринимает только вещи духовные.

Закон Ветхого Завета не осуждал людей, если они в сердце своем помышляли о прелюбодеянии, но на деле его не совершали. Но Бог смотрит не только на дела, а еще и на сердца людей, поэтому, если в нашем сердце кроется порок, то Бог сочтет его греховным. В Новом же Завете, греховные мысли приравниваются к совершению греха.

Бог призрел на жертвоприношение с пролитием крови животного, которое совершил Авель, но на Каина и на дар его не призрел (Бытие, 4:4-5). Пролитие крови являлось жертвоприношением в духе и в истине, которое совершалось от всего сердца, разума и души.

Если вы поклоняетесь Богу в духе и истине и ваше вероисповедание настолько духовно, что позволяет вам от всего сердца веровать, радоваться, иметь мир и покой, то ваше сердце никогда не покинет чувство благодарности. Но если вы уже не испытываете подобных чувств, то вам придется понять, что в вере вы подобны младенцам, не имеющим духовной веры.

Бог повелел Саулу поразить Амалекитян и истребить все их имущество, но Саул поступил по собственному плотскому разумению. Он сохранил откормленные стада овец и волов для жертвоприношения Богу. Если мыслить по плоти, то это может показаться правильным, однако Саул проявил непослушание слову Божьему: *«Послушание лучше жертвы...»* (1-я кн. Царств, 15:22). В итоге, Бог не принял приношения, сделанного по плоти, и отверг Саула.

Библия говорит нам о страхе Господнем, который предполагает, что мы должны веровать в существование Небес и ада и в то, что Бог является Судьей, и что нам следует соблюдать Его слово и из благоговейного страха Господнего не совершать греховных поступков.

Когда мы следуем Его слову и применяем его на практике, то Бог с нами и Он отвечает на наши молитвы. Ведь Он наш добрый Отец. Но если мы служим Ему из страха и беспокойства, то это свидетельствует о том, что мы не имеем истинной веры.

В 1-м послании Иоанна, 4:18, говорится: *«В любви нет страха, но совершенная любовь изгоняет страх, потому что в страхе есть мучение. Боящийся несовершен в любви».*

Непорочность и справедливость Иова были признаны Богом, но в сердце Иова была сокрыта неправда. Вот почему Бог, любивший Иова за непорочность и справедливость, дозволил ему пройти через испытания, чтобы Иов очистился от всякого зла и получил благословения, восстановил свое здоровье и преуспевал во всем, как преуспевала бы душа его.

Бог не даст Своим детям никаких испытаний беспричинно. Мы проходим через испытания, потому что в нас есть то, что необходимо изменить. Следовательно, если мы осознаем свои проблемы и сойдем с неверного пути, то сможем вести победоносную жизнь во Христе. Мы также сможем получать Божьи ответы на свои прошения, воздавая всю славу Ему.

Глава **4**

Обличения Елифаза Феманитянина

«Вспомни же, погибал ли кто невинный и где праведные бывали искореняемы? Как я видал, то оравшие нечестие и сеявшие зло пожинают его» (Книга Иова, 4:7-8).

1. Елифаз Феманитянин обличает Иова в порочности

«И отвечал Елифаз Феманитянин, и сказал: [если] попытаемся мы [сказать] к тебе слово, – не тяжело ли будет тебе? Впрочем, кто может возбранить слову! Вот, ты наставлял многих и опустившиеся руки поддерживал, падающего восставляли слова твои, и гнущиеся колени ты укреплял. А теперь дошло до тебя, и ты изнемог; коснулось тебя, и ты упал духом» (4:1-5).

Так как Иов проклинал день своего рождения, а также своих родителей, его друг, Елифаз, не мог больше вынести этого и первым из присутствующих стал возражать ему. В этом случае нам не следует забывать, что в диалогах с Иовом его друзья говорили то, что в очах Божьих кажется лишь отчасти верным, но, по большому счету, они выражали лишь их собственное мнение.

Бог дозволил, чтобы все речи друзей вошли в Библию, считая это необходимым. Итак, Елифаз, разозлившись, сказал о том, что он думал. В его глазах Иов перестал быть тем человеком, которого он знал прежде. Он сравнивал то, что говорил и делал Иов до того, как на него обрушились несчастья, и после того, и осознал всю бесполезность слов Иова. Вот почему его разгневали речи Иова.

Мы можем сказать, что, согласно Библии, поступок Елифаза был неверным. В Послании Иакова, 1:19, говорится: *«Итак, братия мои возлюбленные, всякий человек да будет скор на слышание, медлен на слова, медлен на гнев».*

Так же и в Евангелии от Матфея, 7:1-5, сказано: *«Не судите, да не судимы будете, ибо каким судом судите, [таким] будете судимы; и какою мерою мерите, [такою] и вам будут мерить. И что ты смотришь на сучок в глазе брата твоего, а бревна в твоем глазе не чувствуешь? Или как скажешь брату твоему: „дай, я выну сучок из глаза твоего", а вот, в твоем глазе бревно? Лицемер! вынь прежде бревно из твоего глаза и тогда увидишь, [как] вынуть сучок из глаза брата твоего».*

Но друг Иова, критикуя и оценивая его, был убежден исключительно в собственной правоте.

В третьем стихе мы читаем, что Иов жил честно и наставлял многих. «Опустившиеся руки» являются прообразом тех людей, в которых нет жизненной энергии, жажды жизни. Иов же помогал таким людям обрести силы и был их наставником.

Под «падающими» здесь подразумеваются люди, которые сломлены и не хотят больше жить. К примеру, обанкротившиеся за одну ночь бизнесмены или те, кто были оставлены возлюбленными. Это люди безвольные, у которых нет мотивации к продолжению жизни. Иов же ободрял и укреплял этих людей.

А что означает «поддерживать гнущиеся колени»? Люди могут передвигаться только тогда, когда у них крепкие колени. Поддерживать их – значит совершать какое-то действие. Иов помогал нуждающимся и поддерживал тех, кто не был самодостаточен. Поскольку Иов был человеком очень богатым, он иногда давал деньги тем, кто жил в нужде, помогал им обрести силу, мужество и надежду. Но когда самого Иова постигли трудности, Елифаз с разочарованием обнаружил, что Иов сам стал похож на тех людей, которым он когда-то помогал, и стал упрекать его в этом.

Для чего Бог рассказал нам обо всем этом? Для того чтобы мы проверили себя – не похожи ли мы на Иова. Представьте себе, что, в то время как вы живете в вере и имеете полноту Духа, к вам за советом пришел человек. Тогда вы можете с уверенностью сказать ему: «Если ты поступаешь неверно, то ты можешь покаяться и вернуться на путь истинный. Если ты будешь полностью уповать на Бога, то Он решит все твои проблемы. Постись и молись. Бог справедлив и полон любви».

Однако если бы вам самому пришлось столкнуться с аналогичной ситуацией, то стали бы вы говорить то же, что говорил Иов? Были бы вы так же встревожены и недовольны, как Иов? Через ситуацию Иова Бог хочет показать нам, как меняются наши взгляды в зависимости от тех условий, благоприятных или неблагоприятных, в которых мы находимся.

Мы можем проверить нашу веру, когда сталкиваемся с испытаниями и искушениями. Именно тогда и проявляются наше внутреннее сердце и наша истинная вера. Когда мы проходим через испытания, мы можем выйти из них, если постом и молитвой найдем путь к решению своих проблем. Апостола Павла били, сажали в темницу, он вынес многие страдания ради имени Господа Иисуса, но он никогда не жаловался на Бога. Нам тоже следует иметь подобную веру.

«Богобоязненность твоя не должна ли быть твоею надеждою, и непорочность путей твоих – упованием

твоим? Вспомни же, погибал ли кто невинный и где праведные бывали искореняемы?» (4:6-7).

Гнев Елифаза возрастал, и он начал указывать на недостатки Иова. Иов же, вместо того чтобы разглядеть в себе то, на что ему указывалось, тоже стал злиться. Если вы дадите совет человеку с любовью, то он почувствует эту любовь и примет ваш совет. Но советы, которые даются с неприязнью и злостью, могут лишь вызвать враждебность в другом человеке. Так что, следовать вашему совету он не будет.

Иов боялся Бога и полагался на Него. Полагаться же на Бога – значит отдать все в Его руки. Бояться Его – значит чтить и уважать Его. Иов почитал Бога, но, с другой стороны, у него был и страх перед Ним. К тому же, веря во Всемогущего Бога, он во всем уповал на Него.

Однако нам следует убедиться в том, что Иов был действительно богобоязненным человеком и уповал на Бога. Ведь бояться Бога – значит исполнять Его заповеди (Второзаконие, 28).

И если мы верим в то, что Бог может сделать все, то почему бы нам не полагаться на Него во всем. Иов хотел, чтобы его поступки были совершенными в очах Божьих. Он хотел выглядеть пред Ним идеальным. И Елифаз, будучи другом Иова, прекрасно знал о делах Иова.

Но как только Иов сам встретился с проблемами, его слова стали сильно отличаться от тех, что он говорил прежде! «Богобоязненность твоя не должна ли быть твоею надеждою, и непорочность путей твоих – упованием твоим?». Елифаз, не услышав в словах Иова упования на Бога, как бы говорил ему: «Если бы ты был по-настоящему богобоязненным, то разве смог бы ты сказать такое!».

Елифаз хотел сказать: «Не ты ли хотел, чтобы твои дела

были совершенными в очах Божьих? Только подумай! Грех каждого ведет к разрушению. Если бы ты был честным человеком, разве Бог не дал бы тебе преуспевать?». В 7-м стихе Елифаз спрашивает Иова: «Вспомни же, погибал ли кто невинный..?».

Так может ли погибнуть невинный человек? В Послании к Римлянам, 6:23, сказано, что возмездие за грех – смерть. Причиной смерти является грех. Люди погибают из-за своих грехов. Поскольку Енох и Илия жили непорочной жизнью и их не в чем было укорить или обвинить, то они были вознесены на Небеса живыми, не испытав физической смерти.

Божье слово однозначно говорит нам, что Бог с теми, кто честен и праведен. И Он приводит подобных людей к преуспеванию. Поэтому, когда Елифаз спросил: «Вспомни же, погибал ли кто невинный?» – он произнес слова правды. Но он говорил это не потому, что хорошо знал истину. Временами он говорил то, что являлось правдой, только потому, что сам веровал в Бога, чаще же всего он утверждал то, что истиной не является.

«Как я видал, то оравшие нечестие и сеявшие зло пожинают его; от дуновения Божия погибают и от духа гнева Его исчезают» (4:8-9).

Если вы вспахиваете поле и сеете зло, то ничего, кроме зла, вы не пожнете. Здесь, под «полем», которое вы вспахиваете и засеваете, подразумевается человеческое сердце. Бог желает, чтобы наше сердце было доброй почвой. Почва человеческих сердец у всех разная.

Люди обладают почвой сердца, которую можно сравнить с придорожной и каменистой землей, с тернистым полем и доброй землей. Сердце Иова было доброй землей. И Елифаз был прав, абсолютно прав, утверждая, что «оравшие нечестие и сеявшие зло пожинают его».

Однако, на самом деле, Елифаз судил Иова по собственному усмотрению. Он был убежден, что Иов страдал от проказы, потому что посеял зло, и поэтому теперь пожинает несчастья. «Как я видал, то оравшие нечестие и сеявшие зло пожинают его», или, как говорится, что посеешь, то и пожнешь.

Следовательно, говоря: «От дуновения Божия погибают и от духа гнева Его исчезают», Елифаз осуждал Иова, называя его грешником. Однако Иов не был тем грешником, каким Елифаз считал его. Напротив, Иов был непорочен и справедлив.

Иов не сеял зла. Он сеял благость, а не зло. Иов жаловался и причитал не потому, что в его сердце было зло, а потому, что он не знал истины по-настоящему и он не пережил встречи с Богом.

Следовательно, точка зрения друга Иова не совпадала с тем, что заботило Бога в сердце Иова. Елифаз же гневно продолжал говорить Иову недобрые слова.

«Рев льва и голос рыкающего [умолкает,] и зубы скимнов сокрушаются; могучий лев погибает без добычи, и дети львицы рассеиваются» (4:10-11).

Если голос льва, царя зверей, умолкает, то это означает, что жизнь его кончена. Если сокрушить зубы молодого льва, то он не сможет поймать и съесть свою добычу, он станет беспомощным. А состарившийся лев теряет силы, у него уже нет той скорости, чтобы охотиться на других животных.

«Даже царь зверей, лев, может быть жалким и бесполезным, если у него сломаются зубы. Когда львы стареют, то у них нет сил охотиться, от них даже дети львицы рассеиваются. Как бы силен ни был лев, он тоже слабеет. Точно так же и у людей бывают лучшие или худшие времена. Такова судьба, и мы не можем ничего с этим поделать».

Елифаз вновь говорил об устройстве этого мира. Он утверждал, что у людей в жизни бывают взлеты и падения. Однако это лишь нормы этого мира, и они не совпадают со Словом Божьим. В Книге Исхода, 15:26, Бог говорит: *«Если ты будешь слушаться гласа Господа, Бога твоего, и делать угодное пред очами Его, и внимать заповедям Его, и соблюдать все уставы Его, то не наведу на тебя ни одной из болезней, которые навел Я на Египет, ибо Я Господь, целитель твой».*

Здесь говорится о том, что, если мы живем по Слову Божьему, то Он будет хранить нас от любых болезней. Если мы боимся Бога и живем с верой, то в нашей жизни все исполнится, как и написано в Евангелии от Марка (9:23): *«Если сколько-нибудь можешь веровать, все возможно верующему».* Что посеет человек, то и пожнет, – таков Закон Божий (Послание к Галатам, 6:7-8).

Следовательно, говоря о подъемах и падениях, плохих и хороших временах, он провозглашал устройство этого мира, а не волю Божью. Поэтому нам следует понимать, что в словах Елифаза не было истины. Они не соответствуют Слову Божьему, а отражают лишь его собственное мнение.

В Книге Иова следует четко различать, что из написанного является словами Бога, а что лишь выражением чьего-то личного мнения. Однако некоторые люди цитируют стихи, которые передают человеческие мысли, выдавая их за слово Божье, что не может быть правильным.

2. Духовное состояние и гордыня Елифаза

> «И вот, ко мне тайно принеслось слово, и ухо
> мое приняло нечто от него. Среди размышлений
> о ночных видениях, когда сон находит на людей,
> объял меня ужас и трепет и потряс все кости мои»
> (4:12-14).

«Когда сон находит на людей», то есть в разгар
ночи у Елифаза было некое видение. Он не понимал
своего духовного состояния, и поэтому у него появились
тревожные мысли.

Хотя он и не испытал личной встречи с Богом, он
изучал Закон и знал об Аврааме и Моисее. Доводилось ли
вам прогуливаться посреди ночи в глухом лесу? Если у вас
нет достаточной веры в Бога, Который с вами повсюду, то
вас начнет трясти от страха. Вы почувствуете даже дрожь
в конечностях. Елифаз почувствовал эту дрожь в своих
костях.

> «И дух прошел надо мною; дыбом стали волосы
> на мне. Он стал, но я не распознал вида его, только
> облик был пред глазами моими; тихое веяние,
> и я слышу голос: человек праведнее ли Бога? и
> муж чище ли Творца своего? Вот, Он и слугам
> Своим не доверяет и в Ангелах Своих усматривает
> недостатки» (4:15-18).

Некий дух прошел над Елифазом. Он не видел ничего
определенного, он лишь чувствовал, что над ним проходит
дух. От этого волосы его встали дыбом. С таким необычным
явлением вы можете столкнуться, если это ваш первый опыт

соприкосновения с духом.

Дух не видим для глаз, однако даже вновь уверовавшие могут почувствовать, когда приходит дух, а когда действует дьявол.

Когда я был дьяконом, то порой молился в церкви всю ночь напролет. Некоторые старшие диакониссы тоже приходили молиться. Однако минут через 30 после начала молитвы я переставал их слышать. Смотря на них, я замечал, что они дремали.

Для меня же это было время обретения духовного опыта. Враг, дьявол и сатана, заставлял старших диаконисс почувствовать усталость и погрузиться в сон. Когда я горячо молился на языках, когда я провозглашал: «Вон, враг, дьявол и сатана! Вон дух усталости и сонливости!» – старшие диакониссы внезапно просыпались, и я слышал, как они начинали молиться.

Когда я горячо молился, изгоняя врага дьявола, я мог чувствовать, как демоны проходят мимо меня. После моей молитвы, в которой я просил: «Боже, стеной огня Духа Святого защити от дел дьявола», я видел, с каким жаром начинали молиться старшие диакониссы.

Я смеялся про себя всякий раз, когда они говорили мне: «Мы так горячо молимся, когда молимся вместе с тобой!». Даже не имея дара видения, люди с чистым сердцем могут почувствовать что-то. Будь то присутствие Духа или нечто тревожащее.

Мы должны четко различать духов

В 16-м стихе говорится: «Он стал, но я не распознал вида его, только облик был пред глазами моими». Перед Елифазом стоял дух, но он не мог распознать: был ли это сатана или дух, посланный Богом. Если бы он мог различать их, он бы не чувствовал никакого страха. Поскольку Елифаз верил в Бога, он старался услышать Его голос.

«Человек праведнее ли Бога? и муж чище ли Творца своего? Вот, Он и слугам Своим не доверяет и в Ангелах Своих усматривает недостатки». Елифаз прежде внимал наставлениям Иова, имевшего страх Божий, и он тоже изучал Закон, однако, как и Иов, в действительности он не пережил встречу с Богом.

Обладая совсем незначительным опытом духовных переживаний, он еще не достиг того уровня, при котором человек может различать духов, поэтому он говорил то, что могло исходить от Бога вкупе с собственными мыслями.

Мы оправданы пред Богом верой, и мы не можем стать более праведными и освященными до тех пор, пока не выявим в себе зло и не очистимся от него и пока не будем жить по Слову Божьему. Но мы никогда не сможем на все сто процентов уподобиться Богу в Его праведности и святости. Это очевидно, что нам не стать праведнее и чище Бога. И это правда, что люди никогда не смогут быть более справедливыми и добродетельными, чем Бог.

Однако в 18-м стихе говорится: «... Он и слугам Своим не доверяет и в Ангелах Своих усматривает недостатки». И это не верно.

Бог доверял Аврааму, Он назначил его отцом веры. Моисей, Давид, Павел пользовались доверием Бога, и Он использовал их в служении на ниве Своей. Если Бог назначает Своих посланников или слуг, Он не ищет в них недостатки, а дает им силы довести до конца свое служение.

Подумайте о том, Кто есть Бог! Кроме того, разве могут

ангелы, которыми руководит Бог, совершить хоть какую-то глупость? Скажет ли Бог: «Отчего вы так глупы?» – притом, что Бог Сам дает им поручения. У Бога, Которому ведомо все, есть Свой план, намеченный еще до начала времен, поэтому Он доверяет Своим слугам и находит им применение в соответствии с тем, какими сосудами они являются.

Так что Елифаз, временами цитировал Слово Божье, а уже в следующий момент он произносил то, что противоречило истине.

То же происходит и сегодня. Некоторые из тех, кто неустанно молятся, рассказывают, что слышат голос Святого Духа, говорящий им разные вещи, но чаще всего бывает, что это вовсе и не голос Святого Духа. К тому же, многие люди, цитируя Слово Божье, искажают его.

Елифаз гордится своим духовным опытом

«Тем более – в обитающих в храминах из брения, которых основание прах, которые истребляются скорее моли. Между утром и вечером они распадаются; не увидишь, как они вовсе исчезнут. Не погибают ли с ними и достоинства их? Они умирают, не достигнув мудрости» (4:19-21).

Елифаз сравнивал Иова с теми, кто живет в глиняных домах, основание которых зиждется на прахе и которые могут быть разрушены скорее моли. Он описывал состояние Иова, который привык быть богатейшим человеком на Востоке, но лишился всего. Однако он сильно преувеличивал, говоря о том, что уничтожить людей легче, чем моль.

По мнению Елифаза, Иов был уничтожен навсегда. Казалось, что у Иова не было больше шанса подняться вновь. Елифаз судил Иова, приходя к выводу, что никто не вспомнит об Иове, который был полностью сломлен и лишен сил для того, чтобы вновь подняться.

Обрубить трос, поддерживающий палатку, значит лишить ее опоры. Елифаз был довольно циничен, говоря: «Они умирают, не достигнув мудрости». Елифаз, как бы говорил другу: «Иов! Ты наставлял других людей, полагая, что был мудрым, где же теперь твоя мудрость? Будь ты на самом деле мудр, разве очутился бы ты в такой ситуации?».

Елифаз прежде прислушивался к наставлениям Иова и уважал его, но, поскольку тот всего лишился, Елифаз стал унижать Иова, заставляя его чувствовать себя еще более несчастным. Подобные действия Елифаза роднили его с фарисеями и книжниками времен Иисуса Христа, которые учили закону, сами не соблюдая его.

Теперь Елифаз был весьма горд, говоря о том, что у него было видение и он получил вдохновение. Он судил и критиковал Иова лишь на основании внешних признаков. И он был духовно надменным, думая, что слышал голос Бога, на самом же деле это были козни сатаны.

Глава 5

Гневливость и раздражительность глупцов

1. Елифаз неверно трактует Слово Божье из-за своего духовного высокомерия
2. Разница между плотским и духовным взглядом
3. Разница между словами и делами Елифаза

«Так, глупца убивает гневливость, и несмысленного губит раздражительность» (Книга Иова, 5:2).

1. Елифаз неверно трактует Слово Божье из-за своего духовного высокомерия

«Взывай, если есть отвечающий тебе. И к кому из святых обратишься ты? Так, глупца убивает гневливость, и несмысленного губит раздражительность» (5:1-2).

В 4-й главе нам было показано, что Елифаз обладал некоторым духовным опытом, но его знание истины не было полным, и поэтому он выражал свои собственные мысли так, как будто он слышал голос Бога. Полагая, что познал духовный мир, он вел себя высокомерно.

В своей духовной самонадеянности он как бы говорил Иову, при этом выдавая за слово Божье то, что было лишь его мнением: «Взывай теперь к Богу, кто тебе ответит? Бог покинул тебя, и сколько бы ты ни кричал, обращаясь к Нему, никто не откликнется. Окажись ты среди святых, ты устыдишься самого себя и не осмелишься предстать пред ними!».

Елифаз пришел к выводу, что, сколько бы Иов ни молился и ни взывал к Богу, Бог не станет отвечать ему. В своем высокомерии он пренебрег словом Божьим. В Библии говорится: *И призови Меня в день скорби; Я избавлю тебя, и ты прославишь Меня* (Псалом, 49:15), а также написано: *Воззови ко Мне – и Я отвечу тебе, покажу тебе великое и недоступное, чего ты не знаешь»* (Кн. пророка Иеремии, 33:3).

Следовательно, воля Бога заключена в том, чтобы взывать к Нему в дни испытаний. Но Елифаз ошибочно заявлял, что, сколько бы Иов ни возносил молитв, все они останутся безответными.

Иисус пришел на нашу землю не ради праведников, а ради грешников. Неверное понимание слова Божьего делало Елифаза похожим на фарисеев. Обвиняя Иова в порочности, он, вместе с тем, отрицал истину, заключенную в слове Божьем. Из-за собственного недопонимания Божьего слова Елифаз несправедливо критиковал Иова. Вместо того чтобы осознать собственные пороки, он упрекал праведника.

Однако он был прав, когда сказал, что глупца убивает гневливость (ст. 2). В Притчах, 12:16, написано: *«У глупого тотчас же выкажется гнев его, а благоразумный скрывает оскорбление»*. Есть немало людей, скорых на гнев. Это можно видеть в отношениях между родителями и детьми, между друзьями, мужьями и женами.

Более того, некоторые матери сердятся на крошечных детей, которые совсем ничего не понимают, а это так глупо. Гнев, ревность, раздражительность, зависть насаждаются сатаной и разрушают человека. Это пороки, от которых следует избавиться.

2. Разница между плотским и духовным взглядом

«Видел я, как глупец укореняется, и тотчас проклял дом его. Дети его далеки от счастья, их будут бить

у ворот, и не будет заступника. Жатву его съест голодный и из-за терна возьмет ее, и жаждущие поглотят имущество его» (5:3-5).

Елифаз считал Иова глупцом, поскольку он не мог контролировать свои чувства, и из него потоком лились обиды и жалобы на Бога. На сей раз Елифаз проклинал глупость Иова и его семьи.

До того как на Иова обрушились несчастья, его дети жили благополучно, но так как Иов всегда тревожился о них, то и они не знали покоя.

В четвертом стихе мы читаем следующие слова: «Их будут бить у ворот». Это означает, что дети будут побиты некой властью. То есть Елифаз говорил о том, что Иов и его дети испытали Божью власть, которая ввергла их в несчастья. А также он пришел к заключению, что нет избавления от этих несчастий, поскольку их наслал Бог.

Что же означают слова «жатву его съест голодный и из-за терна возьмет ее, и жаждущие поглотят имущество его»? Под словом «голодный» подразумеваются захватчики. Обычно, захватчики, испытывая недостаток в чем-либо, нападают на другие страны, чтобы восполнить свои нужды.

«Терн» можно сравнить с колючей проволокой, которая обвивает стены домов богатых людей. Мы также можем сказать, что колючая проволока защищала и посевы Иова, но их разорили захватчики. Елифаз имел в виду, что злые слова, сходившие с уст Иова, стали для него капканом, и поэтому он был подавлен и лишился всей своей собственности.

В Притчах, 18:20, сказано: *От плода уст человека наполняется чрево его; произведением уст своих он насыщается*. Если наши слова, даже сказанные в шутку, идут вразрез с истиной, то они станут для нас терном, и мы попадемся в капкан, подстроенный сатаной, для того чтобы нас обвинить. Многие из нас не осознают этого, пока живут на земле.

> «Так, не из праха выходит горе, и не из земли вырастает беда; но человек рождается на страдание, [как] искры, чтобы устремляться вверх» (5:6-7).

На первый взгляд, эти слова кажутся верными, однако мы должны видеть то, в чем Елифаз заблуждался. Конечно, верно то, что само по себе горе не выходит из праха и беда не вырастает из земли. Но, в действительности, все несчастья, испытания или благословения приходят именно из земли. Ведь человек питается от земли, засевая ее семенами и пожиная урожай.

Итак, Елифаз поучал Иова. Разве человек, как говорил Елифаз, рождается для страданий? Это неверующие могут говорить, что люди рождаются для мучений и живут только для того, чтобы есть и поддерживать свое существование.

Они также полагают, что все кончается вместе с физической смертью человека, поэтому они, живя на этой земле, ищут только собственной выгоды. Они смотрят на жизнь плотскими глазами, считая, что надо брать от жизни все возможное, наслаждаясь славой, властью и богатством. Таким образом, они день за днем только приближают себя к могиле. Вместо того чтобы жить счастливо и радостно, они наполняют свои дни слезами, болью и печалью.

Жизнь людей, чьи надежды связаны только с этим миром, является чередой страданий, и они убеждены в том, что человек приходит в этот мир лишь для того, чтобы мучиться. Таким образом, не только у неверующих, но и у верующих, которые не обладают истинной верой и не имеют надежды на Небеса, неизбежно формируются плотские взгляды, подобные тем, что были у Елифаза. Поэтому в конце концов они устают от своей повседневной жизни.

3. Разница между словами и делами Елифаза

«Но я к Богу обратился бы, предал бы дело мое Богу, Который творит дела великие и неисследимые, чудные без числа, дает дождь на лицо земли и посылает воды на лицо полей; униженных поставляет на высоту, и сетующие возносятся во спасение» (5:8-11).

Этот стих показывает нам, насколько не правдив Елифаз. Он совсем забыл, о чем только что говорил. Он утверждал, что, сколько бы Иов ни взывал к Богу, Бог все равно не откликнется. Теперь же Елифаз советует Иову обратиться к Богу и получить от Него ответ.

Елифаз давал Иову советы, в которых была истина, однако сам он являлся лицемером, который точно так же, как фарисеи, не делал того, что говорил. Всемогущий Бог управляет всем сущим на Небесах и на земле. Он совершает удивительные дела и возвышает тех, кто стал смиренным.

Что же означают слова «униженных поставляет на высоту»? Под «униженными» подразумеваются не те, кто был унижен плотскими обстоятельствами, а те, кто умалил себя, любя Бога. Слова «поставляет на высоту» означают их духовный рост, духовный подъем. Мы должны плакать о Царстве Божьем и о тех несчастных душах, которые идут по пути к смерти. Если мы сталкиваемся с богохульством и поступками, которые могут разгневать Бога, то у нашего духа должен проявиться праведный гнев, однако праведность и гнев по плоти лишь будут бесчестить Бога.

> «Он разрушает замыслы коварных, и руки их не довершают предприятия. Он уловляет мудрецов их же лукавством, и совет хитрых становится тщетным: днем они встречают тьму и в полдень ходят ощупью, как ночью» (5:12-14).

Новая редакция несокращенного словаря Вебстера дает следующие определения словам «лукавый» и «коварный»: «быть умным в практических делах», «ловкий в бизнесе», «сообразительный», «прозорливый», «проницательный». Однако в духовном плане это означает кривить душой, замышлять что-то против других, прибегая к нечестивым методам. Иуда Искариот, продавший Иисуса, и Анания и Сапфира, обманувшие истинного служителя Божьего, являются примерами лукавства, в духовном понимании этого слова.

Замышлять – значит тайно планировать, совершать что-то нечестным путем. Замыслив что-либо, коварные люди могут считать, что все идет так, как им хочется, но, спустя некоторое время, к ним приходят испытания и искушения. Мудрые же будут честно следовать только верным путем.

Библия говорит, что тот, кто не живет в истине, – глупец. Поскольку люди думают и строят планы, не согласуясь с истиной, они сами же и «уловляются своим лукавством». Бог хранит тех, кто живет в истине. Библия, к примеру, запрещает нам быть поручителями за долги. Но если мы все же становимся гарантами должников, то мы поступаем против истины (Притчи, 22:26).

По глупости своей, люди строят коварные планы, чтобы обмануть других. Но если мы живем в истине, Бог покажет нам выход из ситуации и все обернет нам ко благу. При этом, даже если мы любим Бога и любимы Им, но, тем не менее, вынашиваем коварные замыслы, мы будем отвергнуты Богом. Поскольку Бог наказывает тех, кого Он любит, Он разрушит эти замыслы.

Коварство содержит в себе больше зла, чем хитрость. Когда коварные люди сталкиваются с испытаниями и искушениями, они, не находя пути решения своих проблем, погружаются во тьму.

Но живущие в истине не окажутся в подобной ситуации, так как у них есть власть над врагом дьяволом. Даже если им придется соприкоснуться с тьмой, Бог все обратит им во благо.

«Он спасает бедного от меча, от уст их и от руки сильного. И есть несчастному надежда, и неправда затворяет уста свои» (5:15-16).

Под «бедными» подразумеваются не только страдающие и несчастные, но и нищие духом. То есть алчущие и жаждущие правды и чистые сердцем. У чистых сердцем есть надежда на Небеса, они жаждут узреть Бога, и они обретут веру.

Нищий Лазарь, о котором говорится в 16-й главе Евангелия от Луки, был беден, но оказался достойным быть рядом с Авраамом. Он был спасен и взошел на Небеса. А богач, наслаждавшийся своей земной жизнью, не искал Бога. Оттого и постигла его вечная смерть. Вот почему у нищих есть надежда, и неправда должна затворить свои уста.

Если мы жаждем правды и полагаемся на Бога, то Он спасает нас «от меча, от уст их и от руки сильного». У нищих духом есть надежда на Небеса, и естественно, что они удаляются от неправды.

«Блажен человек, которого вразумляет Бог, и потому наказания Вседержителева не отвергай, ибо Он причиняет раны и Сам обвязывает их; Он поражает, и Его же руки врачуют. В шести бедах спасет тебя, и в седьмой не коснется тебя зло» (5:17-19).

Когда мы принимаем Иисуса Христа как Спасителя и каемся в своих грехах, мы получаем в дар Святого Духа. И если мы получаем Святого Духа, наши имена вписываются в Книгу жизни на Небесах, а мы обретаем права, которые есть у детей Божьих. Вот почему, если Божьи дети нарушают Слово Божье и идут по неверному пути, то Бог дозволяет наказание.

Если наказание не приходит даже тогда, когда мы не храним День Господень и не живем согласно истине, то нам следует проверить, действительно ли мы сыны Его (Посл. к Евреям, 12:5-8). Елифаз, поучая Иова, говорил ему, что он наказан за свои грехи, так почему же он жалуется? И советовал ему принять наказание Всемогущего Бога с радостью.

Тогда почему Елифаз в 18-м стихе заявляет: «Ибо Он причиняет раны и Сам обвязывает их; Он поражает, и Его же руки врачуют»? Он многое слышал от своих предшественников о Законе, начиная с Книги Бытия , и, кроме того, он изучал Слово Божье.

Но у него не было духовного понимания того, что он

изучал. Он пытался поучать Иова лишь с помощью тех знаний, которыми сам обладал (Кн. Иова, 5:27). И хотя Иов слушал слова, которые произносил Елифаз, он не мог до конца понять их, отвратиться от грехов и измениться. Слово Божье написано по вдохновению, полученному от Святого Духа, поэтому наше сердце может измениться только тогда, когда мы понимаем этот духовный смысл. Изучение буквального значения того, что написано в Слове Божьем, не дает истинной жизни.

Каково же духовное значение слов «Он причиняет раны и Сам обвязывает их»? Когда сатана стал обвинять Иова, то Бог дозволил подвергнуть Иова испытаниям. На то у Бога была своя причина. Сам Бог не карает, и Он не наказывает болезнями; это сатана обвиняет и насылает на Иова все несчастья и болезни в соответствии с тем, насколько он нарушил законы духовного мира.

Поскольку Бог повелел змею питаться прахом, то в той степени, в какой люди грешат, в той степени сатана и наводит на них беды. Но если они сойдут с греховного пути и покаются, то Бог исцелит и сделает их совершенными.

А что означают слова о «шести бедах» и «седьмом зле»? «Шесть бед» символизируют шесть тысяч лет, которые прошли с того времени, когда Адам и Ева были изгнаны из Эдемского сада, и человечество стало населять землю. Но Елифаз использовал это выражение, не зная его духовного смысла.

Слова «в шести бедах спасет тебя» означают, что так же, как Бог, сотворивший небо и землю за шесть дней, затем почил на седьмой день, так и те люди, которые жили на протяжении шести тысяч лет в истине и имели страх Господень, хотя миром правил сатана, будут спасены именем

Иисуса Христа.

В словах же «и в седьмой не коснется тебя зло» заключено Божье провидение. Число «7» в Библии олицетворяет совершенство. После шести тысяч лет существования человечества на земле наступит Тысячелетнее Царство, а после семи тысяч лет истории состоится Суд Великого Белого Престола, за которым последуют либо вечное Небесное Царство, либо ад.

Следовательно, «седьмое зло» символизирует совершенную волю и провидение Бога, Который спланировал эти семь тысяч лет истории человечества. Но даже в периоды испытаний Библия обещает, что Бог избавит от них тех, кто просит об этом и полностью уповает на Него.

«Во время голода избавит тебя от смерти, и на войне – от руки меча. От бича языка укроешь себя и не убоишься опустошения, когда оно придет. Опустошению и голоду посмеешься и зверей земли не убоишься» (5:20-22).

Во время голода страдают все, как же тогда Бог может избавить нас от него? В 17-й главе 3-й книги Царств рассказывается о том, как во времена правления царя Ахава в Израиле в течение трех с половиной лет в стране был голод, так как Бог разгневался на повсеместное распространение там идолопоклонства.

Но Бог возлюбил пророка Илию и направил его к потоку Хорафа, и вороны приносили ему туда хлеб и мясо. А когда поток тоже пересох, Бог велел ему идти к вдове из Сарепты. Тем, кто не сомневается в Боге, очищается от грехов и полагается на Него, Бог помогает.

Далее сказано, что «и на войне – от руки меча». Пророки были избавлены также от «руки меча». Иеремия был захвачен в плен, но и тогда он находился под защитой Бога. А когда царица Иезавель попыталась убить Илию, Бог его защитил.

Точно так же, когда мы доверяем Богу и полностью уповаем на Него, мы можем обрести Его признание и любовь, и меч не нанесет нам вреда.

Кроме того, сказано: «От бича языка укроешь себя». Что же подразумевается под «бичом языка»? «Бич языка» – это когда слова воплощаются в действия.

Например, когда кто-то говорит: «Я убью тебя!» – и затем делает это, то он действительно осуществляет сказанное. В Книге пророка Даниила, в главе 6-й, говорится об указе, по которому запрещалось просить какого-либо бога или человека, кроме самого царя, а каждый, кто нарушит это приказание, будет брошен в ров со львами.

Даниил знал об этом, но, возвратясь домой, как и всегда, трижды в день, преклонял колени и молился Богу, обратившись в сторону Иерусалима. За это он был брошен в ров со львами. Однако ни один волос на его голове не пострадал. Ангел Божий заградил пасти львам.

«Опустошение», о котором говорится далее, является последствием войн и болезней, которые сказываются на положении семьи, на бизнесе. Но и тогда, когда испытания опустошают семьи и бизнес или даже кто-то умирает от болезни, если покаяться и удалиться от грехов, можно получить исцеление и ответ от Бога.

Сказано также: «...голоду посмеешься». Это означает, что если бы Иов доверял Богу и во всем полагался на Него, вверив все в Его руки, то ему не пришлось бы проклинать свою жизнь и стенать, как он это делал теперь, а он только посмеялся бы над голодом. К слову, посмеяться над чем-либо может лишь храбрый и уверенный в себе человек.

И еще, написано, что «зверей земли не убоишься». Бог сотворил Адама и дал ему власть над всеми дикими животными, птицами и рыбами. Но из-за того что Адам не послушался Бога, он был проклят, и дикие звери стали либо бояться людей, либо нападать на них.

«Ибо с камнями полевыми у тебя союз и звери полевые в мире с тобою» (5:23).

«Иов! Если бы ты действительно полагался на Бога, то тебе не пришлось бы грешить своими устами, проклиная Бога, себя и своих родителей. Даже голод не лишил бы тебя уверенности и храбрости. Ты бы не убоялся зверей, и с камнями полевыми у тебя был бы союз, и звери полевые были бы в мире с тобою!».

Что, в духовном плане, символизируют собой «поле» и «камни»? Поле – это сердце человека, а камень – это Иисус Христос. Когда мы открываем свое сердце и принимаем Иисуса Христа, то в нашем сердце обитает Святой Дух. Когда мы слушаем слово истины, оно входит в нас, и, осознав необходимость перемен, мы начинаем менять свое сердце. Истина – это Слово Божье, а Иисус Христос – камень веры.

Насколько изменится наше сердце, став доброй почвой, настолько будут процветать и наша душа, и мы сами, и наше здоровье. В 1-м послании Иоанна, 3:21-22, сказано: *«Возлюбленные! если сердце наше не осуждает нас, то мы имеем дерзновение к Богу, и, чего ни попросим, получим от Него, потому что соблюдаем заповеди Его и делаем благоугодное пред Ним».* Во многих стихах Библии есть обетования Божьих благословений тем, чья душа процветает благодаря Его Слову.

Точно так же и Иисус Христос, Кто есть Истина, меняет людей, делая их людьми Духа, Божьими людьми. Бог защищает нас огненной стеной Святого Духа и светом Своей славы, не давая дьяволу и сатане строить против нас козни.

Если наша вера растет и наши души процветают, то нас минуют несчастья, а дьявол, которого символизирует полевой зверь, не сможет повредить нам, и даже наши враги будут в мире с нами.

> **«И узнаешь, что шатер твой в безопасности, и будешь смотреть за домом твоим, и не согрешишь. И увидишь, что семя твое многочисленно, и отрасли твои, как трава на земле. Войдешь во гроб в зрелости, как укладываются снопы пшеницы в свое время. Вот, что мы дознали; так оно и есть: выслушай это и заметь для себя»** (5:24-27).

Елифаз наставлял Иова, говоря, что если бы он полагался на Бога и обращался к Нему, то его семья жила бы в мире, и он был бы благословлен достатком, детьми и долголетием. Однако Елифаз говорил то, что они изучали, а не о том, что он сам испытал или во что верил.

Мы должны помнить, что даже если мы знаем Слово Божье и преподаем его, то с помощью одних только знаний слушатели не смогут обрести веру. Если вы, накапливая знания истины, не применяете их на практике, то вас, скорее всего, это сделает надменными. У вас не будет веры, которая исходит от сердца, поэтому вам трудно будет жить по Слову.

В Евангелии от Иоанна, 3:6, Иисус сказал, что «рожденное от Духа есть дух», поэтому мы должны нести духовное послание, и тогда Святой Дух будет работать вместе со Словом. Этот путь откроет сердца, люди поймут истину и обретут веру.

Елифаз с гордостью поучал Иова тому, что сам изучил, но, вместо того чтобы покаяться, Иов все более и более ожесточался.

Глава **6**

Ответ Иова

1. Иов выражает свои чувства с нескрываемым сарказмом

2. Иов заблуждается, считая, что Бог вселяет страх

3. Иов разочаровывал Бога своими словами

4. Иов становится слабее

5. Плотская любовь не постоянна

6. Давайте не спорить

7. Проявилось зло Иова, о котором он сам не подозревал

«О, если бы верно взвешены были вопли мои, и вместе с ними положили на весы страдание мое! Оно верно перетянуло бы песок морей! От того слова мои неистовы» (Книга Иова, 6:2-3).

1. Иов выражает свои чувства с нескрываемым сарказмом

> «И отвечал Иов, и сказал: о, если бы верно взвешены были вопли мои, и вместе с ними положили на весы страдание мое! Оно, верно, перетянуло бы песок морей! Оттого слова мои неистовы» (6:1-3).

Иов был настолько зол и обижен, что считал свое горе тяжелее песка морей. Для подобного чувства злости и ожесточения должна была быть причина.

Прежде всего, он думал, что это Всемогущий Бог отнял у него детей и имущество. Будучи человеком непорочным, Иов первоначально не выражал недовольства против Бога. Но он настолько страдал от проказы, покрывшей все его тело, что больше не мог выносить этой боли, поэтому и начал жаловаться на Бога и своих родителей.

Друзья, что пришли к нему, не утешали его, а, используя слово Божье, стали попрекать его, вызвав в нем еще большее раздражение.

Бог говорит, что «солнце, да не зайдет во гневе вашем», «любите врагов ваших», «всегда радуйтесь, за все благодарите». Но Иов даже не осознавал, что гнев, который он испытывал, предъявляя свои претензии, не приемлем в очах Божьих. Иов был убежден, что он страдал беспричинно.

Когда он говорил: «Оттого слова мои неистовы», он не понимал свои недостатки и не каялся в них, а, скорее, был циничным. Так как друзья Иова не соглашались с теми словами, которые он произносил, а критиковали их, то он пожалел, что вообще произнес эти слова.

С одной стороны, друзья Иова, убежденные в собственной правоте, укоряли его в споре. С другой стороны, сам Иов верил в то, что он был прав, и поэтому считал их плохими друзьями. И обе стороны отстаивали свою правоту. Но если посмотреть на их спор сквозь призму истины, то станет ясно, что ни Иов, ни его друзья, согласно Слову Божьему, по-настоящему истины не понимали.

Имея веру, мы, на месте Иова, будем взывать к Богу в молитве, и если друзья придут к нам, чтобы наставлять нас в истине, то мы примем их слова с благодарностью.

2. Иов заблуждается, считая, что Бог вселяет страх

«Ибо стрелы Вседержителя во мне; яд их пьет дух мой; ужасы Божии ополчились против меня» (6:4).

Говоря, что стрелы Бога были в нем, и его дух, то есть сердце, было отравлено ими, Иов ошибочно полагал, что Бог заранее спланировал наказание. Значит, он верил в то, что Бог проклял и сокрушил его. Он был убежден в том, что удар по нему нанесен Божьей силой.

Иов, по обыкновению своему, боялся Бога (Кн. Иова, 3:25). Бог, Которого Иов представлял себе и Которого узнал через Закон, был Богом карающим, разделившим воды

Красного моря и наславшим Десять казней. Иов приносил Богу пожертвования из страха, потому что хотел получить спасение.

Бог – справедливый Судья, и Он Бог Любви, но Иов не мог осознать этого. В таком случае, могли ли его приношения быть угодными в очах Божьих? И почему Бог оставил Иова, если он был непорочным и справедливым?

Бог дозволил Иову пройти через эти испытания для того, чтобы он отрекся от себя и осознал, что Бог – это Любовь и что Он – сама Справедливость. Только так Иов смог бы полюбить Бога от всего сердца и быть любимым Им. Пройдя через испытания, Иов сумел постепенно избавиться от неправды, которая была в нем, и стать освященным. Для нас важно, поняв себя, освобождаться также от того, что, согласно истине, не является правдой.

«Ревет ли дикий осел на траве? мычит ли бык у месива своего? Едят ли безвкусное без соли, и есть ли вкус в яичном белке? До чего не хотела коснуться душа моя, то составляет отвратительную пищу мою» (6:5-7).

Дикий осел ревет оттого, что он голоден. Если у него есть еда, то он не будет реветь. Так Иов объяснял свой плач невыносимой болью. И в то же время, он цинично заметил, что слова, сказанные друзьями, подобны пресной пище и безвкусны, как яичный белок, что их слова лишены смысла и настолько плохи, что он не может их принять.

Иов сказал: «До чего не хотела коснуться душа моя…», и слова эти говорят нам о том, что Иов был надменным человеком. Поскольку в том, что говорили его друзья, не было пользы для него, то и помощи от них тоже не было.

Они лишь раздражали Иова, он не воспринимал то, что ему говорилось, и чувствовал себя обиженным.

Его друзья думали, что преподносят ему урок по слову истины, но в действительности они добивали его своей жестокостью. Все сказанное друзьями Иов принимал на свой счет. Он думал про себя: «Разве вы – Бог? У меня самого достаточно мудрости и знаний. Много ли вы знаете?». Своим высокомерием он настолько закрыл свое сердце, что даже слова истины, произнесенные друзьями, не проникали в него и ничему его не научили. И независимо от того, насколько правдивыми были слова его друзей, он не мог ни понять, ни принять их.

Бог велел нам не метать бисер перед свиньями. Если кто-либо не принимает Слово Божье, то не следует и говорить ему, даже если это истина. Но Елифаз не понимал, что сердце Иова было закрыто, и продолжал спорить с ним и поучать его.

Иов просто не мог принять советов Елифаза, он был раздражен ими. Поэтому и сравнил их с плохо приготовленной и безвкусной пищей.

3.Иов разочаровывал Бога своими словами

«О, когда бы сбылось желание мое и чаяние мое исполнил Бог! О, если бы благоволил Бог сокрушить меня, простер руку Свою и сразил меня! Это было бы еще отрадою мне, и я крепился бы в моей беспощадной болезни, ибо я не отвергся изречений Святого» (6:8-10).

Иов молил Бога забрать его жизнь. Мы можем понять его

боль, но все же никогда не следует просить Бога о подобных вещах, чтобы не разочаровывать Его. Мы и думать об этом не должны.

Жизнь человеку дана Богом, и мы не можем относиться к ней так, будто она отдана в наше распоряжение. Более того, если мы верим в Бога и просим его забрать у нас жизнь, то это доказывает отсутствие в нас веры, что является самым большим разочарованием для Бога. Но Иов не мог понять этого.

Даниил знал, что будет брошен в ров со львами по заговору придворных, которые завидовали ему, но, тем не менее, не пошел на компромисс. Он продолжал, как и прежде, благодарить Бога в своих молитвах, обратившись в сторону Иерусалима (Кн. пророка Даниила, 6:10).

Он был брошен в ров со львами, но Бог был с ним, и Божий ангел защитил его, так что ни единый волос не упал с головы Даниила. Благодаря этому Даниил смог свидетельствовать царю и всему народу страны о Живом Боге и могущественно прославить Его.

Если, несмотря на сильную боль, мы благодарим Бога и надеемся на то, что Он все обратит во благо, то Бог станет нам помогать, видя нашу веру.

Но Иов не обладал достаточным знанием истины и не возлагал надежд на будущее. Вот почему он жаловался и этим огорчал Бога. Иов поступал не так, как следовало бы, согласно истине, он, скорее, храбрился пред Богом, настаивая на собственной правоте.

Иов думал, что Всемогущий Бог не проявил милости к нему и безжалостно обрек его на боль. Иов говорил, что Всемогущий Бог жестоко наказывал его, хотя он и не нарушал Его слово, то есть жил по истине.

Иов произносил все эти слова неправды, потому что

он, на самом деле, недостаточно знал о Боге. Оттого и продолжал настаивать на том, что жил он в истине и что не стал бы сожалеть, если бы Бог забрал его жизнь.

4. Иов становится слабее

«Что за сила у меня, чтобы надеяться мне? и какой конец, чтобы длить мне жизнь мою? Твердость ли камней твердость моя? и медь ли плоть моя?» (6:11-12).

Иов думал, что не сможет выздороветь и что у него нет другого выбора, кроме как вновь обратиться в горсть праха. Ему так казалось, потому что в нем не было веры. Он устал молить Бога о своем исцелении и был полностью истощен.

Поэтому он говорил, что не может более терпеть. Пораженный проказой с головы до пят, он чувствовал себя несчастным. Поскольку у него не было надежды на выздоровление, он уже и не ждал этого, а лишь уповал на то, что Бог даст ему умереть.

«Есть ли во мне помощь для меня и есть ли для меня какая опора? К страждущему должно быть сожаление от друга его, если только он не оставил страха к Вседержителю. Но братья мои неверны, как поток, как быстро текущие ручьи» (6:13-15).

Иов думал о том, что, когда он был богат, он помогал многим людям, теперь же он был бессилен сделать что-либо. Некогда он был известен своими познаниями и мудростью, теперь же у него ничего не осталось.

Бог – Всемогущ, Он воскресил Лазаря, который был мертв четыре дня. Но у Иова не было духовной веры, которая давала бы ему убежденность в том, что Бог способен создать все из ничего. Поскольку он не мог уповать на Бога и в нем не было веры, то он становился все слабее и слабее. В итоге, он растерял все свои силы и волю. Поскольку он не полагался на Бога, то у него не было и мудрости, поэтому он остался наедине со своей глупостью. И мы видим, что когда Иов отошел от истины, тогда и вышло все его зло наружу.

«Друзья, вы бессердечные люди. Когда я был богат и здоров и моя семья выглядела счастливой, вы любили и уважали меня, но куда же девалась ваша любовь, когда я остался ни с чем? Без дождя усыхают стебли, не то же ли происходит с людьми, подобными вам?».

Иов ожидал от своих друзей теплых слов утешения, они же жестко и враждебно советовали ему полагаться только на Бога. Иову это не нравилось. Когда мы проходим через испытания и искушения, мы ждем, чтобы кто-то утешил нас, но это лишь ослабит нас и вовсе нам не поможет.

Когда Петр шел по морю, он увидел волны, и тогда мысли, пришедшие ему в голову, были причиной того, что он начал тонуть. Иисус не стал его успокаивать, говоря примерно следующее: «Петр! Ты чуть не утонул! Как хорошо, что этого не случилось! Это же так опасно!». Вместо этого он упрекнул Петра в маловерии.

Так же и нам следует сеять веру по Слову Божьему в тех, кто проходит через испытания, побуждая их молиться, чтобы они смогли пройти через испытания, понять себя и отступить от своих заблуждений. Мы должны помочь им получить силу, чтобы изгнать врага, дьявола и сатану. Это и есть истинная духовная любовь. Но не следует давать советы, испытывая недоброжелательность к человеку, как это делали друзья Иова. Только когда мы даем советы или высказываем нарекание с любовью, только тогда человек обретает силу, чтобы стать непорочным в очах Божьих.

Если вы просто даете советы тем, кто испытывает трудности или переживает несчастья, они могут сказать, что вы понимаете их, но это не даст им силу Свыше. Они лишь ослабеют и будут произносить пред Богом слова, лишенные веры. Этим они разочаруют Бога, но осчастливят дьявола.

5. Плотская любовь не постоянна

«Которые черны от льда и в которых скрывается снег. Когда становится тепло, они умаляются, а во время жары исчезают с мест своих» (6:16-17).

Снег сам по себе – чистый, но когда он растает, то превратится в грязную воду. Если светит солнце, то эта вода испарится. Иов говорил, что сердца его друзей подобны снегу. Почему Бог дозволил, чтобы через Иова эти слова были вписаны в Библию?

Потому что сердце человека лукаво и переменчиво, подобно тающему снегу. Друзья Иова давали ему советы и высказывали нарекания, подкрепляя свои мысли Словом Божьим, но так как они делали это без любви, то им не удавалось затронуть и растрогать сердце Иова. Вот почему беседа Иова с друзьями превратилась в спор между ними.

В этом мире, если человек состоятельный, то у него много сподвижников. Однако стоит ему однажды обанкротиться, как найти того, кто, несмотря ни на что, будет любить его, станет очень трудно.

Кроме того, плотская любовь побуждает и мужчин, и

женщин искать преимуществ для себя, то есть думать о собственной выгоде. Духовная же любовь заботится о благе других людей, она жертвенна, она не меняется. Любовь друзей Иова была плотской, поэтому Иов и указывает на переменчивость их сердец.

> «Уклоняют они направление путей своих, заходят в пустыню и теряются; смотрят на них дороги Фемайские, надеются на них пути Савейские, но остаются пристыженными в своей надежде; приходят туда и от стыда краснеют» (6:18-20).

В поисках воды в пустыне люди передвигаются группами. Если им не удается найти воду, то ничто уже не поможет, и им придется умереть в пустыне. Слова «смотрят на них дороги Фемайские, надеются на них пути Савейские, но остаются пристыженными в своей надежде» означают, что наши сердца остаются прежними.

Прежде между ними царили любовь и дружеская привязанность, когда же от Иова уже ничего нельзя было получить, тогда вскрылась их истинная сущность, и они были посрамлены.

6. Давайте не спорить

> «Так и вы теперь ничто: увидели страшное и испугались. Говорил ли я: „дайте мне, или от достатка вашего заплатите за меня; и избавьте меня от руки врага, и от руки мучителей выкупите меня”?» (6:21-23).

Так как Иов продолжал спорить, то его переживания усиливались. Он осознавал, что друзья, которые должны были бы успокоить его, сочувствовать ему, вместо этого только упрекали его. Иов считал, что они неверно поняли его, сделав вывод, что он хотел бы рассчитывать на них.

Иов сказал, что он никогда бы не попросил их дать ему что-либо или избавить его от руки противника. Поэтому он и спросил их: чего они боятся и почему так относятся к нему?

Как же, наверное, были ошеломлены его друзья в этой ситуации! Они пытались преподать Иову урок, который сами усвоили, но Иов захлопнул двери своего сердца и перестал их слушать. Он все больше и больше раздражался и спорил с ними. Подобное происходит со многими людьми, когда они вступают в спор.

Вот почему Слово Божье велит нам не вступать в пререкания. В 1-м послании к Коринфянам, 6:7, Бог говорит нам не судиться друг с другом, а лучше смириться с тем, что нас обманывают.

Если вы спорите, то враг, дьявол и сатана, непременно получит доступ к вам. Сатана действует через чувства людей, становясь причиной их озлобленности по отношению друг к другу, которая развивается в ненависть, свойственную врагам. Вот почему мы должны избавиться от чувства неприязни. Если у нас есть это чувство, то нам не поможет никакой, даже самый лучший, совет.

«Научите меня, и я замолчу; укажите, в чем я погрешил. Как сильны слова правды! Но что доказывают обличения ваши?» (6:24-25).

Друзья указывали Иову на его прегрешения, но он не

понимал, в чем они заключались. Поэтому он и сказал: «Покажите мне, где я ошибаюсь, и я замолчу».

7. Проявилось зло Иова, о котором он сам не подозревал

«Вы придумываете речи для обличения? На ветер пускаете слова ваши. Вы нападаете на сироту и роете яму другу вашему. Но прошу вас, взгляните на меня; буду ли я говорить ложь пред лицом вашим? Пересмотрите, есть ли неправда? пересмотрите, – правда моя» (6:26-29).

Другими словами, Иов говорит: «Зачем вы спорите со мной? Я произношу эти слова от отчаяния». Выражение «на ветер пускаете слова ваши» означает отсутствие в них истины и ценности.

Когда он спрашивал: «Вы придумываете речи для обличения?» – то укорял своих друзей, настойчиво спрашивая, были ли их действия разумными и уместными. И, как сказано в стихе 27-м, нападать на сироту и рыть яму другу совершенно недопустимо. В глазах Иова друзья выглядели недостойными людьми, именно так и поступающими.

По сути, Иов говорил: «Теперь, если вы уверены в своей правоте и у вас нет никаких сомнений, то прежде судите самих себя, а затем посмотрите мне прямо в глаза и говорите! В моих словах – истина и факты. Вам следует оглянуться на себя и покаяться. Я прав».

Сердце Иова не было порочным, и он не стал бы лгать. Но из-за того что он неверно понимал истину, он не видел свои слабости. Друзья говорили для его же блага, но их слова приводили Иова в негодование. Они мучили Иова, вместо того чтобы помочь ему.

Следовательно, давая кому-либо советы, даже притом, что они абсолютно правильные, мы должны по-доброму и деликатно, без личных эмоций, говорить о том, как бы мы сами поступили. Очень важно, чтобы советы давались с теплотой и с любящим сердцем.

Теперь мы можем понять, почему Иов должен был пройти через эти испытания. Так как Иов, в действительности, не понимал истины, он думал, что его друзья не правы, и лишь только он один прав. А это – высокомерие. Быть высокомерным – значит из-за собственного эгоизма и высокого мнения о себе проявлять презрение или непочтение к другим. Иов полагал, что он во всем был самым лучшим, а Бог ни за что наказывал его. Вот почему он не мог прийти к пониманию самого себя. И даже тогда, когда его друзья старались помочь ему осознать это, он не желал их слушать. Он упрекал своих друзей, веря в то, что они были не правы.

Теперь вы понимаете, что Иов много раз ошибался тогда, когда он думал, что говорит правду. Он произносил слова, которые могли сковать его духовно. Этими словами он предоставлял сатане шансы для того, чтобы тот выдвигал обвинения против него.

Бог говорит нам: *«Посему, кто думает, что он стоит, берегись, чтобы не упасть»* (1-е посл. к Коринфянам, 10:12). Это опасно, когда мы думаем: «Я уже многое сделал, с меня хватит». Подобно тому, как признавался апостол Павел, мы должны каждый день умирать в истине (1-е посл. к Коринфянам, 15:31). Иов думал, что он стоял, вот почему он падал и страдал.

Другая причина, по которой Иов не мог понять самого себя, заключалась в том, что он верил в свое стремление жить исключительно добропорядочно и праведно, поэтому он полагал, что нет в нем никакого зла.

«Есть ли на языке моем неправда? Неужели гортань моя не может различить горечи?» (6:30).

Это ясно показывает нам, почему Иов должен был пройти через испытания. Многое из того, что Иов говорил, было несовместимо с истиной. Это были слова неправедные. Но Иов сделал свое заключение: то, что он говорил, было правдиво и уместно, а то, что утверждали его друзья, было порочным и неверным. Каким же нелепым и ошибочным было то, что говорил Иов!

Глава 7

Избавьтесь от червей своего сердца

1. Повседневная жизнь Иова – суетная и мучительная

2. Нечистое сердце с червями

3. Иов отрекся от себя

4. О преисподней в Библии

5. Что такое Суд совести?

6. Иов заблуждается, считая, что это Бог мучает его

«Как раб жаждет тени, и как наемник ждет окончания работы своей»
(Книга Иова, 7:2).

1. Повседневная жизнь Иова – суетная и мучительная

«Не определено ли человеку время на земле, и дни его не то же ли, что дни наемника? Как раб жаждет тени и как наемник ждет окончания работы своей, так я получил в удел месяцы суетные, и ночи горестные отчислены мне. Когда ложусь, то говорю: „когда-то встану?", а вечер длится, и я ворочаюсь досыта до самого рассвета» (7:1-4).

Поскольку Иов страдал, проходя через испытания, он ощущал ничтожность своей жизни, в которой им все было потеряно. Он ожидал лишь смерти, но и умереть не мог. Вместо того чтобы успокаивать Иова, друзья лишь обличали его. Ему не на что было надеяться.

У наемного работника только одна надежда – получить свой дневной заработок. На заре он идет на работу, а с закатом солнца возвращается домой и ложится спать. Кроме того, слуга делает только то, что велит хозяин. Все его чаяния связаны с наступлением ночи, когда он сможет отдохнуть.

Поскольку мучения Иова продолжались несколько месяцев, он ощущал себя наемником, влачащим бессмысленное и безнадежное существование и не чаявшим, когда солнце склонится к закату. Он не мог уснуть из-за боли, ворочаясь с боку на бок до рассвета. С тех пор как он лишился сна и надежды на будущее, он сетовал в отчаянии.

Однако даже у наемников не должно быть такого настроя, какой был у Иова. Как же следует жить человеку, познавшему Бога, ведающему о Царстве Божьем и живущему во Христе? Он должен прославлять Бога во всем, независимо от того, ест ли он, пьет ли он или делает что-то иное.

В Евангелии от Луки, в главе 16-й, рассказывается о богаче, который не верил в Бога и наслаждался жизнью на земле, а после смерти он отправился в Нижнюю могилу, принадлежащую аду. В то же время Лазарь, который питался крошками, падающими со стола богача, и жил в благоговейном страхе Божьем, отправился на лоно Авраамово, в Верхнюю могилу, которая является частью Небес.

У нас должна быть мечта. Мы должны надеяться и мечтать войти в Новый Иерусалим – лучшую из обителей Небесного Царства. Мы должны мечтать о том, чтобы получить золотую корону и корону праведности, преданно трудясь для Божьего царства на этой земле и сражаясь с грехами, чтобы стать освященными. Богатства этой земли могут быть похищены грабителями, а со временем и вовсе ничего не останется. Но если мы копим богатства на Небесах, то нам не о чем будет тревожиться. А все потому, что Бог воздаст нам в 30, 60 или в 100 раз больше.

Те, в ком есть страх Господень и надежда на будущее, могут жить, мечтая и видя перспективу, и, будь они даже наемниками или рабами, они смогут жить радостно и счастливо. Они не должны стенать, жаловаться и пререкаться, как это делал Иов.

2. Нечистое сердце с червями

«**Тело мое одето червями и пыльными струпами; кожа моя лопается и гноится**» (7:5).

Иов был богат. В свое время он жил обеспеченно, его окружали чистота и изобилие всего, в том числе и одежды. Теперь же его тело было покрыто червями и струпьями. Даже если человек знает Бога, но у него нет опыта встречи с Богом или духовной веры, то это вполне естественно, что во время испытаний он стенает и высказывает свои обиды.

Каково же тогда духовное значение этого стиха? Если вы вдумаетесь в то, о чем Иов до сих пор говорил, то вы поймете, что слова, сказанные им, были не истинными и не добрыми. Они были не верными и не приемлемыми в очах Божьих. Его уста выражали лишь то, что было у него на сердце. А это означает, что то, что было на сердце у Иова, выползало наружу подобно омерзительным червям.

Изначально сердце Иова было хорошим, словно богатая плодородная почва. В глазах Бога он был справедливым и честным человеком.

Однако если землю забросить на 10 лет, то даже добрая почва со временем зарастет всевозможными сорняками и будет похожа на твердую придорожную почву.

В этом случае мы должны вспахать, очистить от сорняков и взрыхлить почву, чтобы она вновь стала плодородной и доброй землей. Конечно, удалив только сорняки, мы не сможем превратить ее в абсолютно добрую почву, так как и у плохой, и у хорошей почвы есть свои, особые, присущие только им свойства.

Иов мог бы стать подобным доброй земле, если бы очистил свое сердце от неправды, которая похожа на сорняки. Поэтому Бог и признал его непорочным и справедливым (Кн. Иова, 1:1). Но поскольку он не испытал встречи с Богом, так же как и не познал в полной мере истину, содержащуюся в Слове Божьем, то с уст его сходили слова, подобные отвратительным червям.

Так как Иов причитал и жаловался, говоря все эти непристойные слова, то очевидно, что враг, дьявол и сатана, не упустил бы возможности обвинить его в этом. Поэтому Бог и допустил, чтобы обвинение было предъявлено.

Иов также сказал: «Кожа моя лопается и гноится». Когда кожа лопается, то поверх нарыва или пореза нарастает новый кожный покров, и кожа смыкается. Его кожа распадалась и гноилась по всему телу. Время шло, кожа его грубела, повторно затягивая нарывы, а потом снова лопалась и гноилась. Каково же духовное значение всего этого?

Когда люди исполнены Духом, то их вера кажется великой. Независимо от того, каковы их искушения и испытания, они могут почувствовать уверенность в том, что добьются победы. Это все равно, как если бы их кожа огрубела. Но когда они действительно сталкиваются с испытаниями и не могут их преодолеть, они ломаются, негодуя и жалуясь. Эти жалобы и стенания, по сути, могут быть приравнены к гноящейся коже. Каким же болезненным и неспокойным должно быть сердце, оказавшееся в подобной ситуации!

Таким и было сердце Иова, которое постоянно черствело, а затем сочилось гноем. Вот почему мы должны стоять на камне веры. У сатаны нет никаких претензий к тем, кто вооружен истиной, потому что они стоят на этом камне, и они избавились от всех чувств, противоречащих истине.

Таким образом, мы должны незамедлительно убить

всех червей в своих сердцах и полностью очистить их. Бог смотрит на наше внутреннее сердце, поэтому наше сердце должно быть чистым. Нет никакой ценности в том, чтобы быть чистыми только снаружи. Если на нашу одежду попала какая-то грязь или что-то отвратительное, то ее нужно сразу же выстирать.

Если же наше сердце наполнено червеподобными вещами, то вы можете себе представить, как это отвратительно и тревожно. Плотские помышления, которые являются греховной природой нашего сердца; работа плоти, то есть все наши греховные поступки; все другие пороки, такие, как враждебность, зависть, ревность, ненависть, – в очах Божьих все равно, что черви. Если людям ненавистны омерзительные черви, то насколько же Богу отвратительно то, что они символизируют?

Это и есть причина, по которой Иов страдал от червей, покрывших все его тело.

3. Иов отрекся от себя

«Дни мои бегут скорее челнока и кончаются без надежды» (7:6).

Иов, ворочаясь до рассвета, не мог уснуть. Он лишь надеялся на то, чтобы поскорее настало утро и поскорее бы день прошел. Иову казалось, будто бы один день был длиной в несколько месяцев.

Означает ли это, что под словами «дни мои бегут скорее челнока» подразумевается быстротечность его дней? В далеком прошлом люди ткали материю на ткацких станках и шили одежду из нее в домашних условиях. Когда ткач работает, челнок движется очень быстро.

Иов не имел в виду, что его время бежит так же быстро, как челнок, он просто хотел отметить ценность времени. Он сетовал на то, что время проходит, а он ничего не добивается. Он сделал много полезного в прошлом, теперь же дни его шли без всякой надежды, и он печалился по этому поводу.

> **«Вспомни, что жизнь моя – дуновение, что око мое не возвратится видеть доброе. Не увидит меня око видевшего меня; очи Твои на меня – и нет меня» (7:7-8).**

На вдох и выдох у человека уходит лишь пару секунд. Самое большее это может занять минуту или две. Говоря о своей жизни, лишь как о дуновении, он подразумевал ценность жизни. Иов не знал, когда он умрет, и он ничего больше не ждал от своей жизни.

До того как пришли испытания, Иов жил обеспеченно. Он ни в чем не нуждался, жизнь его была благословенной, а сам он добился уважения и признания окружающих. Но Иов не обладал истинной верой, поэтому и говорил, что больше не увидит ничего хорошего.

Независимо от ситуации, в которой мы оказываемся, нам не следует сдаваться, как это сделал Иов. Лазарь был мертв, пролежав в гробнице 4 дня, и, тем не менее, он воскрес.

Иов заключил, что люди не будут видеть его более. На самом же деле благополучная жизнь, в конечном итоге, вновь возвратилась к нему. Как это случилось? А случилось так, что Иов, в итоге, встретил Бога и покаялся. И благодаря этому он удалил «червей» из своего сердца.

Когда сатана нас в чем-то обвиняет, тогда есть один

способ решить проблему – это устранить повод, который дает основание сатане выдвигать претензии против нас. Точно так же и мы, если окажемся в ситуации Иова или даже худшей, но сможем оставаться в глазах Бога правдивыми, то эта ситуация еще ничего не будет означать. Когда Бог встретит нас, тогда любые проблемы будут решаться.

4. О преисподней в Библии

«Редеет облако и уходит; так нисшедший в преисподнюю не выйдет, не возвратится более в дом свой, и место его не будет уже знать его. Не буду же я удерживать уст моих; буду говорить в стеснении духа моего; буду жаловаться в горести души моей» (7:9-11).

Облака не стоят на месте, они все время перемещаются и никогда не возвращаются на исходную позицию. На этом месте могут появиться другие облака, но те, что ушли, уже не возвратятся. Потому, что у Иова не было надежды на Небеса, он полагал, что и человеческая жизнь подобна движущимся облакам, и, когда кто-то умирает, его дух отправляется в преисподнюю.

Так как он полагал, что все заключено в земной жизни, то он выражал недовольство всякий раз, когда ему этого хотелось. Он говорил в горести души своей. Какая же, должно быть, была боль в его сердце оттого, что он потерял детей и все свое имущество!

До этого момента он не жаловался, но когда все его тело покрылось язвами, а кожа огрубела и из нее постоянно сочился гной, он не мог больше вынести этого, и он стал выражать обиду и недовольство. А все потому, что Иов никогда в действительности не знал о Небесном Царстве.

Если бы он знал о Царстве Небесном, то не стал бы этого делать. Но так как в сердце его была боль, он говорил то, что ему хотелось сказать. Он не ощущал потребности в праведных устах. Те же, у кого есть надежда на Небеса, стараются все понять и терпеть даже тогда, когда у них болит сердце. И они не произносят опрометчивых злых слов только потому, что их сердца разбиты.

Слово «преисподняя» можно найти как в Ветхом Завете, так и в Новом Завете. Однако понятия «Царство Небесное» и «Рай» встречаются только в Новом Завете.

В Книге Бытия, 37:35, говорится: *«И собрались все сыновья его и все дочери его, чтобы утешить его; но он не хотел утешиться и сказал: с печалью сойду к сыну моему в преисподнюю. Так оплакивал его отец его».* Когда Иаков услышал, что сын его, Иосиф, был убит животным, он сказал, что если Иосиф мертв, то он должен сойти в преисподнюю, и ему, отцу, хотелось бы последовать за сыном. Во времена Ветхого Завета люди, умирая, спускались в преисподнюю, которую иначе называли Могилой.

В 1-й книге Царств, 2:6, также сказано: *«ГОСПОДЬ умерщвляет и оживляет, низводит в преисподнюю и возводит».* Но Иов не знал о том, что, даже после того как люди умирают и спускаются в преисподнюю, они смогут вновь подняться из нее.

Устройство преисподней (Могилы)

В Притчах, 9:18, говорится: *«И он не знает, что мертвецы там и что в глубине преисподней зазванные ею».* Этот стих говорит нам о «глубине преисподней».

В Книге пророка Исаии, 14:9, сказано: «*Ад преисподний пришел в движение ради тебя, чтобы встретить тебя при входе твоем; пробудил для тебя Рефаимов, всех вождей земли; поднял всех царей языческих с престолов их*»; мы узнаем, что у преисподней есть верх, куда можно поднять, а это значит, что есть и низ.

В Книге же пророка Исаии, 14:14-15, говорится: «*„Взойду на высоты облачные, буду подобен Всевышнему”. Но ты низвержен в ад, в глубины преисподней*». Люцифер, предавший Бога, будет низвержен в глубины преисподней.

В Евангелии от Луки, 16:19-26, рассказывается о нищем Лазаре и богаче. Нищий Лазарь, который боялся Бога, отправился в Верхнюю могилу и был отнесен на лоно Авраамово; богач же был низвержен в Нижнюю могилу, или Гадес, где он горел в огне и мучился от невыносимой боли.

Богач попросил Авраама охладить его язык лишь одной каплей воды, но Авраам сказал ему, что между Верхней могилой и Гадесом большая пропасть, поэтому перейти туда невозможно.

То есть преисподняя разделена на две могилы. Одна из них – это Нижняя могила, чаще всего именуемая Гадесом, которая принадлежит аду; и другая – это Верхняя могила, которая принадлежит Небесам. В Ветхом и Новом Заветах роль Верхней могилы была разной.

В Ветхозаветные времена Верхняя преисподняя была местом ожидания для тех, кто был спасен. Но с тех пор как Господь воскрес и вознесся на Небеса, спасенные люди не попадают на лоно Авраамово в Верхней могиле, а отправляются в Рай, чтобы быть вместе с Господом.

Поэтому, когда преступник, повешенный по другую

сторону от Иисуса, покаялся и принял Его как своего Спасителя, Иисус сказал ему: *«Истинно говорю тебе, ныне же будешь со Мною в раю»* (От Луки, 23:43).

Но Библия говорит нам о том, что Иисус не отправился в Рай сразу же после того, как Он умер на кресте. Иисус сказал: *«Ибо как Иона был во чреве кита три дня и три ночи, так и Сын Человеческий будет в сердце земли три дня и три ночи»* (От Матфея, 12:40). То есть Он спустился вниз, в Могилу.

5. Что такое Суд совести?

Что делал Господь в Могиле?

В 1-м послании Петра, 3:18-20, говорится: *«Потому что и Христос, чтобы привести нас к Богу, однажды пострадал за грехи наши, праведник за неправедных, быв умерщвлен по плоти, но ожив духом, которым Он и находящимся в темнице духам, сойдя, проповедал, некогда непокорным ожидавшему их Божию долготерпению, во дни Ноя, во время строения ковчега, в котором немногие, то есть восемь душ, спаслись от воды».*

Как и сказано, Иисус, «ожив духом», проповедовал находящимся в темнице духам. Здесь, под «темницей», подразумевается Могила. Иисус спустился в Верхнюю могилу, где ожидали спасенные души, и проповедовал Евангелие.

В Старозаветные времена, по сравнению с нынешними временами, должно быть, было гораздо больше людей, жизнь которых и в моральном, и в духовном плане была более совершенной. Правда ли тогда, что все они были судимы и обречены идти путем, ведущим к смерти? Должны были быть люди, которые искали Бога и жили в благости. Вот почему Бог дозволил всем, кто мог быть спасенным, войти в Верхнюю могилу.

История Кореи насчитывает тысячи лет, однако только 120 лет назад здесь было введено христианство. Следовательно, все, кто умер до того, как Корея узнала о Благой Вести, должны пойти в ад? Но этого не может быть! Если так, то Бог не может быть справедливым судьей. Поэтому те, кто жили до Иисуса Христа и признавали существование Бога, а также жили по совести, могли быть спасены и помещены в Верхнюю могилу.

После того как Иисус умер на кресте, Он отправился в Верхнюю могилу,чтобы в течение трех дней проповедовать тем, чьи души могли быть спасены во имя Иисуса Христа.

Означает ли это, что эти души до сих пор в Верхней могиле? Нет, это не совсем так. Те, кто были в Верхней могиле и приняли Иисуса Христа как своего Спасителя, отправились в Рай. И те, кто веруют в Иисуса Христа и умирают, также отправляются в Верхнюю могилу, адаптируются там в течение трех дней, а затем отправляются в Рай. Вот почему мы не сможем найти ни одного упоминания о Рае или Небесном Царстве в Ветхом Завете.

В Послании к Римлянам, 2:12-15, говорится: *«Те, которые, не [имея] закона, согрешили, вне закона и погибнут; а те, которые под законом согрешили, по закону осудятся, – потому что не слушатели закона праведны пред Богом, но исполнители закона оправданы будут, ибо когда язычники, не имеющие закона, по природе законное делают, то, не имея закона, они сами себе закон: они показывают, что дело закона у них написано в сердцах, о чем свидетельствует совесть их и мысли их, то обвиняющие, то оправдывающие одна другую...».*

Язычники, не знавшие Закона, действовали согласно своей природе, то есть поступали по совести, что и было для них законом. Если кто-то захочет украсть, то совесть будет порицать его за этот грех, однако при отсутствии совести человек может пойти напролом и все равно совершить кражу.

В людских сердцах есть сердце духа, которое дано Богом и которое является истиной; есть сердце неправды и, наконец, совесть, сформированная каждым отдельным человеком. Во времена Ветхого Завета Бог дал людям Закон и принимал решение о спасении в соответствии с тем, как они соблюдали этот Закон.

Но Закон был дан лишь народу Израиля, избранному Богом. У язычников не было Закона. Так что, до Иисуса люди жили согласно своей совести. Таким образом, совесть стала стандартом законности действий. Поэтому хорошие люди при тяжелых обстоятельствах прислушиваются к своей совести и не совершают греховных поступков. Тогда как злые люди совершают порочные поступки, преследуя личные интересы или же собственную выгоду.

Поскольку язычники не получили закона, Бог считал совесть язычников законом для них и выносил решение об их спасении в соответствии с их поступками, совершенными по совести. Это и называется Судом совести. С тех пор как Иисус Христос пришел на эту землю, люди, которые слышат Евангелие, но не открывают своих сердец и не принимают Евангелие, не в праве сказать: «Я не мог уверовать, потому что я не знал».

Даже и сегодня те, кто никогда не слышали Благой Вести, будут судимы, согласно их совести. Иов не знал о

Царстве Небесном, поэтому думал, что наше посмертное гражданство – в Могиле, а не на Небесах. Он полагал, что, как только он окажется в преисподней, он никогда не сможет выбраться из нее. Вот почему он чувствовал такую безнадежность.

6. Иов заблуждается, считая, что это Бог мучает его

«Разве я море или морское чудовище, что Ты поставил надо мною стражу?» (7:12).

Иов знал о величии моря, а также о том, каким жутким было морское чудовище. Некоторые люди, увидев во сне морское чудовище или дракона, думают, что это был хороший сон.

Но дракон или змея, увиденные верующими во сне, символизируют предстоящие большие испытания. А приснившиеся во сне свиньи являются символом будущих испытаний и трудностей.

Здесь Иов жалуется Богу на то, что был он таким слабым человеком, а Бог почему-то причинил ему столь невыносимую боль. Он заблуждался, думая, что Бог заранее спланировал все, чтобы наказать его. Иов обладал достаточной мудростью, чтобы понимать законы природы. Даже просто изучая законы природы, мы можем признать тот факт, что Бог Создатель существует. Понимая это, Иов приносил Богу пожертвования, но делал это лишь из страха.

«Когда подумаю: „утешит меня постель моя, унесет горесть мою ложе мое”, – ты страшишь меня снами

и видениями пугаешь меня» (7:13-14).

Если бы Иов мог крепко уснуть, то он забыл бы на время о своей боли, но ему не спалось. Он также сетовал на то, что, когда он засыпал, Бог пугал его.

Когда люди мира сталкиваются с какими-то трудно разрешимыми проблемами и страдают из-за этого, они могут сказать: «Давай просто забудем обо всем и ляжем спать». Но из-за множества забот сон не приносит им настоящего отдыха и расслабления, поэтому и сны у них беспокойные. Именно это и происходило с Иовом.

Так, как же мы должны поступать, если в нас есть вера? Мы можем отдать все Всемогущему Богу, чтобы Он мог разрешить наши проблемы. Если мы столкнемся с искушениями и испытаниями, нам следует осознать, какого рода стену греха мы возвели между собой и Богом, и покаяться в этом со слезами. Если мы лишь тревожимся об этом и сетуем на Бога, то это значит, что мы не имеем истинной веры. Чтобы Бог мог разрешить проблему, мы должны показать свою веру.

Иова напугало его видение, и он ошибочно полагал, что это сделал Бог. Но Бог не пугает людей во сне. Иов заблуждался, считая, что Бог не дает ему ни минуты отдыха, а лишь мучает его, даже во сне.

Сны могут быть как духовными, так и плотскими. Духовные сны видятся духом человека. Через подобные видения Бог показывает нам то, что произойдет в будущем, и Святой Дух говорит нам о чем-то.

Но сны также могут исходить и от души. Это сны, которые являются продолжением наших мыслей. И те, кто не живут в истине, живут, подчиняясь собственным мыслям и желаниям, так что их сны являются отражением этих мыслей и желаний.

Например, если кто хочет поехать в Соединенные Штаты, то он может увидеть Соединенные Штаты во сне. А если у кого-то есть страх перед чем-то, то его могут преследовать воры. Однако впоследствии подобные сны не согласуются с реальностью.

Но, по мере того как мы избавляемся от собственных мыслей и живем согласно истине, что показывает, насколько мы стали людьми духа, мы начинаем видеть духовные сны, которые исполняются в действительности.

«И душа моя желает лучше прекращения дыхания, лучше смерти, нежели [сбережения] костей моих. Опротивела мне жизнь. Не вечно жить мне. Отступи от меня, ибо дни мои – суета. Что такое человек, что Ты столько ценишь его и обращаешь на него внимание Твое, посещаешь его каждое утро, каждое мгновение испытываешь его?» (7:15-18).

Когда человек перестает дышать, он умирает. И так как Иов думал, что Бог создавал ему трудности даже во сне, он от всего сердца хотел умереть. Вот почему он сказал, что смерть лучше, чем «сбережение костей моих». Какая же боль была в нем!

А как же мы должны вести себя, когда нам больно? В Псалме, 49:15, Бог сказал: *«И призови Меня в день скорби; Я избавлю тебя, и ты прославишь Меня»*, то есть мы должны искать Бога и прилепиться к Нему. Мы должны благодарить, независимо от того, больны ли мы, переживаем ли мы спад в бизнесе или же все у нас идет хорошо. Мы должны благодарить, проходя через испытания. И если мы следуем воле Божьей и за все благодарим, то Бог будет действовать так, чтобы все послужило нам ко благу и чтобы в реальности появилось что-то, что будет нас радовать.

И далее Иов сказал: «Опротивела мне жизнь. Не вечно жить мне». Он был подобен неверующему человеку, у которого нет надежды на Небеса, и поэтому Иову не оставалось ничего другого, кроме как ненавидеть свою жизнь. Даже если бы Иов был исцелен, то он все равно уже потерял все свое имущество и детей, так на что ему было надеяться? Мог ли он осознать ценность жизни?

Но те, у кого есть надежда на Небеса, смогут благодарить Бога, даже если Он заберет их детей, потому что дети будут с Господом.

Иов знал, что Бог управляет жизнью и смертью. Поэтому Иов жаловался на то, что Бог не забирает его жизнь, хотя он так хочет умереть.

Иов сказал, что Бог ценит человека, и это правда. В Бытии, в 1-й главе, говорится о том, что, создавая человека, Бог сделал его по образу и подобию своему и поставил его управлять всеми творениями. Бог настолько ценит людей, что Он отдал Своего Единственного Сына на распятие. К тому же Бог не спускает с нас своих пылающих очей ни на мгновение.

Также написано: «Ты... каждое мгновение испытываешь его». Испытывая, Бог побуждает нас творить добро и дозволяет наказание за сотворенное нами зло. Если мы не живем в истине, то, для того чтобы мы не встали на путь, ведущий к погибели, Бог иногда допускает испытания и тесты, в результате которых мы можем осознать, что мы делаем не так. Мы же не побочные сыновья, а сыновья истинные, и если мы дружим с миром и грешим, то Бог дозволяет нам покаяться и возвратиться назад, к свету.

Поэтому, столкнувшись с любыми проблемами, нам следует начать благодарить Бога за них, стараясь понять, почему мы сталкиваемся с подобными проблемами. А затем мы должны покаяться в своих грехах.

«Доколе же Ты не оставишь, доколе не отойдешь от меня, доколе не дашь мне проглотить слюну мою? Если я согрешил, то что я сделаю Тебе, страж человеков! Зачем Ты поставил меня противником Себе, так что я стал самому себе в тягость?» (7:19-20).

Бог наблюдал за ним и дозволил ему пройти через испытания, чтобы очистить и благословить его. Но Иов не понимал этой истины. Он обладал знаниями о Боге, но в реальности у него не было опыта соприкосновения с Ним.

Так что, Бог дозволил Иову пройти через эти испытания, чтобы тот смог осознать, что, согласно правде, было неверным, покаяться в этом и стать настоящим чадом Бога, Который любит нас с истинным сердцем и совершенной верой. Даже тогда, когда Его творение, человек, произносил греховные слова и выражал недовольство, Бог лишь терпеливо слушал их.

Он терпел это только для того, чтобы еще одна душа изменилась и пошла по пути, ведущему к спасению и благословениям. Мы должны уметь читать сердце Бога.

Бог исследует наши сердца и мысли. Если Его дети совершают греховные поступки, Он от этого очень страдает. Если мы грешим, то это равносильно тому, что мы плюем в лицо Богу. Это все равно, что мы плюем на Божий храм и Его служителей.

Даже если я и согрешил, какой вред от этого может быть

Богу, спрашивал Иов? Итак, чем же он мог навредить в этом случае?

Во-первых, греховные поступки разрушают отношения между Отцом и детьми. Во-вторых, они разбивают сердце Бога, потому что Он знает, что Его чада идут по гибельному пути. В-третьих, дети, совершающие грехи, не могут войти в Царство Божье, следовательно, между Богом и Его детьми не будет отношений. И поэтому Бог не может не мучиться от боли в сердце. В-четвертых, драгоценная Кровь Господа утрачивает свое значение. В-пятых, Бог страдает от того, что все складывается так, как того хочет дьявол. Дьявол же желает заставить детей Божьих воспротивиться Богу и не допустить распространения Царства Божьего.

Допустим, что глава семьи, отец, велит своему сыну старательно учиться. Что если сын, в ответ на слова отца, начнет ему возражать, говоря: «Даже если я и не учусь хорошо, какой тебе от этого вред, папа? Какая тебе разница, преуспеваю я в учебе или нет?». Как это должно быть огорчительно для отца! Те же чувства испытывает и Бог.

«Зачем Ты поставил меня противником Себе, так что я стал самому себе в тягость?». Теперь Иов не просто жаловался и причитал. Он был язвителен с Богом. Злобствуя, он даже насмехался над Богом. Однако Бог испытывал боль не только из-за слов.

Он ждет, чтобы мы менялись с радостью; и это, на самом деле, не трудно.

«И зачем бы не простить мне греха и не снять с меня беззакония моего? ибо, вот, я лягу в прахе; завтра поищешь меня, и меня нет» (7:21).

Теперь Иов имел уже два противоположных намерения. С одной стороны, он хотел, чтобы Бог забрал у него жизнь, а с другой, он желал быть исцеленным. Но ответ не приходил, и Иов объяснил это тем, что Бог не простил его беззакония и грехов.

Когда мы осознаём наши грехи, каемся и отступаемся от них, Бог прощает нас. Однако, хотя Иов и совершил множество грехов и беззаконий, он не покаялся в этом. Он просто недоумевал, как бы спрашивая: «Бог, почему ты не прощаешь мне мои беззакония и грехи? Почему бы Тебе не отнестись к этому проще?». Говоря этот вздор, мог ли он рассчитывать на то, что его проблема разрешится?

До того как пришли испытания, Иов, из-за страха пред Богом, делал жертвоприношения. Но когда он страдал от проказы, у него не было страха. Он лишь сетовал и желал быстрой смерти, поскольку думал, что, как только он окажется в преисподней, на том все и кончится, независимо от того, простил ему Бог грехи или нет.

Глава 8

Мудрый совет Вилдада Савхеянина

Человек, праведный и непорочный, становится ближе к Богу

«И если вначале у тебя было мало, то впоследствии будет весьма много» (Книга Иова, 8:7).

1. Вилдад говорит о возмездии за грех

«И отвечал Вилдад Савхеянин, и сказал: долго ли ты будешь говорить так? – слова уст твоих бурный ветер!» (8:1-2).

Теперь в разговор вступает второй друг. Это Вилдад Савхеянин. До сих пор он, молча, слушал, теперь же он начал мягко давать советы Иову, способствуя тому, чтобы тот осознал ситуацию в свете Слова Божьего. Вилдад говорил не столь возбужденно, как это делал Елифаз, и он доброжелательно старался все объяснить своему другу Иову.

Он пытался найти способ наставить Иова в истине, которую сам познал, размышляя над тем, как привести Иова на путь осознанного покаяния. Вилдад более не мог выносить жалоб и стенаний Иова и спросил его: «Долго ли ты будешь говорить так? – слова уст твоих бурный ветер!».

Что это за слова, которые подобны бурному ветру?

Давайте прежде рассмотрим духовное значение словосочетания «бурный ветер». Во время урагана обваливаются здания, терпят крушения корабли, от оползней погибают люди – стихия становится причиной масштабных разрушений.

Если верующие, вместо того чтобы следовать истине, подобно Иову, говорят слова, враждебные истине, то с позиций Бога это и есть «бурный ветер». В свою очередь, это дает повод сатане предъявить свои обвинения, и тогда на нас обрушиваются испытания и трудности. Если мы раним чувства других, жалуемся, стенаем или проклинаем, то наши слова становятся подобными бурному ветру. Точно так же, как бесполезны ураганы и смерчи, такие слова, исходящие из наших уст, не приносят пользы ни окружающим, ни нам самим.

Почему же мы позволяем сатане обвинять нас в словах, которые мы произносим собственными устами? Мы всегда должны бодрствовать в молитве и контролировать себя, чтобы слова уст наших не были бурным ветром. Одно лишь сказанное слово, с одной стороны, может посеять веру, благодать и жизнь в человеке, а с другой стороны, может способствовать его падению. Слова, подобные бурному ветру, ранят сердца других и доставляют им боль.

«Неужели Бог извращает суд, и Вседержитель превращает правду? Если сыновья твои согрешили пред Ним, то Он и предал их в руку беззакония их» (8:3-4).

Бог не извращает суд и не делает неправды. Бог всегда воздает согласно содеянному нами.

В Откровении, 22:11-12, написано: *«Неправедный пусть еще делает неправду, нечистый пусть еще сквернится; праведный да творит правду еще, и святой да освящается еще. Се, гряду скоро, и возмездие Мое со Мною, чтобы воздать каждому по делам его».* Как и сказано, Бог никогда не извращает суд.

Иов делал жертвоприношения от имени своих детей. В Книге Иова, 1:5, написано: *«Может быть, сыновья мои согрешили и похулили Бога в сердце своем».* Иов боялся, что неправильные поступки его детей могут принести им несчастье, поэтому он и возносил всесожжения по числу их. Но так как дети его не каялись, он чувствовал постоянный страх приближающегося бедствия, которое могло произойти с ними, и все это время не было у него покоя. Иов же был человеком богобоязненным (Кн. Иова, 3:25).

Друзья Иова знали, что дети Иова не были такими праведными, как сам Иов. Вот почему они говорили, что Бог забрал детей Иова за их грехи. И они спрашивали: почему в связи с этим Иов выражал недовольство против Бога?

Если дети Божьи стараются жить по Слову Божьему, молиться, хранить Его заповеди и любят Его, то Бог всегда с ними и всегда защищает их. Поэтому, если приходят какие-то испытания или искушения, то это означает, что они либо в чем-то обманывали Бога, либо есть что-то неверное в их поступках.

Когда Давид совершил грех убийства, позволив, чтобы один из его самых верных подданных был убит язычниками, Бог послал пророка Нафана, который укорил его. Как только Давид услышал нарекание, он покаялся и был прощен в своих грехах, и все же он должен был пройти через испытания из-за обвинений сатаны.

Во 2-й книге Царств, 12:14, написано: *«Но как ты этим делом подал повод врагам ГОСПОДА хулить Его, то умрет родившийся у тебя сын».* Давид совершил грех, который позволил дьяволу предъявить свои обвинения против него, и Бог, согласно законам духовного мира, вынужден был допустить это. Давид, постясь, держался Бога, но сын его, в конечном итоге, умер.

Из главы 5-й Евангелия от Иоанна мы узнаем о человеке, который был болен в течение 38 лет, но затем был исцелен Иисусом. И позже Иисус вновь встретил его.

Об этом говорится в Евангелии от Иоанна (5:14): *«Потом Иисус встретил его в храме и сказал ему: вот, ты выздоровел; не греши больше, чтобы не случилось с тобою чего хуже»*. Если мы вновь грешим, то с нами может произойти нечто, еще более худшее; но если мы более не грешим, мы будем полностью исцелены.

Бог управляет даже врагом – дьяволом и сатаной. Поэтому, если мы живем в истине, мы будем защищены Богом, и наша жизнь будет процветать.

2. Как решить проблемы и получить ответы

«Если же ты взыщешь Бога и помолишься Вседержителю, и если ты чист и прав, то Он ныне же встанет над тобою и умиротворит жилище правды твоей. И если вначале у тебя было мало, то впоследствии будет весьма много» (8:5-7).

Вилдад Савхеянин советовал Иову искренне искать Бога, молиться Ему и покаяться перед Ним. Здесь мы видим, что мнения друзей Иова разделились.

Елифаз утверждал то, что не являлось истиной. Он сказал: *«Взывай, если есть отвечающий тебе. И к кому из святых обратишься ты?»* (Кн. Иова, 5:1). А Вилдад же говорил истину, советуя искать Бога и молиться Ему.

Чтобы Иов покаялся пред Богом и изменился, он прежде всего должен был искренне стремиться к Нему. «Бог, из-за зла в моем сердце слова уст моих – бурный ветер. Пожалуйста, прости мне мои греховные слова». Молясь подобным образом, он должен был на деле показать свое раскаяние.

Если мы признаем свой грех лишь на словах, то это еще не все, что нам нужно сделать. Мы должны обрезать свое сердце и сделать его чистым. Мы должны каяться в грехах, отступаться от них и очищать свое сердце.

«Он... умиротворит жилище правды твоей» – эти слова означают, что если мы не обманываем и поступаем достойно, то Бог будет считать, что мы пребываем в жилище правды.

Бог видит наше внутреннее сердце, поэтому, если наше сердце не чисто, Он не скажет, что мы правы. Люди могут считать кого-то честным и справедливым, лишь учитывая их поступки, но Бог смотрит на внутреннее сердце человека. Поэтому наше сердце должно быть чистым. Только тогда Бог будет способствовать нашему процветанию, хотя вначале оно может быть небольшим, а впоследствии – весьма обильным.

Иову предстояло подняться с самого дна. У него не стало ни детей, ни богатства, но если бы он покаялся в своих словах, которые подобны бурному ветру, стал бы со всей искренностью искать Бога и молиться, то Бог позволил бы ему процветать. Это слова не Вилдада, а Бога.

Однако ничего само по себе не происходит. Прежде всего нужна вера. Без веры мы не сможем ни покаяться, ни отступиться от греха, ни очиститься. Когда мы, молясь, храним Слово Божье, мы можем получить веру Свыше. Мы начинаем с веры, малой, как горчичное зерно, но которое будет продолжать расти.

Бог действует в соответствии с верой. Если мы искренне ищем Бога, молимся Ему и если мы чисты и справедливы, то наши души процветают. А если наши души процветают, то Бог дает нам благословения в семье, в работе, в бизнесе. И Он также дает нам здоровье.

«Ибо спроси у прежних родов и вникни в наблюдения отцов их; а мы – вчерашние и ничего не знаем, потому что наши дни на земле – тень» (8:8-9)

Вилдад не рекомендовал Иову настаивать на собственной правоте, а спросить у своих предшественников и учесть то, что познали их отцы. Для того чтобы понять себя, мы должны увидеть свое отражение в Слове Божьем. Библия учит нас, как поступали возлюбленные рабы Божьи и как они любили Бога.

Под словами «ничего не знаем» подразумевается, что в нас нет особой мудрости по сравнению с прежними родами. И сказано, что «наши дни на земле – тень». Тень исчезает, и тень меняется в течение дня. Так и наша жизнь – она не вечна, она кратковременна. Поэтому Вилдад убеждал Иова в том, что следует учиться у отцов и осознавать свои ошибки.

Итак, у кого же мы должны учиться? Во-первых, мы должны учиться у Бога. Нам не следует утверждать, что только наши знания и мнение верны; вместо этого мы должны смиренно преклонить колени и учиться у Бога. Бог даст нам неизменную истину, которая содержится в 66-ти Книгах Библии.

Библия также пишет об отцах веры, которые любили Бога и были любимы Им. Мы можем изучить, как Ной подготовил ковчег, как Моисей повел за собой многих людей, как Давид любил Бога и как Даниил не шел на компромисс с миром.

«Вот, они научат тебя, скажут тебе и от сердца своего произнесут слова» (8:10).

Все слова и дела отцов веры и все, что связано с ними, будет сопоставлено с нами во время Суда. Когда мы видим свое отражение в зеркале веры патриархов, которые были дороги очам Божьим, тогда мы можем различить – были ли мы правы или нет. Мы можем также увидеть – согрешили мы или нет.

В Слове Божьем говорится обо всем, в том числе и о том, что верно, а что нет; что есть добродетель, а что – грех; что считать праведностью, а что – непотребством. Оно также объясняет, что такое вера и спасение, Небеса и ад, добро и зло.

3. Вилдад обращается к притчам, чтобы Иову было понятно

«Поднимается ли тростник без влаги? растет ли камыш без воды? Еще он в свежести своей и не срезан, а прежде всякой травы засыхает. Таковы пути всех забывающих Бога, и надежда лицемера погибнет; упование его подсечено, и уверенность его – дом паука. Обопрется о дом свой и не устоит; ухватится за него и не удержится» (8:11-15).

Вилдад, говоря о тростнике и камыше, объяснял взаимосвязь всех вещей. Вилдад, любя Иова всем сердцем, применил всю свою мудрость, чтобы посредством метафоры помочь Иову понять, в чем он заблуждался. Ведь Иов был очень умным человеком.

Тростник – рослое влаголюбивое многолетнее растение, которое используется, в частности, для плетения циновок. Всем известно, что тростник растет на заболоченной почве. Как и камышу, ему для роста нужна вода. И в этом мире все взаимосвязано точно так же, как рост тростника и камыша зависит от воды.

Тростник и камыш растут по берегам водоемов или же на морском побережье. Их корни не устойчивы. И тростник, и камыш вырастают зелеными, но под лучами палящего солнца они быстро желтеют и увядают, превращаясь в одночасье в нечто совершенно бесполезное.

Что же в действительности Вилдад хотел этим сказать?

«Иов, слова уст твоих – бурный ветер, а все потому, что ты не чтишь и не боишься Бога! Когда ты был здоровым, ты возносил жертвы за своих детей и служил Богу с благоговением. Но так как у тебя злое сердце, то слова, которые ты произносишь, подобны бурному ветру». Тростник может расти на влажной почве, но если солнце будет печь слишком сильно, то он погибнет. Проводя параллель с тростником, Вилдад говорил, что Иов отдалился от Бога, и если он не покается и не обратится вновь к Богу, то он погибнет, как это растение. Он говорит, что тех, кто забудет Бога, ждет такая же участь.

Жалобы, недовольства, обиды, проклятия и стенания исходят не откуда-нибудь, а именно из сердца. Вилдад пытался с помощью этой притчи дать Иову понять, что тот ворчит, потому что его сердце было порочным, и это принесло свои плоды, подобно тому, как растут и плодоносят посеянные в землю семена.

Вилдад понимал, что если говорить откровенно и прямолинейно, то это обидит и ранит чувства других, создаст дополнительные проблемы. Поэтому он прибег к более мягкому способу, используя притчи.

И далее он говорит: «... и надежда лицемера погибнет». Тем самым Вилдад, избегая напрямую называть сердце Иова злым, попытался заставить его понять, что он в какой-то степени лицемерил. Если мы действительно веруем в Бога, мы не должны быть лицемерными. Нам следует обрести сердце доброе, праведное и святое.

Вилдад сказал: «... и уверенность его – дом паука. Обопрется о дом свой и не устоит; ухватится за него и не удержится». Итак, в чем же был уверен Иов? Он был уверен в своих детях, в своем достатке и многих других вещах. От простого прикосновения или дуновения ветра рвется паутина, и такая же участь ждет тех, кто не боится Бога и не уповает на Него.

Иов остался ни с чем, как если бы он рассчитывал на паутину. Как растения высыхают под палящими лучами солнца, так и сердце порочного человека, когда в него приходит свет, подвергнется осуждению и получит наказание во тьме. Иными словами, Вильдад советует Иову:

«Иов, как тростник, поднимается, если есть влага, и камыш растет, когда есть вода, так слова твои, подобные бурному ветру, говорятся оттого, что есть зло в сердце твоем. Потому Бог и отвернулся от тебя. Но если ты будешь искренне искать Бога, покаешься и очистишь свое сердце, то Он восстановит тебя. Начало может быть малым, но со временем ты получишь все с избытком».

4. Вилдад советует Иову жить в истине, чтобы восстановиться

> «Зеленеет он пред солнцем, за сад простираются ветви его; в кучу [камней] вплетаются корни его, между камнями врезываются. Но когда вырвут его с места его, оно откажется от него: „я не видало тебя!" Вот радость пути его! а из земли вырастают другие» (8:16-19).

Каков же духовный смысл, вложенный в выражение «зеленеет он пред солнцем»? Солнце – источник света, а свет – это истина, это Слово Божье. Иисус является подлинным Светом, Он есть Путь, Истина и Жизнь. Точно так же, как под лучами солнца растения идут в рост, мы должны пребывать в Слове Божьем, если хотим, чтобы наша вера росла, а мы могли стоять на камне веры.

И, далее, что это означает, что растение тянется вверх, зеленеет под солнцем, но погибает? Все насаждения прекрасно растут при солнечных лучах, но если их по какой-то причине вырвут из земли, то от них не будет никакой пользы. То есть, даже если человек стоит на камне веры, но при этом оглядывается на мир, отрекается от Бога и живет, греша снова и снова, то его жизнь больше не имеет ценности.

Если мы отступаем от истины, то Бог вынужден отвернуться от нас, и тогда мы теряем Его защиту. Если росту нашей веры мешает высокомерие, то мы должны немедленно устранить его. Не делая этого, мы постепенно попадаем в сети сатаны.

И тогда мы отдалимся от Бога, и наша жизнь ничего не будет стоить. Если растение вырвать с корнем, то оно засохнет и погибнет. Жизнь, в которой нет Бога, обречена на ад, и это трагично! Таким образом, так же, как растение, зеленеющее под лучами солнца, мы должны пребывать в Слове Божьем, укорениться на камне веры и продолжать расти до возвращения Господа.

Когда Иов был достаточно богат, он жил в радости, но когда он был «вырван с корнем», его ожидали лишь страдания, и он сам желал только одного – смерти.

«Видишь, Бог не отвергает непорочного и не поддерживает руки злодеев. Он еще наполнит смехом уста твои и губы твои радостным восклицанием. Ненавидящие тебя облекутся в стыд, и шатра нечестивых не станет» (8:20-22).

«Бог не отвергает непорочного и не поддерживает руки злодеев». Сколько же тревог у порочного человека, даже если его дела складываются успешно?! И хотя создается впечатление, как будто он процветает, мы в конце концов убеждаемся, что и его настигает неудача.

Самое же главное то, что в итоге его душа окажется в аду, а это означает его вечную смерть; так какова же тогда ценность его жизни? Но если мы следуем слову истины Иисуса Христа, Кто есть Камень, любим Бога и принимаем Его любовь, то мы сможем процветать во всем в нашей жизни.

Люди такого плана наполнятся Святым Духом, будут всегда радоваться, неустанно молиться и благодарить при любых обстоятельствах. Если мы живем в истине и благодаря этому становимся освященными, то мы ни в чем не будем нуждаться. И если кто-то нас ненавидит, он будет пристыжен.

Если люди проклинают дитя Божье, которое Бог возлюбил, то это проклятие падет на них самих, и шатер нечестивого исчезнет, а сам он пойдет по пути, ведущему к смерти.

Глава **9**

Неведение Иова

1. Иов ошибается, считая, что Бог делает то, что Он пожелает

2. Иов заблуждается, полагая, что Бог предопределяет все

3. Помощники Раав, и духовные благословения

4. Иов ошибается, считая, что Бог – пугающий Судья

5. Противоречивость взглядов

6. Причина, по которой Бог назвал Иова справедливым

7. Иов винит Бога в том, что Он плохой

«Вот, Он пройдет предо мною, и не увижу Его; пронесется, и не замечу Его» (Книга Иова, 9:11).

1. Иов ошибается, считая, что Бог делает то, что Он пожелает

«И отвечал Иов, и сказал: правда! знаю, что так; но как оправдается человек пред Богом? Если захочет вступить в прение с Ним, то не ответит Ему ни на одно из тысячи. Премудр сердцем и могущ силою; кто восставал против Него и оставался в покое?» (9:1-4).

Иов согласился с тем, что говорил его друг Вилдад. Он сказал: «Знаю, что это так» – и это означает, что, оказавшись в столь трудной ситуации, Иов не смог сдержать слова, подобные бурному ветру, слова негодования и жалоб против Бога.

Иов говорил (6:29-30): *«Пересмотрите, есть ли неправда? пересмотрите, – правда моя. Есть ли на языке моем неправда? Неужели гортань моя не может различить горечи?».*

И эти слова означают, что Иов считал себя безгрешным и праведным по сравнению с другими людьми. Однако в другом случае он говорит: «Как оправдается человек пред Богом?». И эти слова имеют совсем иной оттенок. Сравнивая себя с остальными, Иов считал себя справедливым, и его чувства были задеты, когда друзья стали указывать ему на недостатки.

«Если захочет вступить в прение с Ним, то не ответит

Ему ни на одно из тысячи». И это очевидно. Но нам следует понять, что Иов подразумевал под этим. Мы никогда не должны даже пытаться спорить о чем-либо с Богом, нам следует лишь покоряться и благоговейно почитать Его.

Бог – воплощение справедливости, непорочности и незапятнанности, так о чем же мы можем спорить с Ним? Очевидно, что если кто-то пожелает прекословить Богу и спорить с Ним, то у него будет лишь один шанс из тысячи, чтобы ответить Ему.

Иов думал, что был мудрым, но он также знал, что он не был мудр пред Богом. Иов полагал, что Бог Своей мудростью и могуществом просто забрал назад его детей и имущество, которые Он Сам дал ему, и вслед за этим Он наделил его и болезнью, принесшей ему боль.

Знания Иова о Боге были плотскими. Он не мог постичь Божью мудрость, которая направляет нас к Царству Небесному согласно Его провидению, сокрытому до начала времен. Божья мудрость и Его всемогущая сила разрушают лагерь врага, дьявола и сатаны.

Как и говорил Иов, тот, кто восстал против Бога и не живет по Слову Его, не может получить благословения от Бога. Но он не осознавал, что сам он бунтует против Бога и не следует Слову Его. И так как он восставал против Бога, он не слушал своих друзей и не хотел покаяться даже тогда, когда они советовали ему это в соответствии с истиной.

Если все, что Иов сказал в своей исповеди, было бы искренним и правдивым и если бы Иов имел страх Божий, он бы покаялся и отвратился от грехов, и Бог полностью исцелил бы его от всех болезней. Но он лишь говорил, а за словами не следовали действия. Его признание было бессмысленным, так, к чему были все эти слова?

2. Иов заблуждается, полагая, что Бог предопределяет все

> «Он передвигает горы, и не узнают их: Он превращает их в гневе Своем; сдвигает землю с места ее, и столбы ее дрожат; скажет солнцу – и не взойдет, и на звезды налагает печать. Он один распростирает небеса и ходит по высотам моря; сотворил Ас, Кесиль и Хима, и тайники юга; делает великое, неисследимое и чудное без числа!» (9:5-10).

Бог не передвигает и не опрокидывает горы в гневе Своем. Иов заблуждался, полагая, что Бог все планирует заранее, и все свершается в точном соответствии с Его планом. Иов думал, что он был праведным и у него не было недостатков, но Бог в любом случае уничтожил бы его в соответствии со Своим планом.

В 7-м стихе написано: «Скажет солнцу – и не взойдет, и на звезды налагает печать». Однако Бог не передвигает горы и не сдвигает землю с места лишь по собственному усмотрению. Однажды Он остановил движение солнца и луны через Иисуса Навина, но Он никогда не приказывал солнцу не всходить. Есть множество звезд и созвездий, и у каждого из них свое собственное положение. Вот что в действительности означают слова «Бог и на звезды налагает печать».

Как сказал Иов, Бог Сам простирает Небеса. Но это не значит, что он распростёр Небеса беспричинно. Бог является Владыкой не только всей Вселенной, но также и духовной сферы, являющейся миром четвертого измерения. Как написано в 1-й главе Книги Бытия, Бог сотворил солнце, луну, звезды и землю согласно законам духовного мира и обустроил Вселенную в соответствии с точной необходимостью в пространстве.

Он не просто сотворил Небеса, как Ему того захотелось, используя Свое всевластие. Он создал солнце, луну и звезды для людей, чтобы мы, в соответствии с его провидением, могли быть взращены на этой земле. Не в пример тому, что говорил Иов, Бог создавал все совсем не беспорядочно.

Здесь «Ас, Кесиль и Хима» не имеют особого духовного смысла. Когда Иов обмолвился о «тайниках юга», он полагал, что тайники могли быть на юге, потому что с юга дул теплый ветер.

В Библии мы можем найти множество удивительных деяний Божьих – таких, как разделение Красного моря, разрушение города Иерихона и Десять казней египетских.

Нам также понятно, что Бог осуществлял большое количество чудес в течение тысяч лет. И сегодня Бог демонстрирует нам многие знамения, чудеса и другие экстраординарные явления через Центральную церковь «Манмин».

Следовательно, нам не следует заблуждаться по поводу того, что Бог все совершает в точности с тем, что Он заранее запланировал. Иов ошибочно думал, что он страдает потому, что это было загодя запланировано Богом. Вот почему он не мог найти в себе недостатков и покаяться в них.

«Вот, Он пройдет предо мною, и не увижу Его; пронесется, и не замечу Его. Возьмет, и кто возбранит Ему? кто скажет Ему: „что Ты делаешь"?» (9:11-12).

Иов говорил, что, даже если Бог прошел бы перед ним, он бы Его не узнал. Он бы не увидел Его и не смог бы ощутить Его присутствие. Но если бы Бог предстал перед нами, не думаете ли вы, что мы не поняли бы этого? Если мы приняли Духа Святого, мы можем чувствовать, что с нами Бог. Мы также веруем в то, что Бог хранит нас своими пламенными очами. И мы знаем, что Он сосчитал каждый волос на нашей голове.

Когда мы открываем свое сердце и принимаем Иисуса Христа как своего Спасителя, мы получаем в дар Святого Духа. И так как мы продолжаем молиться, то опыт и уверенность, надежда и радость Царства Небесного наполняют наше сердце. Мы обретаем мир по мере того, как мы избавляемся от зла, живем по Слову Божьему и можем слышать голос Духа Святого.

Мы будем способны также различать истину и неправду в той степени, в какой мы пребываем в Слове Божьем. Следовательно, если бы Бог предстал пред нами, то есть, если бы Дух Святой работал, мы почувствовали и осознали бы это.

Иов выражал недовольство Богом, так как Бог лишил его детей, имущества и здоровья. Он жалуется на то, что не может даже спросить у Бога: «Что Ты делаешь? Как Ты мог отобрать мое имущество?». Бог не отбирает у Своих детей их собственность. Когда мы просим – Он дает нам, когда мы ищем – Он дозволяет нам найти, когда мы стучимся – Он открывает дверь. Однако Иов утверждает совершенно противоположное этому.

В Библии описаны некоторые эпизоды, из которых мы узнаём, что Бог говорил со Своими возлюбленными рабами, такими, как Авраам, Моисей и Давид. Бог также открывает тайны рабам Своим о том, что Он сделает (Кн. пророка

Амоса, 3:7). Он общается со Своими детьми, посылая им сны, видения и голос Духа Святого.

Но Иов говорит, что Бог не только не ответит на его вопрос, но и не позволит ему задать его. Иов думает, что Бог подобен диктатору, который делает все по собственному усмотрению, и тем самым он проявил свое неведение относительно Бога.

3. Помощники Раав, и духовные благословения

«Бог не отвратит гнева Своего; пред Ним падут поборники гордыни. Тем более могу ли я отвечать Ему и приискивать себе слова пред Ним?» (9:13-14).

Бог – не человек, который не способен справиться со своим гневом. Если мы покаемся и обратимся к Нему, то Он не станет гневаться. Во времена Ветхого Завета, когда народ Израиля поклонялся идолам и оставил Бога, соседи, напав на них, взяли их в плен. Но, когда они раскаялись и вновь стали искать Бога, Бог простил их и позволил им возродиться.

Если мы каемся, то Бог удаляет нас от наших беззаконий, как восток от запада (Псалом, 102:12), и Он не будет помнить наших грехов и беззаконий (Посл. к Евреям, 8:12).

Далее Иов говорит: «Пред Ним падут поборники гордыни». Что подразумевается здесь под словом «гордыня»?

В Книге пророка Исаии, 30:7, говорится: «Ибо помощь Египта будет тщетна и напрасна; потому Я сказал им: сила их – сидеть спокойно». И здесь же, 51:9, сказано: «Восстань, восстань, облекись крепостью, мышца

ГОСПОДНЯ! Восстань, как в дни древние, в роды давние! Не ты ли сразила Раава, поразила крокодила?».

В данном контексте, под словами «гордыня» и Раав подразумевается Египет. Кто же, согласно Библии, помог Египту? Из истории Израиля мы знаем о 12-ти сыновьях Иакова, одиннадцатый из которых, Иосиф, помог Египту.

Не окажись Иосиф там, и Египет был бы уничтожен семилетней засухой. Египет был спасен благодаря Израилю, однако спустя некоторое время, Египет превратил потомков Иосифа, то есть Израильский народ, в своих рабов. Они попирали тех, кто спас их. Таково человеческое сердце. У нас такого сердца быть не должно.

А «поборники гордыни» – это Иосиф, его братья и их потомки. Иов утверждает, что Израильский народ некогда помог Египту, но Бог, тем не менее, дозволил, чтобы они стали рабами египтян и прошли через испытания; так и он, Иов, преданно совершал жертвоприношения, но Бог, несмотря на это, наслал на него несчастья и подверг испытаниям.

Иов говорит, что, поскольку Бог не справедлив, то, как сказано выше, он не может спорить с Ним.

Здесь вы не должны заблуждаться по поводу того, что Бог дозволил народу Израиля превратиться в рабов египтян. Это произошло для их же пользы, для того чтобы они получили благословения.

Бог с радостью принимал жертвоприношения Авраама, но предрекал, что его потомки будут чужеземцами, которых поработят и будут угнетать четыреста лет. Однако потом они выйдут из порабощения с еще большим имуществом (Бытие, 15:13-14).

Глядя на это, кто-то может подумать, что Бог немного странен, и благословения Он дает тоже странные. Как рабство в чужой стране может стать благословением?

Если мы не понимаем воли Божьей, то можем неверно понять и Его Самого. Люди могут сомневаться, думая: «Я молился. Я усердно служил Богу, почему же я не получил до сих пор благословений и ответов на свои молитвы?».

Так, какое же благословение является самым главным в нашей жизни? Только тогда, когда в нас есть вера, мы можем получить спасение и войти в Царство Небесное, но глазами веру нельзя увидеть. Поэтому, если Бог дает нам этот ценный дар веры, то что может стать большим благословением, чем это?

Если наша вера возрастает и наши души преуспевают, то мы будем здравствовать и процветать во всем. Если мы получаем материальные блага в то время, когда в нас нет веры и наша душа не преуспевает, то они не от Бога. Такое благополучие может рухнуть в любое время. Сердце человека лукаво и коварно. Вот почему многие, с виду живущие как христиане, в итоге оставляют Бога и вновь возвращаются в мир, так как их более всего притягивают материальные ценности мирской жизни.

Вот почему в Книге Бытия, 15:16-17, говорится про испытания и благословения:

> *«В четвертом роде возвратятся они сюда: ибо [мера] беззаконий Аморреев доселе еще не наполнилась. Когда зашло солнце и наступила тьма, вот, дым [как бы] из печи и пламя огня прошли между рассеченными [животными]».*

Некоторые люди заявляют, что Авраам совершал неподобающие жертвоприношения и тем разгневал Бога, поэтому его потомки вынуждены были страдать от рабства в течение четырехсот лет. Но это не верно.

Авраам был полностью послушен Богу. Он совершал жертвоприношения ни раз и ни два, и, кроме того, он делал достойные жертвоприношения. Бог с радостью принимал их и давал ответ посредством огня.

Итак, Бог мог вынести Свой суд над Аморреями, жившими в Ханаане, только тогда, когда наполнится чаша их грехов. Поскольку Бог есть Справедливость, Он не мог просто отдать Аврааму Ханаанскую землю, которая была землей Аморреев. Когда их грехи стали доминировать настолько, что наказание стало неизбежным, Бог отобрал у них землю и отдал ее потомкам Авраама.

Вот почему Бог направил Иосифа в Египет: чтобы взрастить народ и дозволить им выйти из Египта с большим состоянием и имуществом. С помощью чуда разделения Красного моря и Десяти казней египетских весь Израильский народ узнал, что они были людьми, избранными Богом. Каким же великим было это благословение!

И еще: как трава, выросшая в поле, более жизнеспособна по сравнению с той, что росла в теплице, так и Израильтяне стали сильнее, живя в рабстве. Поэтому они смогли покорить землю Ханаана и стать сильным народом. Множество Божьих планов и Божьих провидений связаны с тем, что потомки Авраама стали рабами в Египте.

Однако Иов как бы говорит, что где уж ему, приносящему столь малые пожертвования, ожидать справедливости от Бога, когда Бог допустил, чтобы Израильтяне стали рабами в Египте, даже несмотря на то, что Иосиф спас эту великую страну.

4. Иов ошибается, считая, что Бог - пугающий Судья

«Хотя бы я и прав был, но не буду отвечать, а буду умолять Судию моего. Если бы я воззвал, и Он ответил мне, я не поверил бы, что голос мой услышал ...» (9:15-16).

Почему Иов использует слово «если»? В душе Иова шла борьба. Он думал о себе, что праведен, но друзья считали его порочным и грешным.

Однако, лишь стоя пред Богом, он понял, что был не таким уж и праведным. То есть, с одной стороны, он считал себя праведным, но с другой стороны, он чувствовал, что в очах Божьих он таковым не является. В этом и заключался его внутренний конфликт.

Мечущаяся душа Иова в этом случае заставляет его выступать против Бога. А какие мысли возникают у вас при чтении Книги Иова?

Не думаете ли вы о себе, примерно, так: «Как же Иов огорчил сердце Бога, а я вот не такой человек, как он!». В Книге Иова Бог раскрывает и тщательно исследует человеческий характер и его злой разум. Благодаря этому мы можем познать свое истинное сердце.

Иов вопрошал Бога разными путями, но ответа так и не поступало. Он практически отрекся от себя, и его слова были отражением его разбитого сердца.

Иов говорит, что даже если бы он воззвал, а Бог ответил ему, то он бы не поверил, что его голос услышан. Мы можем проследить колебания и сомнения Иова.

«Кто в вихре разит меня и умножает безвинно мои

раны, не дает мне перевести духа, но пресыщает меня горестями» (9:17-18).

Просто вчитавшись в слова, исходившие из уст Иова, мы можем понять, насколько велик был грех Иова, совершаемый им против Бога. И так как в нем было это зло, сатана обвинил его, а Бог принял эти обвинения.

Вот, что мы читаем в Исходе (15:26):

> «И сказал: если ты будешь слушаться гласа ГОСПОДА, Бога твоего, и делать угодное пред очами Его, и внимать заповедям Его, и соблюдать все уставы Его, то не наведу на тебя ни одной из болезней, которые навел Я на Египет, ибо Я ГОСПОДЬ, целитель твой».

Не то чтобы Бог в вихре сражал Иова и умножал его раны без всякой на то причины. Но с тех пор как тело Иова было покрыто язвами, которые источали отвратительное зловоние, наружу проступало зло, сокрытое в его сердце. Вот почему Бог должен был очистить его.

Иов сетует на то, что Бог не дает ему даже перевести дыхание. Но Бог – не человек, чтобы вызывать в нас горечь. Он лишь хочет благословить Своих детей и прославиться через них.

> «Если [действовать] силою, то Он могуществен; если судом, кто сведет меня с Ним?» (9:19).

Бог могущественен. Но, говоря это, Иов не подразумевает, что у Бога есть сила. Его слова отличаются от признаний многих верующих. Иов думает, что Бог страшен и Он тот, кто отнял у него все, – именно это он и подразумевает под словами «Бог могуществен».

Нам же следует правильно понимать, в чем заключена могущественная сила Бога. Бог любит нас, и Он послал Своего Единственного и Единородного Сына Иисуса Христа на землю, чтобы разрушить власть врага дьявола. Мощь силы Божьей преодолевает власть смерти. Это есть сила воскрешения. Кроме того, Бог силен как Судья, Который воздает каждому по его делам.

Иов говорил, что Бог – страшный Судья, Который использует Свое всевластие по собственному усмотрению и делает все в соответствии с заранее составленным планом. Но мы должны понимать, что справедливый суд состоится через Иисуса Христа, Кто есть Камень и сама Истина. В 1-й главе Евангелия от Иоанна говорится, что Бог создал все на Небесах и на земле через Иисуса Христа. Мы можем быть спасены и получить ответы с именем Иисуса Христа.

Бог есть праведный Судья, Который судит все, согласно неизменному слову истины и законам духовного мира. Иов, не понимая этого, говорил нечто совсем иное – как будто бы Бог использует Свою власть по Своему усмотрению.

5. Противоречивость взглядов

«Если я буду оправдываться, то мои же уста обвинят меня; [если] я невинен, то Он признает меня виновным. Невинен я; не хочу знать души моей, презираю жизнь мою» (9:20-21).

Из этого отрывка мы узнаем о противоречиях

в мышлении Иова. Он винит себя и в то же время оправдывается. Обвинение – следствие совершенных грехов, а чувство вины означает самоуничтожение.

Иов думал, что он жил справедливой, праведной и безвинной жизнью. Но его друзья продолжали обвинять его в неправедности и греховности. Он нехотя сопротивлялся, утверждая, что Бог все равно сочтет его виновным, хоть он ни в чем не виноват.

Нам следует избавиться от всякой раздвоенности взглядов. В 1-м послании от Иоанна, 3:18, говорится: *«Дети мои! станем любить не словом или языком, но делом и истиною».*

Иов сделал вывод, что он был невиновным и он не совершил никакой ошибки, но его жизнь была загублена из-за Того, Кто Всемогущ, и он презирал свою жизнь, так как помочь ему было невозможно. Нам не следует быть такими же противоречивыми, как Иов в этом случае. Если что-то в нас не согласуется с истиной, нам необходимо мужественно принять это с тем, чтобы понять себя.

«Все одно; поэтому я сказал, что Он губит и непорочного, и виновного. Если этого поражает Он бичом вдруг, то пытке невинных посмевается» (9:22-23).

Иов говорит, что поскольку Бог все делает так, как Ему нравится, и по заранее намеченному плану, то жить праведной жизнью нет смысла, и на конечном результате никак не отразится – был ли ты непорочен или вел греховную жизнь. То есть Иов говорит, что, хотя он и жил праведной жизнью, Бог принудил его страдать; так что, Бог одинаково относится и к хорошим, и к плохим людям;

Он есть Бог, предопределяющий все заранее, и в Нем нет справедливости.

Но Бог справедливый Судья, Тот, Кто рассудит, где добро, а где зло. Бог дозволяет нечестивым получить по заслугам, и Он по справедливости благословляет всем самым лучшим благоговеющих пред Ним (Кн. пророка Малахии, 4:1-3; Второзаконие, 28).

Иов ошибался, думая, что Бог смеется над страданиями или муками невинных. Он говорит: «Если этого поражает Он бичом вдруг ...», полагая, что виновных бич убивал внезапно.

Неприязненные чувства росли в Иове, и он становился все более циничным по отношению к Богу. Ошибочно понимая Бога, Иов говорил, что он был напрасно наказан. Иов продолжал говорить нечестивые слова, утверждая, что Бог был злым.

6. Причина, по которой Бог назвал Иова справедливым

«Земля отдана в руки нечестивых; лица судей ее Он закрывает. Если не Он, то кто же?» (9:24).

Люди имеют очень глубокое внутреннее сердце, о котором они сами не знают. Они обладают жизненной энергией или жизненными силами, унаследованными от родителей. И их сердце находится в жестких рамках, сформированных на основании того, что они видели, слышали и познали в жизни.

Когда Иов стал страдать от лишений и испытаний, обозначилось его внутреннее сердце. И мы можем обнаружить все скверное и порочное, выходящее из него. Бог смотрит на наше внутреннее сердце и исследует самые глубинные его части. Прежде чем на Иова обрушились испытания, его признавали как человека справедливого, но Бог знал о порочных вещах, скрытых глубоко в его сердце. О них также знал и сатана. Вот почему сатана выдвинул обвинения против Иова, и Бог дозволил ему действовать.

Иов пытается найти объяснение тому, почему Бог вершит несправедливый суд, отчего Он дозволил такому честному человеку, как он, терпеть такую невыносимую боль.

Если кто-то дает взятки судье, чтобы получить его благосклонность в ходе судебного разбирательства, то, когда судья выносит несправедливый приговор, его совесть безмолвствует. И, как следствие этого, попрана справедливость. Иов пришел к выводу, что Бог ничем не отличается от судьи, который получил взятку и забыл о справедливости.

Но Бог – справедливый Бог, как и сказано в Псалме (9:9): «И Он будет судить вселенную по правде, совершит суд над народами по правоте». Вначале скрытые пороки Иова проявлялись понемногу, теперь же они стали выходить наружу безудержно. И это было зло, о котором Иов прежде не ведал.

Почему же тогда Бог говорит, что Иов был справедлив и непорочен? Бог сказал так, учитывая ситуацию Иова на тот момент.

«Дни мои быстрее гонца – бегут, не видят добра, несутся, как легкие ладьи, как орел стремится на добычу» (9:25-26).

Прежде чем пришли испытания, вера Иова была подобна знаниям о Боге, полученным от услышанного о Нем, поэтому он, в пределах своих знаний и веры, которые у него были, смог преодолеть первоначальное испытание. Он обладал ограниченным мышлением, поэтому думал примерно следующее: «Я буду благодарить Бога и молиться, и Он ответит мне» – и его терпение не выходило за эти рамки.

Но второй тест превышал эти пределы терпения, и, как только он стал страдать от проказы, выявилось все зло в его сердце.

«Дни мои быстрее гонца – бегут, не видят добра, несутся, как легкие ладьи, как орел стремится на добычу».

Когда он сказал: «Дни мои быстрее гонца – бегут, не видят добра», то он подразумевал, что есть нечто, выходящее за границы его возможностей и относящееся к течению времени. Он говорил притчами, чтобы объяснить, что, как лодка, проплывающая по морю, не оставляет следов, так и его жизнь бессмысленно проходит мимо.

Кроме того, он заявляет, что его сердце искренне и голодно и что оно подобно орлу, который, паря в небе, видит свою жертву и быстро спускается вниз, чтобы напасть на нее.

Если друзья Иова могли бы прочесть то, что было в его исстрадавшемся сердце, они учли бы это и давали бы ему советы с любовью. Они бы не стали открыто обвинять и осуждать его за сложившуюся ситуацию, но поняли бы всю боль его разбитого сердца и с любовью позволили бы ему понять самого себя, с тем чтобы покаяться и отвратиться от грехов.

7. Иов винит Бога в том, что Он плохой

«Если сказать мне: „забуду я жалобы мои, отложу мрачный вид свой и ободрюсь"; то трепещу всех страданий моих, зная, что Ты не объявишь меня невинным. Если же я виновен, то для чего напрасно томлюсь?» (9:27-29).

Поскольку Иов думал, что он наказан Богом беспочвенно, то и обвинение против себя он тоже считал необоснованным. А также он утверждал, что если бы даже он смог забыть свои огорчения и постарался изменить свое мировоззрение, наполнив сердце радостью, как советовали его друзья, то все равно в этом не было бы никакого смысла.

И что же он подразумевает под словами «трепещу всех страданий моих»? Иов имел в виду, что если он и был бы исцелен, Бог вновь беспричинно сразил бы его, чтобы вновь ввергнуть в страдания.

Если мы каемся и на деле отворачиваемся от грехов, то, как далеко восток от запада, так удалит Бог от нас беззакония наши и не будет помнить о них. Об этом написано и в Псалме (102:12-13, 18): *«Как далеко восток от запада, так удалил Он от нас беззакония наши; как отец милует сынов, так милует ГОСПОДЬ боящихся Его... и правда Его на сынах сынов, хранящих завет Его и помнящих заповеди Его, чтобы исполнять их».*

Эти стихи показывают нам, что Бог прощает и милует нас только тогда, когда в нас есть страх Божий. Если мы богобоязненны и следуем его заповедям, то мы будем каяться в грехах и отойдем от своих порочных дел. Если мы поступаем так, Бог простит нас и очистит Кровью Господа Иисуса, чтобы мы получили оправдание и были названы детьми Божьими.

Но Иов не принял совета своих друзей. Он лишь продолжал говорить, что, так как Бог все равно сочтет его грешником, он вынужден будет жить в страданиях. Под этим он подразумевал, что в покаянии и отвращении от грехов нет смысла. Если в нас похожее сердце, то и мы должны покаяться.

В этих словах проявляется нечестивость Иова. И мы можем видеть, как некоторые вновь обращенные ставят Богу условия. А нам следует лишь благодарить за то, что по благодати Его были прощены наши грехи, и мы спасены. Но вновь уверовавшие пытаются заключить с Богом сделку: «Господь, если Ты решишь эту проблему, я буду служить в церкви», «Господь, так как я не получил ответа, хотя постился и молился всю ночь, я ухожу из церкви».

К тому же, столкнувшись с испытаниями, они вскоре начинают сомневаться в Боге, наполняя свою жизнь тревогами. Если мы ставим Богу условия, то это уже не вера. Подобным же образом и Иов ставит Богу условия.

Если мы исповедуем веру в Бога, но, столкнувшись с проблемой, вместо того чтобы молиться и отдать ее Богу, волнуемся и пытаемся самостоятельно справиться с решением этой проблемы, то это означает, что в действительности мы не веруем в Бога и не доверяем Ему.

«Хотя бы я омылся и снежною водою и совершенно очистил руки мои, то и тогда Ты погрузишь меня в грязь, и возгнушаются мною одежды мои» (9:30-31).

Выражение «я омылся и снежною водою» означает, что воды было мало. Он также говорит: «Совершенно очистил руки мои...». То есть Иов утверждает, что, даже если бы он очень тщательно, несмотря на все трудности, очистил себя, Бог снова погрузил бы его в грязь.

Так что, он ненавистен даже своей собственной одежде, хотя она предмет неодушевленный. Мы видим, что Иов порицает Бога, считая Его злобным и плохим.

«Ибо Он не человек, как я, чтоб я мог отвечать Ему и идти вместе с Ним на суд! Нет между нами посредника, который положил бы руку свою на обоих нас» (9:32-33).

Иов знал о Боге от своих отцов. Авраам, Моисей и другие пророки общались с Богом, Иов же говорит, что не может ответить Ему.

Иов обладал верой, которая сродни знаниям, обретенным понаслышке. А поскольку это не та вера, что идет от сердца, то и признать что-либо с верой он тоже не мог. Бог не является таким Богом, Который не отвечает нам, и Он находит нас, когда мы Его искренне ищем.

Кроме того, Иов говорит, что так как Бог наслал на него болезнь, то Бог является обвинителем, а он ответчиком. Он сетует на то, что некому рассудить обвинителя и ответчика, потому что нет судьи. Он говорит, что несправедливо обвинен, и задается вопросом, кто может стать объективным судьей.

Мы понимаем, что Иов говорит очень глупые и смешные слова, но ведь Иов не был глуп изначально. Нам следует понимать, что в этих словах показаны различные виды сердец, встречающиеся в жизни.

Пока мы живем в этом мире, у нас могут быть испытания.

Некоторые могут растерять свое везение и столкнуться с проблемами, решить которые сами они не могут. Так как у них нет Утешителя, то они, от отчаяния, обрекают себя на все более безрадостное существование. Они винят и проклинают себя.

Однако те, кто веруют в Бога и полагаются на Него, будут благодарить Его и демонстрировать свою веру с радостью и надеждой на Небесное Царство, даже если они станут нищими. И в этом случае они не уподобятся Иову.

«Да отстранит Он от меня жезл Свой, и страх Его да не ужасает меня – и тогда я буду говорить и не убоюсь Его, ибо я не таков сам в себе» (9:34-35).

Под словами «жезл Свой» здесь подразумевается Божье всевластие. В Ветхом Завете, как известно, с помощью жезла Моисея свершились Десять казней египетских, а жезл Аарона зацвел и принес плоды миндаля, поэтому жезл является воплощением силы Божьей. Иов говорит, что так как Бог поражает его с помощью Своего жезла, то он уже ничего не может с этим поделать.

Иов имеет в виду, что если Бог отстранит Свой жезл, который является символом Его суверенной силы, направленной против него, Иова, то он сможет хулить Бога, сколько ему захочется, потому что он не может смириться с ощущением, что его обвинили несправедливо. Сколь же нечестивы подобные слова?! Он контролировал себя, потому что был богобоязненным, иначе он был бы еще более злоречивым. Но, тем не менее, он оправдывается, говоря, что прежде он не был таким.

Теперь вы можете понять, почему Бог допустил, чтобы все это произошло с Иовом и чтобы запись об этом была сделана в Библии. Так поступал Иов, который считал, что знал Бога, и который думал о себе, как о человеке непорочном; так насколько же более порочными являются те, кто вовсе не знают Бога!

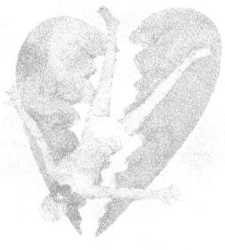

Глава **10**

Изобличение зла, глубоко сокрытого в сердце Иова

1. Гордыня

2. Заблуждение – думать, что Бог любит нечестивых

3. Заблуждение – думать, что Бог охотится за праведными

4. Пренебрежение Иова собой

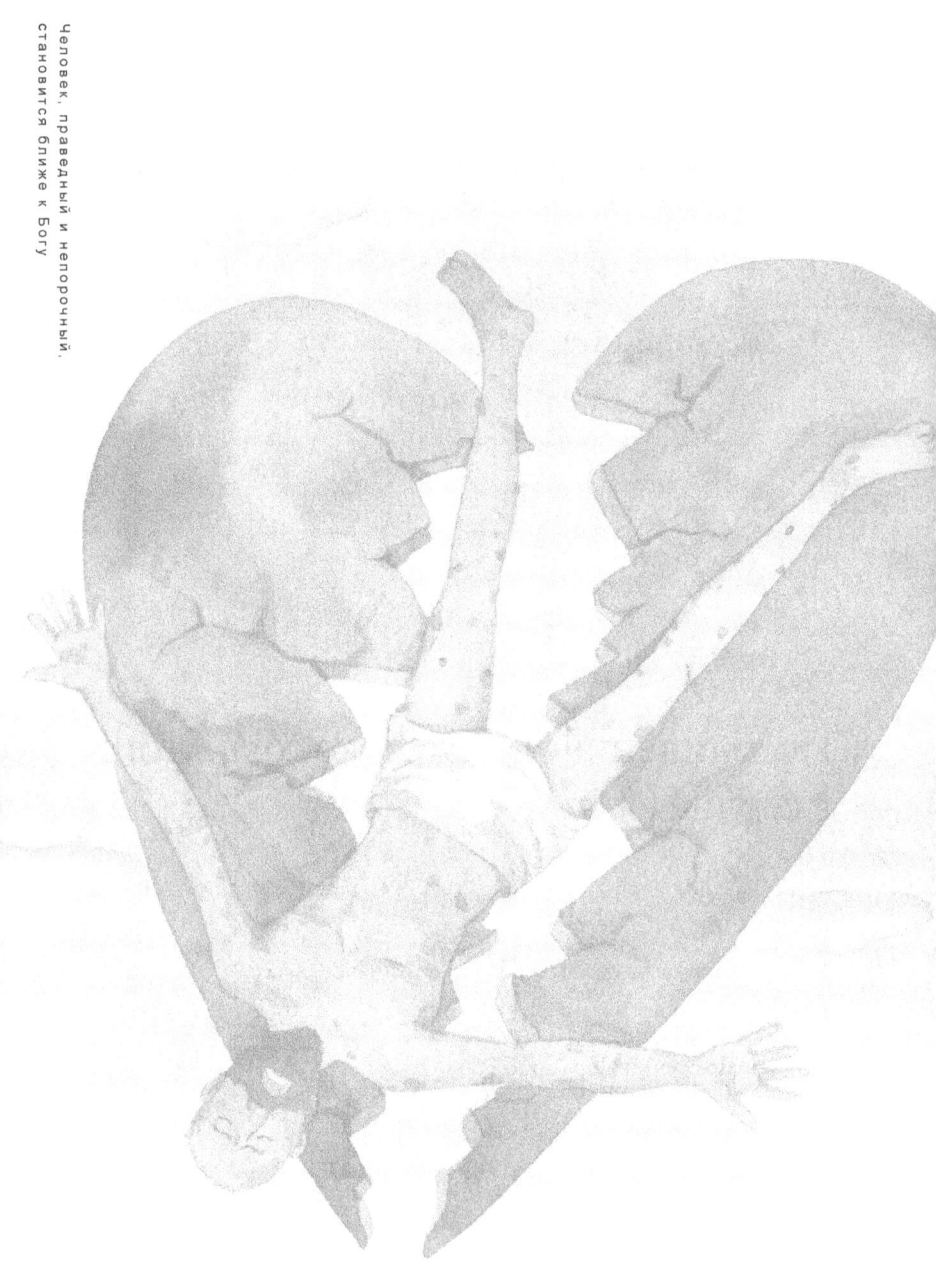

«Опротивела душе моей жизнь моя; предамся печали моей; буду говорить в горести души моей» (Книга Иова, 10:1).

1. Гордыня

«Опротивела душе моей жизнь моя; предамся
печали моей; буду говорить в горести души моей.
Скажу Богу: не обвиняй меня; объяви мне, за что
Ты со мною борешься?» (10:1-2).

Иов говорит, что жизнь опротивела ему. А это значит,
что он очень устал. Он просто устал от жизни. В самом
начале он не хулил Бога, хотя и потерял своих детей и всю
собственность. Но как только начались его страдания
от проказы, он стал жаловаться на Бога, а в разговоре с
друзьями проявилось то зло, что так глубоко было сокрыто
в его сердце.

Иов думал, что он не сделал ничего плохого и жил
только в праведности. А между тем, его друзья продолжали
утверждать, что он был грешником, который говорил слова,
подобные бурному ветру, и что он должен был покаяться.
И это усиливало его боль, поскольку он не мог принять их
совета.

Он настолько устал душой и настолько был измучен, что
больше не выдерживал. Иов говорил, что мог бы многое
сказать, но сдерживает себя (Кн. Иова, 9:35). Однако,
забыв, что он только что говорил, он вновь дал волю своим
чувствам, изливая жалобы. И его зло проявилось в еще
большей мере.

Иов, имея надменно полагал, что он был лучше своих друзей. Вот почему он не мог выявить в себе неправду. Один из его друзей наставлял его в истине, но Иов не воспринимал этого. Так как он считал себя лучше друзей, он не прислушивался к их советам.

Иов мысленно задавал вопрос друзьям: «Да, я попал в такую ситуация, но ведь моя собственность и мои знания были больше ваших, к тому же, у меня была прекрасная семья, и я сам давал советы другим. Почему же вы пытаетесь научить меня чему-то, глядя лишь на мое нынешнее положение? Я не хочу иметь с вами дело».

Иов выслушал множество советов от своих друзей, но не последовал ни одному из них. Еще больше ожесточившись сердцем, он пренебрегал своими друзьями и не хотел с ними общаться. Однако теперь он стал напрямую обращаться к Богу, как и советовали ему друзья.

2. Заблуждение — думать, что Бог любит нечестивых

«Хорошо ли для Тебя, что Ты угнетаешь, что презираешь дело рук Твоих, а на совет нечестивых посылаешь свет? Разве у Тебя плотские очи и Ты смотришь, как смотрит человек? Разве дни Твои, как дни человека, или лета Твои, как дни мужа, что Ты ищешь порока во мне и допытываешься греха во мне ..?» (10:3-6).

Станет ли Бог угнетать или презирать того, кто является творением Его рук? По словам Иова, Бог создал его для того, чтобы он страдал от болезней и испытаний. Кроме того, он утверждает, что Бог благосклонно относится к совету нечестивых.

Смятение в сердце самого Иова заставляет его сомневаться в справедливости Бога. Бог, по мнению Иова, принуждает порядочных людей, подобных ему, испытывать страдания; и он приходит к выводу, что Бог преследует и ненавидит праведных и любит нечестивых.

В 4-м стихе говорится, что очи Бога не плотские и что Он смотрит не как человек. В действительности люди судят по внешнему виду, а Бог видит внутреннее сердце каждого. Иов имел в виду следующее: «Господь, Ты же видишь внутреннее сердце каждого, отчего ты смотришь на меня глазами человека? Мои друзья, глядя на то, как я ужасно выгляжу, осуждают меня, как будто я грешник и беззаконник. Но Ты ведь смотришь на внутреннее сердце, поэтому Ты должен знать, что я непорочен и справедлив. Так почему же Ты меня не благословляешь?».

Что же тогда означает эта фраза: «Разве дни Твои, как дни человека, или лета Твои, как дни мужа, что Ты ищешь порока во мне и допытываешься греха во мне»?

Иов говорит, что Бог бесконечен, что у Него нет ни начала, ни конца, Он есть Вечносущий, тогда как жизнь человека – это лишь мгновение. Иов недоумевал, как мог предвечный Бог дать ему, чья жизнь столь скоротечна, такие страдания, будто бы он, Иов, был подобен Богу.

Иов думал: «Как можно сравнивать прославленного Бога Творца и эту жалкую жизнь? Как могут Твои дни стать моими днями, чтобы Ты мог признать меня виновным? Не это ли есть проявление Божьей любви – простить человека, даже если он грешен, ведь его жизнь в сравнении со славой Божьей столь ничтожна. Как же Ты можешь поступать так со мной, не совершившим никакого греха?».

Вначале кажется, что Иов возвеличивает Бога, в действительности же он с сарказмом относится к Нему, говоря, что Бог не столь уж и великодушен.

«Хотя знаешь, что я не беззаконник и что некому избавить меня от руки Твоей?» (10:7).

По словам Иова, Богу было ведомо, что он невиновен. До сих пор Иов заявлял, будто Бог был уж очень несправедлив. И тут же он говорит, что Бог знает, что он не нарушал Закона. Словом, мы можем проследить, как все это непоследовательно и нелепо!

Почему Иов говорит все это? Причина в том, что именно он думал сам о себе до того, как начались его испытания. Бог знал, что в то время Иов помогал бедным деньгами. Он также помогал сиротам и вдовам, ободрял бессильных, поддерживал «мышцу немощного». И даже тогда, когда Бог отнял у него имущество и детей, он не жаловался, а лишь благодарил Бога. Все это дает ему основание говорить, каким он был хорошим человеком.

Так как Иов не смог найти в себе никакого порока, то он возвращается мыслями в прошлое, когда, благодаря своему образованию, знаниям, манерам, он управлял своим сердцем. Но, поскольку Бог видел зло, сокрытое в глубине сердца Иова, Он дозволил сатане выдвинуть обвинения против Иова с тем, чтобы выявить это зло.

В приведенном выше отрывке Иов говорит, что никто не избавит его от руки Божьей. И, действительно, никто не может скрыться от руки Божьей. По окончании жизненного пути, всех, будь то короли или другие высокопоставленные особы, ожидает Суд.

Тот, кто творил добро, воскреснет, а того, кто вершил зло, ждет воскресение осуждения.

3. Заблуждение — думать, что Бог охотится за праведными

«Твои руки трудились надо мною и образовали всего меня кругом – и Ты губишь меня? Вспомни, что Ты, как глину, обделал меня, и в прах обращаешь меня? Не Ты ли вылил меня, как молоко, и, как творог, сгустил меня, кожею и плотью одел меня, костями и жилами скрепил меня, жизнь и милость даровал мне, и попечение Твое хранило дух мой?» (10:8-12).

Иов знал, что он был Божьим творением. Не только глаза, нос, рот, кости и кровь людей, но и невидимые глазу дух и душа были также сотворены Богом. В данном случае, под словами «образовали всего меня кругом» подразумеваются и дух, и душа, и тело человека.

Иов задал Богу вопрос: «Твои руки трудились надо мною и образовали всего меня кругом – и Ты губишь меня?». Но в следующем стихе он сам же себе противоречит. А все потому, что Иов ощущает недоброе отношение Бога к себе. Поэтому он выразил свое разочарование.

В действительности же Иов говорит: «Кажется, что, когда Ты сотворил меня, Ты лишь перемешал немного глины. Поэтому ты отбрасываешь меня, словно прах, не правда ли? Точно так же, как мать сцеживает излишки молока, Ты сотворил меня похожим на бесполезные излишки молока, но сгустил меня, подобно творогу».

Слепить что-то из глины довольно просто. Иов сказал, что Бог придал ему такую красивую форму, а теперь Он губит его. Однако затем Иов заговорил иначе, заявляя, что Бог с легкостью отвергает его, поскольку Он сотворил его, просто вылепив из куска глины.

Молоко для новорожденного ребенка жизненно необходимо. Однако после кормления мать сцеживает остатки. Если после того как ребенок поел, у матери останется еще много молока, то она почувствует боль в груди. К тому же сцеженное молоко может свернуться и издавать неприятный запах, поэтому хранить его невозможно. Иов сравнил себя с неиспользованным молоком. Это образно характеризует его тело, покрытое гноящимися и засыхающими язвами.

Бог дал людям жизнь и все, что им необходимо для жизни. А именно: Он сотворил наши дух, душу и тело; Он также создал все вокруг, включая солнце и воздух, для того чтобы поддерживать нашу жизнь.

Иов был знающим и мудрым. Хотя у него не было глубоких духовных познаний, он знал, что у человеческого тела есть творец.

Когда Иов в этом отрывке говорит «дух мой», то под этим подразумевается его сердце. «Божье попеченье хранило его сердце» – означает, что он не совершал грехов, помогал вдовам и сиротам и жил в благости, ибо он знал Бога.

«Но и то скрывал Ты в сердце Своем, – знаю, что это было у Тебя, – что если я согрешу, Ты заметишь и не оставишь греха моего без наказания. Если я виновен, горе мне! если и прав, то не осмелюсь

поднять головы моей. Я пресыщен унижением; взгляни на бедствие мое: оно увеличивается» (10:13-15).

Иов верно говорил, «что если я согрешу, Ты заметишь». Но, заявляя: «... и не оставишь греха моего без наказания», он ошибался. Если мы каемся и отворачиваемся от грехов, то Бог обещает простить нас и удалить от нас беззакония наши так же далеко, как далек восток от запада (Псалом 102:12; Посл. к Евреям, 10:17).

И еще Иов сказал: «Если я виновен, горе мне!» – и это вполне очевидно. А затем он добавил: «Если и прав...», считая, что он все-таки человек праведный. Но при этом он добавляет: «... не осмелюсь поднять головы моей. Я пресыщен унижением». Почему же он это говорит?

Те, кто исполняют заповеди Божьи, уверены в себе, они могут безбоязненно обращаться к Богу и получать ответы на свои молитвы. Иов же утверждает, что он человек хороший, праведный, но так как он оказался в столь жалком положении, лишился своего имущества и детей, страдал от проказы, покрывавшей все его тело, и ко всему прочему, друзья, презирая его, говорили, что он должен покаяться, то эти обстоятельства были так унизительны для него.

Но даже в такой ситуации, если мы имеем дерзновение пред лицом Божьим, мы не окажемся в унизительном положении ни перед кем.

«... Не осмелюсь поднять головы моей. Я пресыщен унижением; взгляни на бедствие мое: оно увеличивается. Ты гонишься за мною, как лев, и снова нападаешь на меня и чудным являешься во мне» (10:15-16).

В духовном смысле, слова «поднять голову» трактуются как гордыня. Конечно же Иов не относит это к себе. Он подразумевал, что если он будет перечить Богу и станет настаивать на своей правоте, то Бог, словно лев, погонится за ним. Иов свидетельствует о том, что он верил в Бога, внушающего страх, и сравнивал Его со львом. Иов говорит, что точно так же, как лев охотится за своей добычей, когда он голоден, Бог охотится и за ним, хотя он тот человек, который живет добродетельно.

Теперь Иов говорит о своих ощущениях. Он имеет в виду, что он праведный человек, но стоит ему только поднять голову и начать прекословить Богу, настаивая на своей правоте, как все его тело тут же закровоточит и начнет гноиться, доставляя ему сильнейшую боль, и он будет подобен жертве, на которую напал лев.

Если мы поступаем согласно истине и следуем воле Божьей, то Сам Бог все будет делать ради нас, и тогда даже самые серьезные проблемы могут быть решены. Но если мы отвечаем злом на зло, спорим только потому, что так же поступает другой человек, то Бог не может нам помочь. Только при полном подчинении воле Божьей Он начнет действовать и тогда враг, дьявол и сатана, будет изгнан прочь.

> «Выводишь новых свидетелей Твоих против меня; усиливаешь гнев Твой на меня; и беды, одни за другими, ополчаются против меня. И зачем Ты вывел меня из чрева? пусть бы я умер, когда еще ничей глаз не видел меня; пусть бы я, как небывший, из чрева перенесен был во гроб!» (10:17-19).

Под «свидетелями Твоими» подразумеваются ангелы

Божьи. А слова «выводишь новых свидетелей Твоих против меня» предполагают, что Бог, все больше сердясь на Иова, обучает Своих ангелов ополчиться против него.

«Зачем ты вывел меня из чрева? Если бы ты не дал мне родиться, я бы умер и был похоронен. Зачем ты дал мне жизнь, чтобы я так страдал от боли?».

Иов заблуждался, говоря, что Бог вывел его из чрева и дал ему родиться. По своему провидению Бог дал людям изначальное семя жизни, через которое зарождается жизнь, однако решение о зачатии жизни зависит только от родителей.

Жизнь и смерть находятся во власти Бога, но лишь в пределах законов духовного мира. Некоторые люди выражают недовольство Богом, если у них не ладятся супружеские отношения, бизнес, отношения в семье. Но подобные проблемы возникают из-за просчетов самих людей. Причина их не в Боге, так что мы не должны употреблять имя Бога всуе.

4. Пренебрежение Иова собой

«Не малы ли дни мои? Оставь, отступи от меня, чтобы я немного ободрился, прежде нежели отойду, – и уже не возвращусь, – в страну тьмы и сени смертной, в страну мрака, каков есть мрак тени смертной, где нет устройства, [где] темно, как самая тьма» (10:20-22).

Говоря «не малы ли дни мои», Иов имел в виду, что жизнь длится всего 70 – 80 лет, так сколько ему еще осталось прожить.

Иными словами, Иов сказал: «Господь, я довольно стар, и день моей смерти уже недалек. Поэтому, пожалуйста, не будь так суров ко мне. Измени свое решение и даруй мне счастье, пока я живу на этой земле. В стране, в которую я отойду потом, царят тьма и безнадежность, и, до того как я туда отправлюсь, пожалуйста, позволь мне пожить без боли. Пожалуйста, отступи от меня».

Иов говорит о будущей жизни так, словно он хорошо о ней осведомлен, и уверен, что он отойдет в страну тьмы и тени смертной. Из чего мы можем понять, что Иов даже не знает о существовании Небес и ада.

Вот почему у Иова не было ни надежды на Небеса, ни страха перед адом – местом, где наказание вечно.

Глава **11**

Открытый спор с Софаром Наамитянином

«Можешь ли ты исследованием найти Бога? Можешь ли совершенно постигнуть Вседержителя? Он превыше небес, что можешь сделать? глубже преисподней — что можешь узнать?» (Книга Иова, 11:7-8).

1. Важность слов

«И отвечал Софар Наамитянин, и сказал: разве на множество слов нельзя дать ответа, и разве человек многоречивый прав? Пустословие твое заставит ли молчать мужей, чтобы ты глумился, и некому было постыдить тебя?» (11:1-3).

Софар указывает на многословие Иова, считая, что тот, произнося так много слов, поступает неверно. Когда в человеке бурлит недовольство и его злость выплескивается наружу, то он, вполне естественно, становится говорливым и уже не способен произнести ни слова истины.

«Иов! Поскольку ты так много говоришь, как я могу вставить хоть слово, чтобы ответить тебе? Болтливые люди делают множество ошибок, как же ты можешь утверждать, что ты прав? Как ты можешь грубо заставлять других молчать; и если ты насмехаешься над другими, то как им не укорять тебя в этом?».

В Притче, 10:19, сказано: *«При многословии не миновать греха, а сдерживающий уста свои – разумен»*. То есть те, кто слишком много говорят, очень часто ошибаются, в них нет мудрости.

И в Притче, 18:20, также сказано: *«От плода уст человека наполняется чрево его; произведением уст своих он насыщается»*. Это говорит нам о том, насколько важны слова.

У нас, верующих в Бога, независимо от того, насколько сильны наши страдания или трудности, через которые мы проходим, на устах всегда должны быть только позитивные слова. Если мы высказываемся негативно, примерно так: «Это трудно. Я устал от этого. Я этого больше вынести не могу», то возникнут еще большие трудности и сильнее будет чувствоваться усталость. Даже в самой трудной ситуации Бог может начать действовать, только когда мы позитивно, с верой, признаем: «Я верю Тебе, Господь, я верю, Ты это сделаешь!».

В 3-м стихе сказано: «Пустословие твое заставит ли молчать мужей, чтобы ты глумился, и некому было постыдить тебя?». Что означают эти слова?

Иов говорит, что он праведен и благ, и поэтому он игнорировал своих друзей, глядя на них свысока и считая себя достойнее их. Поэтому Софар и спрашивает: как друзья Иова могут молчать, выслушивая то, что говорит Иов?

В 1-м послании к Коринфянам, 13:4, написано: *«Любовь... не гордится»*, и в этом же послании, 1:31, сказано: *«Чтобы было, как написано: „хвалящийся хвались Господом"»*.

Мирские люди хвалятся своими детьми, мужьями и еще многим другим. И есть те, кто, слыша все это, завидуют им, хотя с виду выглядят восторженными. Верующим особенно не нужно хвалиться подобным образом.

Однако, если вы получили ответ на молитвы о конкретной проблеме, вы можете гордиться этим. Благодаря этому будут сеяться семена веры в других людях, позволяя им уверовать в Бога Живого, и вы посеете в них семена жизни; так что, хвалясь, хвалитесь Господом как можно чаще.

Иов глумился над своими друзьями и Богом. Он произнес множество насмешливых слов в адрес Бога. Если мы хвалимся, насмехаемся и упрекаем только потому, что так поступают другие, то мы ничем особо не будем от них отличаться.

Следовательно, нам нужно понимать и принимать других с любовью и великодушием. Даже замечая чьи-либо беззакония, мы не должны разоблачать их перед всеми, а нам следует, соблюдая конфиденциальность, восхвалять их достоинства.

2. Обличая Иова, разъяснять ему истину

«Ты сказал: ,,суждение мое верно, и чист я в очах Твоих". Но если бы Бог возглаголал и отверз уста Свои к тебе и открыл тебе тайны премудрости, что тебе вдвое больше следовало бы понести! Итак, знай, что Бог для тебя некоторые из беззаконий твоих предал забвению» (11:4-6).

Мы не можем дерзновенно говорить о своей праведности пред Богом, однако Иов настаивал на том, что он праведен в очах Божьих. Друзья Иова слушали его ошеломленно.

«Иов! Ты не пытаешься покаяться и обратиться от пути своего, а лишь настаиваешь на том, что ты прав и чист. Если ты действительно не имеешь греха, то, как же тогда Бог слышит обвинения сатаны и дозволяет столь суровые испытания? Означает ли это, в таком случае, что ты прав, а Бог заблуждается?».

Бог сотворил Небеса и землю и все в них по слову Своему, Он также дал нам Библию. Библия говорит о правилах духовного мира, о начале и конце, о том, как обрести благословения и спасение и при каких обстоятельствах мы получаем проклятия.

В Библии описаны бесчисленные чудеса, и в ней заключена бесконечная мудрость Бога. Нам, людям, никогда не понять, насколько велика премудрость Божья.

По мнению Софара, Божья сила не имеет границ, поэтому Он должен был бы лишить Иова жизни, так как Иов столько наговорил против Бога. Но Бог лишь наблюдал за ним. Вот почему Софар говорит, что если Бог не был бы таким великодушным, каким Он является, то Иов был бы уже мертв. Несмотря на тяжесть своих грехов, Иов был все еще жив только по великой милости Божьей. И Софар призывал Иова осознать это.

«Можешь ли ты исследованием найти Бога? Можешь ли совершенно постигнуть Вседержителя? Он превыше небес – что можешь сделать? глубже преисподней – что можешь узнать? Длиннее земли мера Его и шире моря» (11:7-9).

Так как Иов не мог полностью осознать чудес и могущества Божьего, он выражал недовольство Богом и проклинал собственных родителей. Только способные постичь мощь Вседержителя, не спасуют перед трудностями и испытаниями, а благодаря своим молитвам получат ответ и воздадут хвалу Богу.

А между тем, даже Софар, говоривший это, сам имел неясные познания о Боге. Мы начинаем понимать Бога по мере того, как растет наша вера. Святой Дух пронизывает глубины Божьи, показывая нам то, чем мы наполнены. Дух Святой помогает нам лучше понимать Бога.

И мы можем настолько познать Бога, насколько слово истины Божьей наполняет наше сердце и работает в нем, а также в зависимости от того, как велика наша вера.

Софар также говорит, что Бог превыше Небес и глубже преисподней. Он полагал, что преисподняя – это место для мертвых, где они пребывают в вечном сне, и которая подобна мрачной долине смерти. Вот почему Софар говорит, что это очень глубокое место. Он подразумевает, что им не дано узнать высоту Небес и глубину преисподней, выше и глубже которых – Бог.

Касаясь масштабов Божьих, Софар говорит, что Его великодушие длиннее земли и шире, чем море. То есть Софар говорит, по сути, следующее: «Иов, ты не можешь понять сердце и мысли Бога, Кто объял всю Вселенную, так почему же ты делаешь вид, что все об этом знаешь?».

3. Давайте не будем лживыми людьми

«Если Он пройдет и заключит кого в оковы, и представит на суд, то кто отклонит Его? Ибо Он знает людей лживых и видит беззаконие, и оставит ли его без внимания? Но пустой человек мудрствует, хотя человек рождается подобно дикому осленку» (11:10-12).

Слова «представит на суд» предполагают, что будет судебное разбирательство. То есть, если Бог будет вершить Свой суд, то кто остановит Его? Суд, в данном случае, является воплощением Божьего Вседержительства.

Но Бог – это Тот, Кто управляет людьми по законам духовного мира. Если дети Божьи, получившие Святого

Духа, совершают греховные поступки или ведут себя нечестиво, то Бог дозволяет, чтобы наступили испытания и тесты, которые очистят их. Это необходимо для того, чтобы они отвратились от грехов своих и встали на путь спасения.

В 11-м стихе Софар говорит: «Ибо Он знает людей лживых». Лживыми людьми называют тех, кто обманывают, в ком много глупости, они поклоняются идолам, не держат своих обещаний и на них нельзя положиться.

Если окружающие нам не доверяют, то это означает, что мы лживые люди. Те, кто часто меняют свое мнение, тоже лживые и ненадежные. Придет день, когда подобные люди пожалеют о бессмысленно прожитых годах.

У Иова не было ни мечты, ни надежды. Он лишь жаловался и хотел быстрее умереть. Вот почему Софар говорит, что Иов был лживым человеком.

Разумеется, Иов проходил через испытания, чтобы сполна получить все благословения, но его друзья не знали об этом. Они думали, что Бог наказывает его за нечестие, и поэтому осуждали его.

Теперь же, давайте, рассмотрим лжецов согласно мирским меркам и согласно истине.

Лжецы этого мира – это люди без мечты. Все в их жизни рухнуло, поэтому они махнули на себя рукой. Они просто беспечно проживают свою жизнь. С их уст сходят лишь лживые, абсурдные, неверные и тщеславные слова.

А какой человек считается лживым согласно истине?

Во-первых, к лживым людям нужно отнести тех, кто не избавился от мирских помышлений, хотя они понимают, что есть жизнь вечная и жизнь истинная. Зная истину, они, тем не менее, тянутся к бессмысленным мирским вещам. И смерть – это итог, к которому они приходят.

Во-вторых, это те, кто, не понимая по-настоящему воли Божьей, бесчестят Бога, хотя и веруют в Него. Эти люди не исполняют воли Божьей должным образом, поэтому не могут получить спасение. Поскольку и они цепляются за бесполезные вещи, то, в конечном итоге, встают на путь, ведущий к смерти (От Матфея, 7:21).

В-третьих, это те, кто говорят, что они верят в Бога, а сами проявляют строптивость и источают зло. Совершающие злодеяния люди тоже лживы. Притом, что они верят в Бога, им трудно получить спасение.

Бог смотрит на наше сердце. Он держит нас под Своим неусыпным оком, Он сосчитал каждый волос на нашей голове. Иона ослушался Бога и спрятался в трюме корабля, но Бог все равно видел его. Даже тогда, когда глубокой ночью кто-то совершает кражу, Бог видит все.

В 12-м стихе говорится: «Но пустой человек мудрствует, хотя человек рождается подобно дикому осленку».

Мудрствовать – значит иметь незаурядные способности, которые помогают мыслить и познавать. В духовном плане это означает полное понимание и знания, накопленные в течение жизни.

Если мы умны, мы не сможем быть лживыми. Люди и идолам поклоняются потому, что в них есть ложь. Если мы люди мыслящие, мы знаем Бога Отца, Который дал нам жизнь. Те, в ком есть хоть какой-то здравый смысл, не будут склонять свои головы перед идолами. Ведь не преклоните же вы колени перед свиньей, если кто-то попросит вас сделать это?

Дикий ослик, если он не привязан, скачет повсюду. Он может попасть и в ловушку, и может быть съеден хищными животными. Поэтому мы не должны вести себя подобно этим неразумным осликам, а нам следует подчиняться Слову

Божьему и, согласно закону духовного мира, иметь страх Божий.

4. Благословения на отречение от нечестия и повиновение Слову Божьему

«Если ты управишь сердце твое и прострешь к Нему руки твои, и если есть порок в руке твоей, а ты удалишь его и не дашь беззаконию обитать в шатрах твоих...» (11:13-14).

Софар предлагает Иову обратить свое сердце к ГОСПОДУ и воздеть к Нему свои руки. Иов же наговорил много такого, что противоречило истине. Слова «управишь сердце твое и прострешь к Нему руки твои» здесь звучат, как призыв покориться Богу, отречься от себя.

Софар призывает Иова управлять своим сердцем. К примеру, если он идет на запад, в то время как Бог говорит ему идти на восток, то ему следует изменить направление и двигаться на восток. Софар советует ему очистить руки свои от пороков.

Почему же Софар говорит о пороках в руках, а не в сердце? Во времена Ветхого Завета люди спасались своими делами. Сколько грешных дел люди могут совершить руками? Что у человека на сердце, то и руки творят.

К тому же, слова «не дашь беззаконию обитать в шатрах твоих» означают, что нам следует очистить от всякой неправды свое сердце, семью, рабочее место или бизнес.

Софар также объясняет, какие благословения придут к Иову, если он обратит сердце к Богу, смирится перед Ним и избавится от пороков в своих руках.

«То поднимешь незапятнанное лицо твое и будешь тверд и не будешь бояться. Тогда забудешь горе: как о воде протекшей, будешь вспоминать о нем. И яснее полдня пойдет жизнь твоя; просветлеешь, как утро» (11:15-17).

«То поднимешь незапятнанное лицо твое» – эти слова о том, что он сможет иметь дерзновение, не устыдившись, поднять свою голову пред Богом. Люди стыдятся своих грехов и не смеют поднять голову пред Богом из чувства вины.

Почему Иов потерял имущество и детей и почему он страдал от проказы? Все это случилось с ним для того, чтобы он, осознав зло в своем сердце и отбросив его, смог получить большие благословения.

Но Софар не понимал этого провидения, сокрытого в Божьей любви. Поэтому он ошибался, думая, что Иов, должно быть, так сильно страдал оттого, что грешил и не жил по слову Божьему.

В Псалме, 65:18, говорится: *«Если бы я видел беззаконие в сердце моем, то не услышал бы меня ГОСПОДЬ».* В Книге пророка Исайи, 59:1-3, написано, что если наши беззакония стоят стеной между нами и Богом, то Бог не слышит нас, даже если мы молимся Ему.

Софар слышал истину, и он пытается заставить Иова понять, что есть истина. Если мы живем по Слову Божьему, то нам нечего стыдиться, мы можем не бояться и иметь дерзновение к Богу (1-е посл. Иоанна, 3:21-22). Люди боятся, нервничают и страдают из-за своих грехов.

Более того, в стихе 16-м написано: «Тогда забудешь горе». Если река несет свои воды и впадает в море, мы не можем повернуть ее вспять, потому что вода продолжает пребывать. То есть это – и о течении времени.

Допустим, что вы больны или у вас есть проблема в семье или на работе, но, спустя какое-то время, эти испытания ушли. Если вы теперь живете по-новому, вы не будете тосковать по прошлому. А если вам сейчас хорошо, то, скорее всего, вы с удовольствием вспомните прошлое.

Софар продолжает говорить: «И яснее полдня пойдет жизнь твоя; просветлеешь, как утро». О чем говорят эти слова?

Пороки – в руках наших, об этом говорится в Книге Иова, 11:14, и это грехи, от которых мы можем избавиться через покаяние и от которых мы можем удалиться, когда Слово Божье входит в нас. Мы можем отбросить беззакония, совершаемые собственными руками, и тогда ни в нашей семье, ни на рабочем месте, ни в бизнесе не будет более неправедности. Следовательно, слова «яснее полдня пойдет жизнь твоя» означают: когда приходит свет истинной жизни, то мрак прошлой дружбы с миром и жизни во тьме уйдет, и вы сможете пребывать в истине и жить, словно в ясный полдень.

Слова «просветлеешь, как утро» в духовном плане означают, что когда мы принимаем Иисуса как своего Спасителя и к нам приходит свет жизни, тогда, если даже еще и остаются некоторые испытания, искушения и тьма, все равно наступает рассвет, что, в свою очередь, символизирует начало новой жизни и новых надежд.

А еще это означает, что, когда человек, у которого нет надежды, встретит Бога, искушения оставят его, он получит новую силу и в его жизни наступит новый день.

«И будешь спокоен, ибо есть надежда; ты огражден, и можешь спать безопасно. Будешь лежать, и не

будет устрашающего, и многие будут заискивать у тебя. А глаза беззаконных истают, и убежище пропадет у них, и надежда их исчезнет» (11:18-20).

Слова «и будешь спокоен, ибо есть надежда» говорят нам, что, поскольку сложные проблемы решены, вы можете начать новый день, имея надежду. Допустим, что человек, который переживает финансовые трудности, сумел открыть магазин. В таком случае он сможет работать с большей надеждой. С надеждой мы можем тверже стоять в истине. А «стоять твердо», в духовном понимании, значит стоять на камне Слова Божьего.

«Ты огражден, и можешь спать безопасно» – эта фраза означает, что если мы избавимся от пороков в своих руках, то в наших семьях, во всех наших делах исчезнут беззакония, и Господь с Небесным воинством и ангелами будет хранить нас, а стена огня Духа Святого защитит нас, и мы обретем покой и душевный мир. Испытания и проверки ничего не смогут сделать с нами – мы будем жить в мире.

Если мы живем в истине в полной мере, то есть стоим на камне веры, то мы вверяем все в руки Божьи, поэтому в сердце воцарится покой.

В 19-м стихе говорится: «Будешь лежать, и не будет устрашающего, и многие будут заискивать у тебя». Если мы стоим на камне веры, то все тревоги и заботы оставят нас. Камень сей крепок и несокрушим. В духовном смысле он символизирует Иисуса Христа.

В нашей христианской жизни мы должны понимать, что если у нас есть какие-то проблемы, то это означает, что мы еще не стоим на камне веры.

Слова «будешь лежать, и не будет устрашающего» говорят нам, что, когда мы стоим на камне веры, враг, дьявол и сатана, не может строить козни против нас; это освобождает нас от любых неблагоприятных обстоятельств, и мы можем спать спокойно.

«И многие будут заискивать у тебя» – эти слова означают, что мы будем вызывать к себе уважение, любовь и интерес многих людей.

Сказано также, что «глаза беззаконных истают, и убежище пропадет у них». Здесь имеется в виду, что у тех, кто не живет в истине, истают духовные глаза.

То есть зло, обитающее в их сердце, не дает им принять Слово Божье и уверовать в него. Поэтому они не понимают истины. В конечном итоге, из-за своей духовной слепоты, они не смогут найти убежища.

Тогда, куда же мы должны бежать? Мы должны выкарабкаться из болота смерти и идти по дороге, которая ведет к жизни вечной.

Нам следует двигаться не в сторону искушений и испытаний, а идти к свету, но если наши духовные глаза закрыты, нам не найти убежища. Когда мы не живем в истине и не избавляемся от грехов, наши духовные глаза истаивают.

Поэтому и сказано: «И надежда их исчезнет». Грешные люди, преумножая зло, в конечном результате, теряют силы и погибают. И у них нет другого пути, как только в ад.

Глава **12**

Ответ эмоционально израненного Иова

1. Иов с сарказмом возражает своим друзьям

2. Представлять Бога, благоволяющим к грешникам

3. Иов возвеличивает Бога

4. Что же в действительности хочет сказать Иов?

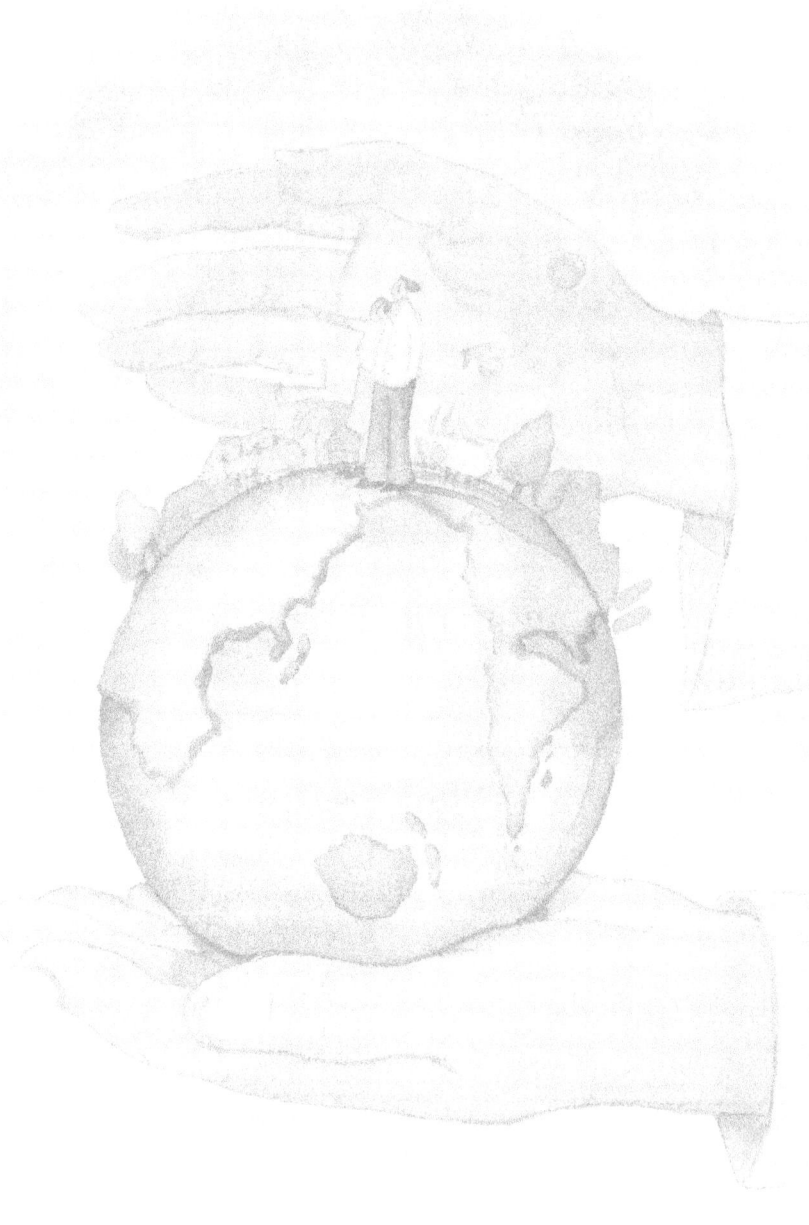

«В Его руке душа всего живущего и дух всякой человеческой плоти»
(Книга Иова, 12:10).

1. Иов с сарказмом возражает своим друзьям

«И отвечал Иов, и сказал: подлинно, [только] вы люди, и с вами умрет мудрость! И у меня [есть] сердце, как у вас; не ниже я вас; и кто не знает того же?» (12:1-3).

В предыдущей главе Софар упрекал Иова, а в 12-й главе Иов возражает своим друзьям. И обе стороны настаивают на своей правоте.

Вы не должны думать, что это всего лишь разговор Иова и его друзей: на самом деле, именно так вы можете понять и познать свое сердце. Вам следует поставить себя на место Иова и его друзей. И если вы поймете, что обладаете сердцем, подобным сердцу Иова или его друзей, вы сможете покаяться и отвратиться от греха, чтобы получить такие же благословения, какие получил Иов.

Друзья Иова были такими же просвещенными и мудрыми, как сам Иов, но он не мог принять того, что они говорили. Друзья казались Иову смешными. А они пытались только обвинять Иова, утверждая, что правы были они, он же ошибался, и это все больше и больше огорчало Иова.

Иову не нравилось то, что его друзья пытались поучать его. Поэтому он с сарказмом подчеркивал, что верны лишь слова его друзей, а все сказанное им неверно, и как будто бы он даже не человек. Он также язвительно заметил, что когда они умрут, с ними умрет и мудрость.

Что конкретно Иов имел в виду, когда говорил: «Подлинно, только вы люди»?

Доводилось ли вам спорить с кем-либо, и если вам не удавалось его убедить согласиться с вашей точкой зрения и вы не могли одержать победу в споре, то вы просто подытоживали беседу, говоря: «Ну хорошо, ты прав!»? Понимая, что диалог невозможен, вы просто прекращали беседу. Точно так же чувствовал себя Иов.

Иов думал, что его друзья, претендуя на особые знания и мудрость, смотрят на него свысока, пытаясь поучать его. Вот почему Иов был так огорчен. Поэтому он цинично замечает: «Вы так мудры! Если вы умрете, то с вами умрет и мудрость тоже!».

Прежде друзья Иова говорили, что слова уст его подобны бурному ветру. Сильный ветер может уничтожить дома, деревья и людей, и Иов, слова уст которого – бурный ветер, не мог в этом случае молчать. Если бы Иов действительно признал, что его друзья были на самом деле теми самыми людьми, то он бы промолчал, но он продолжал спорить с ними. Что он действительно имел в виду, так это то, что он и сам многое знал, понимал и был ничем не хуже своих друзей. Он думал: «Я ведь тоже мудрый, так чего же во мне не хватает, если сравнивать меня с ними? Вы думаете, что я не понимаю, о чем вы говорите?».

«Посмешищем стал я для друга своего, я, который взывал к Богу и которому Он отвечал, посмешищем – [человек] праведный, непорочный. Так презрен по мыслям сидящего в покое факел, приготовленный

для спотыкающихся ногами» (12:4-5).

Почему Иов теперь подключает к спору Бога? Часто и мы поступаем так же. Когда мы выясняем с кем-то отношения, ссоримся и огорчаемся, мы неожиданно втягиваем в спор третью сторону.

Мы говорим, что некий пастор или некий дьякон сказал то-то и то-то, и можем даже процитировать Слово Божье. Бог велит нам не прекословить, мы же, порой, спорим так яростно, что от злости краснеет лицо, и мы при этом еще заявляем: «А в Божьем слове сказано...».

Следовательно, препираясь друг с другом, мы не должны говорить: «В Божьем слове сказано...». Истина велит нам не спорить, поэтому, когда мы спорим с другими, мы противоречим истине. Если мы ссылаемся на Слово Божье, тогда как сами идем против истины, то мы выглядим совсем неубедительно.

В 4-м стихе написано: «... я, который взывал к Богу и которому Он отвечал». Но это не означает, что Иов общался с Богом. Иов знал о Боге, потому что слышал о Нем от своих прародителей. Иов слышал от своих предков, что Бог есть и что Он Всемогущий. Поэтому, когда он поступал неверно, он делал жертвоприношения от своего имени и от имени своих детей.

Таким образом, говоря: «... я, который взывал к Богу и которому Он отвечал», Иов имеет в виду, что он приносил жертвы. Иов скорбит о том, что он, справедливый и непорочный, возносил всесожжения, а теперь превратился в посмешище для своих соседей. На него свысока смотрела жена, и друзья презирали его. Нам же следует знать, что эти слова Иова не совсем верны.

Если вы поклоняетесь в духе и истине и общаетесь

с Богом, разве вы станете объектом для насмешек окружающих? Тех патриархов веры, которые преданно служили Богу, уважали и почитали их соседи. Над ними никто никогда не издевался и не насмехался. Так как они любили Бога и были любимы Им, то их уважали даже язычники.

Фараон Египта склонял голову перед Моисеем, а когда народ Израиля жаловался на Моисея, Бог был на его стороне.

Кратковременные гонения при исполнении воли Божьей могут быть и на праведных, но даже те, кто их гонит, в душе не могут относиться к ним неуважительно и насмешливо. К человеку, справедливому и непорочному, никто не стал бы проявлять непочтение и презрительно насмехаться над ним.

И далее, там сказано: «Так презрен по мыслям сидящего в покое факел, приготовленный для спотыкающихся ногами».

Те, кто обладают знаниями, известностью, властью и достатком, имеют мир в душе. Поэтому, даже видя несчастья других, они, скорее всего, подумают, что к ним это никакого отношения не имеет, они будут сохранять спокойствие и не станут волноваться.

Иов думал, что он попал в бедственное положение и страдал, тогда как его друзья жили в мире, ни о чем не волнуясь. В данном случае, Иов подразумевал, что его друзья, продолжавшие жить беззаботно, пренебрегали им и плохо к нему относились.

С другой стороны, он сказал: «... приготовленный для спотыкающихся ногами». Иов и был тем, чьи ноги теперь спотыкались. То есть Иов считал, что он был справедливым и непорочным, но его подстерегло несчастье. И это – неверное толкование слова истины.

Не все из того, что говорили его друзья, было истиной, но многое из сказанного ими было правдой. Если бы Иов на это сказал «аминь» и покорился, то несчастья покинули бы его. Но Иов настаивал на своей правоте и смотрел свысока на друзей даже тогда, когда они наставляли его в истине. Поэтому помощь не приходила к нему, и он продолжал страдать от несчастий.

2. Представлять Бога, благоволяющим к грешникам

«Покойны шатры у грабителей и безопасны у раздражающих Бога, которые как бы Бога носят в руках своих» (12:6).

Мирские люди, не познавшие истины, иногда говорят: «Хорошие люди неудачливы. Грешники гораздо больше преуспевают».

Но Бог Справедливости любит, и это понятно, хороших и праведных людей. Бог не станет способствовать процветанию грешников.

Тогда почему Иов судит Бога, считая его недобрым? Он сказал: «Покойны шатры у грабителей и безопасны у раздражающих Бога, которые как бы Бога носят в руках своих».

Иов говорит, что Бог навел на него несчастья, несмотря на то, что он был таким праведным человеком. Конечно же Иов поначалу не проявлял своей порочности. Он зашел столь далеко потому, что чувства его были подвержены колебаниям.

То же самое происходит и с некоторыми верующими.

Сначала они исповедуют любовь к Богу и живут прилежной христианской жизнью. Но в какой-то момент, не получив ответа на свои молитвы, они перестают молиться. Если же кто-то пытается дать им совет относительно веры, они реагируют на это словами, которые не правильны в очах Божьих.

В таких случаях им следует срочно покаяться и измениться, чтобы враг, дьявол и сатана, отступил. Иначе мысли этих людей приведут их к еще большей озлобленности, а в результате они не смогут контролировать себя.

Тогда, даже при всем своем желании покаяться, они не смогут этого сделать. Поэтому они будут произносить слова, подобные бурному ветру и противоречащие истине, как это делал Иов. И если они будут продолжать разочаровывать Бога, то не будет им более защиты от Него и не избежать им несчастий.

Некоторые говорят: «Пастор, только посмотрите на этот мир. Как процветают воры, мошенники и неправедные люди!».

Но ведь богач отправился в ад, а нищий Лазарь, боящийся Бога, после смерти взошел на Небеса. Разумеется, для человека это благословение – жить по Слову Божьему и оказаться на Небесах, даже прожив жизнь в нищете. Мы не можем допустить, чтобы из-за каких-то материальных вещей в этой сиюминутной жизни мы попали в ад.

Если люди обманывают других, добывают деньги неправедным путем, то будут ли они иметь мир в душе? Их всегда будут одолевать тревоги. И еще: если они породят слишком много зла, то им придется столкнуться с непредвиденными несчастьями.

3. Иов возвеличивает Бога

«И подлинно: спроси у скота – и научит тебя, у птицы небесной – и возвестит тебе; или побеседуй с землею, и наставит тебя, и скажут тебе рыбы морские. Кто во всем этом не узнает, что рука Господа сотворила сие?» (12:7-9).

Бог проявил Свою Божественность и Свое могущество, создав все в этом мире. Вот почему никто не сможет оправдаться в Судный день тем, что не верил в Бога, потому что не знал, что Бог есть. Ибо невидимое Его, вечная сила Его и Божество отчетливо просматриваются во всем (Посл. к Римлянам, 1:20).

Только глядя на животных, мы уже можем понять, что Бог есть. Сильные животные поедают более слабых, из-за чего более слабые должны были бы исчезнуть. Однако этого не происходит. А все потому, что сильные животные не дают большого потомства. Тогда как рождаемость у слабых животных намного выше.

Почему вы не спрашиваете у воробьев, как они летают? Или не задаетесь вопросом, как мухи летают? Человеческая цивилизация достигла больших высот, люди научились строить самолеты. Самолет состоит из множества деталей, но без топлива он все равно не сможет взлететь.

Сами люди не могут сотворить даже мухи. Чем оснащены воробьи и мухи, что позволяет им летать? В этом мы можем почувствовать присутствие Бога и понять, что Бог – Живой.

Иов признавал эту силу Бога. Если бы вы могли спросить у мухи: «Как тебе удается летать?» – то муха наверняка бы ответила: «Бог создал меня такой».

Если вы не в состоянии поверить в Бога, почему вы

тогда не спрашиваете у земли: «Эй, земля, какой силой ты обладаешь, что если мы сеем, то семена пускают ростки, вырастают, зацветают и приносят плоды? Как так получается, что, когда мы копаем, мы можем найти золото, уголь и нефть?».

Если бы земля могла ответить, то, скорее всего, сказала бы: «Бог дал мне эту силу».

Кроме того, множество рыб водится в море. И даже самые большие киты и акулы способны очень быстро плавать. Мы же не сможем жить под водой, несмотря на то, что человечество обладает совершенными технологиями. Все в этом мире было сотворено силой Божьей по Его провидению.

> «В Его руке душа всего живущего и дух всякой человеческой плоти. Не ухо ли разбирает слова и не язык ли распознает вкус пищи? В старцах – мудрость, и в долголетних – разум. У Него премудрость и сила; Его совет и разум. Что Он разрушит, то не построится; кого Он заключит, тот не высвободится» (12:10-14).

Под «всем живущим» подразумевается все, имеющее жизнь, включая растения и животные. Но жизнь, о которой здесь говорит Иов, – это способность думать. Это сила, данная, чтобы рассуждать и размышлять.

«Дух» же способствует пониманию всего, в том числе и основных положений законов природы. Вот что Иов конкретно имел в виду: животные не способны понять и осознать основы всего сущего. Бог дал всем живым существам душу, поэтому они обладают способностью мыслить, но людям Бог дал еще и дух, чтобы они понимали законы природы и принципы устройства окружающего мира. Во всем этом заключено провидение Божье.

И еще: у нас есть язык, чтобы распознать вкус, а также есть уши, которые различают звуки. А говоря, что «в долголетних – разум», имеется в виду, что люди с возрастом, благодаря жизненному опыту, становятся мудрее.

Слово «старцы» символизирует течение времени, а «долголетние» – это люди, прожившие долгую жизнь в добром здравии. «Премудрость и сила» есть у тех, кто имеет ясные и четкие представления о природе вещей. То есть речь идет о тех, кто с годами развил в себе способность проникать в суть вещей.

«Совет», в данном контексте, подразумевает совокупность мудрости и идей для воплощения определенных вещей. Здесь Иов говорит, что у Бога есть мудрость и сила, а также совет и разум. До этого момента Иов говорил рассудительно и правдиво.

4. Что же в действительности хочет сказать Иов?

Вскоре проявилось то, что Иов на самом деле хотел сказать. В 14-м стихе написано: «Что Он разрушит, то не построится; кого Он заключит, тот не высвободится». И что же это означает?

Бог не разрушает и не сажает в темницы. Но, когда люди нарушают законы духовного мира, Бог отворачивает от них Свой лик, и тогда враг, дьявол и сатана, насылает им искушения и испытания на страдания.

Даже если люди грешат или оступаются, но потом

кается и перестают грешить, Бог поможет им подняться. И хотя Петр трижды отрекся от Господа Иисуса, он сделал это не потому, что сердце толкнуло его на это. После того как он покаялся, он получил прощение и был рожден заново, став могущественным апостолом.

«Остановит воды, и все высохнет; пустит их, и превратят землю. У Него могущество и премудрость, пред Ним заблуждающийся и вводящий в заблуждение. Он приводит советников в необдуманность и судей делает глупыми» (12:15-17).

Иов знал, что Бог также остановил течение реки Иордан. Он говорит, что как были остановлены воды реки Иордан, для того чтобы Израильский народ смог пересечь ее, так Бог мог остановить или иссушить все воды.

Слова «пустит их, и превратят землю» означают, что во время наводнений случаются оползни и другие бедствия, которые приводят к затоплению земли. Иов говорит, что Бог страшен, и если Он что-либо разрушит подобным образом, то нам уже этого не восстановить. Иов имеет в виду, что Бог вводит людей в заблуждение, что Он может стать причиной того, что одни могут ввести в заблуждение других, и что из-за Бога и сам Иов также страдал от насмешек и издевательств.

Фактически Иов говорит своим друзьям: «Друзья мои, разве вы не знаете этого Бога? Услышав мои объяснения, неужели вы не поняли, кто в действительности плохой? Разве это не Бог плохой? Если вы по-настоящему мудры, то сможете вынести собственное суждение».

В этот момент и начало проявляться истинное сердце

Иова. Мечущийся разум заставляет Иова убеждать своих друзей в том, что Бог не добр. Иов, так высоко возносивший Бога, теперь пытается низвергнуть Его.

О чем говорят нам слова «Он приводит советников в необдуманность и судей делает глупыми»?

Советовать – значит строить планы. Советники же должны обладать мудростью.

Иов слышал об истории Израиля от своих предков. Когда Бог отнимал у языческих советников мудрость, то какие бы планы они ни строили, их воины все равно попадали в плен. Иов знал о сражениях, в которых сотни тысяч воинов нападали на Израиль, но когда им противостоял Бог, язычники начинали сражаться друг с другом и разбегались.

Следовательно, вопреки хорошо разработанной советниками стратегии, если Бог лишит их мудрости, они проиграют сражение.

Кроме того, Иов утверждает, что Бог делает судей глупыми. Судьи должны изучить дело и вынести справедливое решение. Иов же считает, что Бог дозволяет судьям принимать глупые решения.

О чем Иов здесь пытается сказать? Иов склоняет своих друзей к признанию того, что Бог не справедлив, Он заставил его так сильно страдать, хотя Иов был праведным и непорочным. Иов предполагает, что, поскольку Бог подталкивает судей к глупым решениям, Он и сам является глупым судьей.

«Он лишает перевязей царей и поясом обвязывает чресла их; князей лишает достоинства и низвергает храбрых; отнимает язык у велеречивых и старцев лишает смысла; покрывает стыдом знаменитых

и силу могучих ослабляет; открывает глубокое из среды тьмы и выводит на свет тень смертную» (12:18-22).

Слова «Он лишает перевязей царей и поясом обвязывает чресла их» говорят о потере царями власти. Когда Бог лишает власти, тогда цари не могут носить свои перевязи.

Например, если цари оказываются схваченными повстанцами или врагами, то они теряют свою власть. И если руки у них связаны, то они не смогут применить свою силу.

Кроме того, Иов слышал о праведных священниках, которых тоже арестовывали или убивали на протяжении всей истории человечества. И он также видел людей, наделенных властью, которые всего лишались за один день. Иов утверждал, что все это делал Бог.

В 20-м стихе говорится: «Отнимает язык у велеречивых...». А что это означает?

Иов считал, что он был предан Богу, а Бог покинул его. Но Бог не отнимает язык у велеречивых.

Когда Саул напал на амеликитян, Бог велел ему все истребить, включая и людей, и скот. Но Саул не покорился слову Божьему, он пленил и привез с собой царя неприятелей, а также отобранных им животных. Когда Самуил спросил его о том, что произошло, он ответил, что привез животных с собой, чтобы принести в жертву Богу. Рассуждая по-человечески, мы можем подумать, что Саул совершил нечто хорошее. Но во всем, что велит сделать Бог, есть духовный смысл; Саул же, поддавшись собственным мыслям, ослушался Бога.

Далее сказано: «... и старцев лишает смысла». Бог не

лишает пожилых людей здравого смысла. Он желает, чтобы они были здоровыми, хочет преумножить их мудрость и знания. Почему же Бог все-таки может отобрать у старцев способность мыслить?

Когда люди стареют, их память слабеет, и они могут лишиться здравого смысла. Иов утверждает, что Бог способствует тому, чтобы они теряли память, но, на самом де\ле, люди сами себя делают такими.

Что же, в таком случае, означают слова «покрывает стыдом знаменитых и силу могучих ослабляет»?

Знаменитые – это лидеры. Бог не покрывает стыдом знаменитых. Здесь у слова «сила» есть символический смысл. К примеру, сила Самсона была в его волосах. Когда его волосы были острижены, он потерял свою силу и вынужден был страдать от насмешек и презрения.

В чем же тогда была сила Иова? Она была в его достатке, знаниях и мудрости, с помощью которых он мог наставлять других.

Иов говорит, что Бог ослабляет силу могучих. Конечно, Иов понимает, что, скажи он прямо, что имеет в виду себя, и друзья тут же вступят с ним в спор, поэтому он говорит об этом косвенно. На самом же деле он считает: «Таков вот Бог, Он ослабляет мою силу».

В 22-м стихе написано: «Открывает глубокое из среды тьмы и выводит на свет тень смертную». О чем это говорит?

Быть во тьме – значит что-то прятать. Иов, фактически, мало что знал о Боге, слыша о Нем лишь от своих предков.

Имея столь слабые познания, Иов верил и повиновался Богу настолько, насколько мог, и считал, что заранее составленный скрытый план Бога теперь выявлен. И поэтому тяжелые испытания и страдания обрушились на него. Вот что имел в виду Иов. Он критикует Бога за то, что Бог предопределяет все.

Кроме того, там говорится: «... и выводит на свет тень смертную». Это означает, что Иов жил во свете, в светлом мире, но в одночасье смертная тень легла на него. Он хотел сказать, что он всегда жил во свете, но так сложились обстоятельства, и теперь он близок к смерти.

Итак, что именно Бог выявляет во тьме? Бог выявляет во тьме наши грехи.

Поступая таким образом, Бог дозволяет нам обнаружить собственные грехи, сокрытые во тьме, Он ведет нас к избавлению от них, к нашему возрождению. Бог не выводит на свет смерть, Он дает жизнь во тьме, освещая ее.

Прежде чем мы познали Бога, мы жили во тьме этого мира. Но с тех пор как Бог излил на нас Свой свет Свыше, мы распахнули наше сердце и приняли Слово Божье. Таким образом мы ушли из тьмы в мир света, обрели жизнь и пошли по пути, ведущему к жизни вечной. Бог – Бог благой, однако Иов понимает это иначе.

«Умножает народы и истребляет их; рассевает народы и собирает их; отнимает ум у глав народа земли и оставляет их блуждать в пустыне, где нет пути: ощупью ходят они во тьме без света и шатаются, как пьяные» (12:23-25).

«Умножает народы и истребляет их; рассевает народы и собирает их». Мы отчетливо видим это на протяжении всей истории.

Когда Израильтяне вошли в землю Ханаанскую, их силы были незначительными, но уже во времена царя Давида они были настолько сильны, что другие страны платили им подати. Однако иногда те же Израильтяне поклонялись идолам, и тогда они попадали в плен или оказывались на грани истребления.

Даже Римская империя не устояла. И еще: во Второй мировой войне Германия, Япония и Италия пытались завоевать весь мир, однако в какой-то момент у них все рухнуло.

Это не Бог способствует процветанию наций или их падению, не Он ставит диктаторов управлять теми или иными странами. Однако Иов говорит, что все делается согласно тому, что Бог предрек. Если бы это было так, то Бог не смог бы вершить Свой суд в Судный день. Те, кто окажутся в аду, будут спорить с Богом, говоря: «Бог, это Ты сотворил меня грешником и заставил грешить!». Что же на это может ответить Бог?

Если чей-то бизнес терпит неудачу, то причиной этого является сам владелец. Не стоит быть глупцами, утверждающими, что Бог привел их бизнес к разорению.

И последнее, давайте посмотрим на стих, в котором говорится: «Отнимает ум у глав народа земли и оставляет их блуждать в пустыне, где нет пути: ощупью ходят они во тьме без света и шатаются, как пьяные».

Чтобы быть предводителем, человеку нужна мудрость. У него должны быть быстрый ум и глубина мышления. Ему следует действовать правильно, не делая ошибок. Но если у вождя нет достаточного интеллекта, он не сможет долго лидировать.

Иов, говоря притчами, поясняет, что когда-то он мог научить всему, а теперь он стал никем, поскольку Бог лишил его ума.

Он имеет в виду, что Бог заставил его блуждать по долине смерти, во тьме, и шататься, как пьяного.

В самом начале Иов признавал всемогущество Бога и говорил правильные вещи, а затем он стал говорить то, что было не правильным. У пьяного человека шаткая походка, однако, он этого не замечает, ему кажется, что он твердо идет к цели.

Если тот, кто рядом с ним, скажет: «Почему ты так напился? Иди ровно!» – то он, вероятнее всего, ответит: «Я не пьян и иду прямо. Отчего ты говоришь мне, что я шатаюсь?».

Иов был в той же ситуации, что и шатающийся человек. Когда его друзья говорили: «Ты грешен и зол», Иов отвечал: «Я не грешник. Я справедлив и непорочен. Это вы злые, а я оказался в этой ситуации из-за Бога».

Используя сравнение с пьяным человеком, Иов, думая, что Бог предопределяет все, приходит к заключению, что Бог совсем не добр.

Глава 13

Иов состязается с Богом

«Вот, все [это] видело око мое, слышало ухо мое и заметило для себя. Сколько знаете вы, знаю и я: не ниже я вас. Но я к Вседержителю хотел бы говорить и желал бы состязаться с Богом» (Книга Иова, 13:1-3).

1. Гордыня Иова

«Вот, все [это] видело око мое, слышало ухо мое и заметило для себя. Сколько знаете вы, знаю и я: не ниже я вас. Но я к Вседержителю хотел бы говорить и желал бы состязаться с Богом» (13:1-3).

«Вот, все это видело око мое, слышало ухо мое и заметило для себя» – то есть здесь Иов утверждает, что ему известно не только то, о чем толкуют ему друзья, но и то, что он сам говорит. Как это понимать?

Предположим, что человек проходит через испытания, и вы советуете ему обратиться к Слову Божьему. Однако он совета не принимает. И к тому же заявляет: «Я знаю все, о чем вы говорите. Я все слышал и видел, я много раз читал Библию. Так что, я все знаю». Если он так говорит, то это значит, что в нем есть гордыня.

Именно так Иов сейчас и отвечает.

Он говорит: «Я знаю то же, что знаете и вы. Я ничуть не хуже вас. Я не хочу иметь с вами ничего общего. Я не хочу слушать вас. Я буду говорить с Богом и спорить с Ним».

Иов говорит, что он лучше своих друзей. А его друзья пытались помочь Иову стать лучше и надлежащим образом указать ему на хождение путями Божьими.

Но Иов вовсе не слушает своих друзей. Он все больше отдаляется от них. А все потому, что друзья, советуя ему, использовали не разумные доводы, а говорили горячо и эмоционально. Иов не мог довериться друзьям. Те, кто хранят Слово Божье, следуют советам со словами «аминь», если, конечно, эти советы являются истиной.

2. Коварное и изменчивое сердце

Иов говорил, что, если бы он даже и возвал к Богу, Он не ответил бы ему (Кн. Иова, 5:1), а если бы Он и ответил, Иов не поверил бы Ему (Кн. Иова, 9:16). Иов забыл однажды сказанные им слова о том, что спорить с Богом нельзя, теперь же он заявляет обратное и хочет состязаться с Ним (Кн. Иова, 13:3).

А все потому что Иов говорит, не задумываясь, с каким сердцем он произносит эти слова. Это и есть лицемерное сердце, которое мечется в полной растерянности.

Многие люди не помнят того, что говорили. Вот и вы можете забыть то, что сами говорили, или просто не расслышать того, что говорили другие.

И еще: когда вы что-либо говорите, вам следует произносить только то, что у вас на сердце; если же вы выражаете лишь свои сиюминутные мысли, то вы не сможете вспомнить, того что сказали. Те, кто выражают вслух собственные мысли, сами не смогут исполнить то, о чем говорят. Они просто не вспомнят того, что сказали. Скорее всего, они будут утверждать то, что не является правдой, и спорить с другими.

Нам нужно быть честными и правдивыми. Нам следует говорить только о том, что сами можем сделать, и только то, что является истиной. Сказанное нами должно быть исполнено. Мы видим, каким упрямым становился Иов. Имея совершенное, неизменное и правдивое сердце, мы не станем поступать подобным образом.

«А вы сплетчики лжи; все вы бесполезные врачи. О, если бы вы только молчали! это было бы [вменено] вам в мудрость» (13:4-5).

Иов хорошо знал своих друзей. И, поскольку они не были до конца правдивы, а порой, лгали, он не желал слушать их.

В 1-м послании Иоанна, 1:6, говорится: *«Если мы говорим, что имеем общение с Ним, а ходим во тьме, то мы лжем и не поступаем по истине».* Если мы исповедуем веру в Бога, а сами грешим и живем во тьме, то Библия говорит, что мы лжецы.

Иов не прислушивался к советам своих друзей. Он смотрел на них свысока. И он утверждал, что они наполнены вздором. Иов знал, что его друзья были лицемерами, а поэтому их слова расходились с делами.

Иов на сей раз советует им молчать. Чем больше вы говорите, тем больше ошибаетесь, а ошибаясь, вы не можете завоевать доверие других.

Как вы уже знаете, Иов обладал исключительной мудростью и знаниями, и он был хорошо образован, а поэтому, кто мог бы противостоять ему и изменить его? Если бы Бог не действовал посредством болезненной проказы, то он не подчинился бы Богу.

Давайте теперь поставим себя на место Иова. Допустим, мы столкнулись с трудностями и испытаниями, и другие люди дают нам советы по Слову Божьему. С каким сердцем вы будете принимать их? Скажете ли вы «аминь» или ваша гордость будет задета, и вы станете поглядывать на них свысока?

Допустим, что некий дьякон страдает от некоторых проблем, и кто-то дает ему совет, сообразующийся с истиной. Если этот дьякон думает: «Вы не лучше, чем я, как вы смеете говорить мне, что делать!» – то в этом случае дьякон должен признать, что в нем живет зло.

Независимо от того, с чьих уст это исходит, если это слово истины, мы должны принять его со смирением.

3. Иов оправдывается

«Выслушайте же рассуждения мои и вникните в возражение уст моих. Надлежало ли вам ради Бога говорить неправду и для Него говорить ложь? Надлежало ли вам быть лицеприятными к Нему и за Бога так препираться? Хорошо ли будет, когда Он испытает вас? Обманете ли Его, как обманывают человека?» (13:6-9).

«Рассуждения» – это аргументация, обсуждение, в котором обоснованы «за» и «против» относительно неких утверждений и предложений. В 1-м послании к Тимофею, 6:20, говорится: *«О, Тимофей! храни преданное тебе, отвращаясь негодного пустословия и прекословий лжеименного знания».*

Бог не велит нам спорить, Иов же утверждает, что он хочет состязаться с Богом, и просит друзей выслушать его точку зрения.

«Возражения» – это утверждение или мнение, которое люди выражают в споре или дискуссии. Здесь Иов возражает против того, что с ним что-то не так. Хотя спорить, согласно истине, – это неправильно.

Когда мы понимаем истину и можем отличить правду от неправды, тогда мы можем понять, что не правы те, кто спорят, и, отстаивая свое мнение, рассуждают и возражают. Те, кто живут в истине, даже если их критикуют другие, обращают свой взор к Богу, Истинному Судье, и все терпят. Они лишь хранят Слово Божье. Они не пытаются возражать или оправдываться. Они просто отдают все в Божьи руки, чтобы Бог Сам мог действовать.

Когда Иисус был несправедливо обвинен, Он вверил все Богу и молился, Он никогда не возражал и не спорил.

И, далее, Иов говорит: «Надлежало ли вам ради Бога говорить неправду и для Него говорить ложь?». Говорить неправду – значит быть нечестным.

Иов сказал: «Вы говорите, что я не праведник. Но сами-то вы не поступаете в соответствии с истиной, а меня укоряете. Не являетесь ли вы, в таком случае, лгунами? Станете ли ради Бога говорить неправду? Попытаетесь ли вы коварно обмануть Бога? Бог знает ваше сердце».

Что же тогда означают слова «надлежало ли вам быть лицеприятными к Нему?». Быть лицеприятным – значит отдавать большее предпочтение одной из сторон.

Другими словами, здесь говорится: «Как можете вы, которые являются лжецами, вести себя так, будто бы вы лицеприятны к Нему? Как вы можете встать на место Бога и спорить со мной, используя Слово Божье?».

«Бог смотрит на ваше сердце. Даже если вам удастся обмануть людей, то, как вам обмануть Бога, Который видит ваше сердце?».

Иов саркастически намекает на слабые стороны своих друзей. И он пытается заставить их замолчать. Иов не видит «бревна в своем глазу», а вот на «сучок в глазу» у своего брата указывает.

4. Иов воспринимает истину, как притчу

«Строго накажет Он вас, хотя вы и скрытно лицемерите. Неужели величие Его не устрашает вас и страх Его не нападает на вас? Напоминания ваши подобны пеплу; оплоты ваши – оплоты глиняные. Замолчите предо мною, и я буду говорить, что бы ни постигло меня» (13:10-13).

Не тая в себе притворства, мы должны избавиться от лицемерия, и смиренно искать Бога, чтобы слышать Его голос. Если мы в смирении преклоняем колени пред Богом, то будем слышать голос Божий. Если же мы надменны, то не услышим Его голос.

«Вы сами поступаете не верно, так как же смеете в чем-то обвинять меня? Если вы смиренно преклоните колени пред Богом и обратите взор к Нему, то услышите, как Он обличает вас!».

Иов думал, что Бог великодушный и в тоже время вселяющий страх. Он знал о Божьем величии. Но Иов не знал Бога любви. Он боялся Бога, зная Его лишь как Того, Кто предопределяет все.

И, далее, Иов говорит: «Напоминания ваши подобны пеплу; оплоты ваши – оплоты глиняные». Друзья Иова изо всех сил старались, чтобы Иов осознал что-либо с помощью Слова Божьего. Но то, что они говорили, Иов не воспринимал как истину, а лишь как притчи или поговорки. Так как же он мог понять себя и измениться?

До сих пор Иов и его друзья спорили и ссорились друг

с другом. Но, когда Иов стал нападать на своих товарищей, они стали защищаться. Когда же друзья атаковали его, Иов защищал себя, а затем вновь нападал на них.

«Ваши слова – это даже не Божьи слова. Это лишь отдельные притчи. Что они мне дадут? Вам следует перестать говорить ненужные вещи и молча выслушать меня. Если что-либо и произойдет со мной, то это произойдет со мной».

Стена из камня прочна, глиняную же стену легко разрушить. Иов пришел к выводу, что оборона его друзей подобна глиняному оплоту, который может быстро обрушиться. Став надменными, мы не сможем услышать Слова Божьего. И притом, что это Слово Божье, мы можем принять его за высказывания человека.

Если главенствует гордыня, как в случае с Иовом, то, даже слыша советы или нарекания, сообразующиеся со Словом Божьим, мы можем счесть их лишь притчами, придуманными людьми.

5. Иов защищается

«Для чего мне терзать тело мое зубами моими и душу мою полагать в руку мою? Вот, Он убивает меня, но я буду надеяться; я желал бы только отстоять пути мои пред лицом Его! И это уже в оправдание мне, потому что лицемер не пойдет пред лицо Его!» (13:14-16).

Сейчас Иов защищается. Он говорит: «Кто станет причинять боль, кусая самого себя, кто будет пытаться убить себя?». Слова «душу мою полагать в руку мою» означают попытку покончить со своей жизнью.

Иов, по сути, говорит: «С чего бы мне подвергать себя страданиям? Почему я должен считать свою жизнь ничтожной? Это не так. Я не сделал ничего плохого, но Бог пытается лишить меня жизни, поэтому я чувствую безнадежность. Я буду оспаривать свои поступки перед Ним, чтобы доказать, что правильно, а что неверно».

«Лицемер не пойдет пред лицо Его!» – эти слова говорят нам, что порочные и своенравные люди не могут приблизиться к Богу. Иов подразумевает, что это и будет его спасением. То есть он имеет в виду, что поскольку он человек не злой и к тому же непорочный, то он заслужит спасение пред Богом. Он настаивает на своей правоте.

«Выслушайте внимательно слово мое и объяснение мое ушами вашими. Вот, я завел судебное дело: знаю, что буду прав. Кто в состоянии оспорить меня? Ибо я скоро умолкну и испущу дух» (13:17-19).

Иов утверждает, что его друзья должны вслушаться и понять то, что он им объясняет. А в 18-м стихе Иов говорит, что завел судебное дело. О каком судебном деле здесь идет речь?

Иов заявляет, что он непорочен, что никогда не совершал грехов и не сотворил никакого зла. Он постоянно делал жертвоприношения Богу, чтобы быть незапятнанным, к тому же был богобоязненным, помогал и служил другим.

Здесь он говорит, что знает о своей непорочности, потому что, во-первых, он не совершил никакого зла и вел себя праведно. Во-вторых, он верит в свою праведность, потому что она очевидна, если судить по его поступкам.

В 19-м стихе Иов задается вопросом: «Кто в состоянии оспорить меня?». Для того чтобы вступить с ним в спор, человек должен быть более праведным, чем сам Иов, и он спрашивает, кто бы мог быть этим человеком. Иов говорит, что если есть таковой, кто непорочен более, чем он, то он умолкнет и испустит дух. Подразумевая, что склонится перед этим человеком.

Иов полагает, что он не совершил ничего плохого, поэтому у него нет грехов. То есть он считает, что это вовсе не грех дать сдачи человеку, который первым его ударил, или проклинать того, кто первым начал проклинать его. Но чему нас учит Слово Божье?

Евангелие от Матфея, 5:39-42, дает нам подробные разъяснения. В нем написано: *А Я говорю вам: не противься злому. Но кто ударит тебя в правую щеку твою, обрати к нему и другую; и кто захочет судиться с тобою и взять у тебя рубашку, отдай ему и верхнюю одежду; и кто принудит тебя идти с ним одно поприще, иди с ним два. Просящему у тебя дай, и от хотящего занять у тебя не отвращайся*.

Друзья Иова не просили у него рубашку, не принуждали его идти с ними «поприще». Они лишь пытались помочь Иову хоть что-то понять, обратившись к Слову Божьему. Иов не подставил им своей щеки, а вместо этого наносил ответные удары, которые были в два-три раза больнее.

«Двух только [вещей] не делай со мною, и тогда я не буду укрываться от лица Твоего: удали от меня руку Твою, и ужас Твой да не потрясает меня. Тогда зови, и я буду отвечать, или буду говорить я, а Ты отвечай мне» (13:20-22).

Иов пытается состязаться с Богом, потому что не было никого, кто был бы лучше него. Но так как он все еще боялся Бога, он не мог излить всего того, что ему хотелось сказать. И теперь он просит Бога не делать двух вещей, чтобы он мог свободно спорить с Ним.

Иов говорит, что на нем Божья рука, и если Бог удалит ее, и если страх Божий не будет сотрясать его, то у него найдется много возражений.

Почему же Иов страшится Бога? Потому что он заблуждается и неправильно Его понимает. Поскольку он считал себя человеком праведным, а его знания об истине были не точными, он имел ошибочное представление о Боге и страшился Его. Иов полагал, что если бы Бог не вселял в него ужаса и просто позвал его, то он бы ответил, и тогда Бог мог бы сказать, чего Он желает.

«Сколько у меня пороков и грехов? покажи мне беззаконие мое и грех мой. Для чего скрываешь лицо Твое и считаешь меня врагом Тебе? Не сорванный ли листок Ты сокрушаешь и не сухую ли соломинку преследуешь?» (13:23-25).

Когда Иов говорит: «Сколько у меня пороков и грехов? Покажи беззаконие мое и грех мой», можно подумать, что он хочет понять, в чем грешен. Однако его истинное намерение – выказать Богу свое недовольство.

Он приводит Богу свои доводы, говоря: «Я не совершал ничего плохого. У меня нет грехов, так за что Ты меня наказываешь?».

В 24-м стихе Иов также спрашивает: почему Бог скрывает от него Свое лицо и считает его Своим врагом?

Бог не скрывал Своего лица от Иова, Он взирал не него

Своими пламенными очами. Он слушал каждое слово, сказанное Иовом. Бог никогда не скрывал Своего лица и не считал Иова врагом. Бог любит каждого.

Друзья Иова советовали ему признать свои ошибки и покаяться, но он не слушал их. Он лишь настаивал на своей правоте и критиковал друзей.

Итак, давайте с помощью Послания к Евреям, 12:1-8, подумаем, какой Он – Бог.

«Посему и мы, имея вокруг себя такое облако свидетелей, свергнем с себя всякое бремя и запинающий нас грех и с терпением будем проходить предлежащее нам поприще, взирая на начальника и совершителя веры Иисуса, Который, вместо предлежавшей Ему радости, претерпел крест, пренебрегши посрамление... Вы еще не до крови сражались, подвизаясь против греха, и забыли утешение, которое предлагается вам, как сынам... Если же остаетесь без наказания, которое всем обще, то вы незаконные дети, а не сыны».

Если вы несете очень тяжелую ношу, то, как же вам придется изрядно попотеть и как же трудно вам будет! Но тяжелее всего – ноша греха. Если мы грешим, то чувствуем себя сокрушенными. А в отчаянии мы говорим то, что утяжеляет ношу греха. Мы не каемся в том зле, которое есть в нас, а своими словами источаем еще больше зла. Если мы находим себе оправдание в том, что не могли поступить иначе, то начинаем лгать, а грехи, тем временем, будут все больше копиться. И в конце концов грехи свяжут нас, и мы не сможем решить этой проблемы.

Следовательно, когда есть какая-то проблема, беспокоящая нас, мы должны смириться и обратить свой взор к Иисусу. Иисус вынес насмешки и презрение Собственных творений. И поскольку Он знал, что будет сидеть одесную Бога и все люди обретут спасение, Он пренебрег стыдом ради той радости, которая ожидала Его.

Таким образом, нам следует размышлять над тем, как Иисус, терпя и прощая, прошел Свой путь, и отложить это в наших сердцах. Чтобы избавиться от грехов, нужно сражаться с ними вплоть до пролития крови. Так как мы этого не делаем, не верим и не покоряемся Слову Божьему, повелевающему нам делать или не делать что-либо, мы получаем Божье наказание.

Когда дети сбиваются с пути, родители наказывают их. Точно так же и Бог наказывает Своих детей, если они грешат. Если Бог не наказывает нас, то Библия говорит, что мы незаконные сыны.

В 25-м стихе Иов, поскольку он был отрезан от жизни, сравнил себя с сорванным листом. И еще он уподобил себя сухой соломинке. Лист олицетворяет одинокого и не имеющего надежды человека. Сухая соломинка – вещь бесполезная, ее нельзя использовать даже как топливо.

Иов говорит все это со сметением в сердце, чтобы указать Богу Его место. Он не мог ни умереть, ни жить; он был словно лист, у которого нет ни силы, ни надежды. Он был еще более бесполезным, чем сухая соломинка, но при этом он говорит, что Бог преследует его, чтобы мучить.

6. Вспоминая грехи, совершенные в юности

«Ибо Ты пишешь на меня горькое и вменяешь мне

грехи юности моей, и ставишь в колоду ноги мои и подстерегаешь все стези мои – гонишься по следам ног моих. А он, как гниль, распадается, как одежда, изъеденная молью» (13:26-28).

Написанное «ибо Ты пишешь на меня горькое» не означает, что Бог ведет запись «горьким» вещам. В следующем стихе Иов говорит: «... и вменяешь мне грехи юности моей», вспоминая теперь свое прошлое со времен юности.

То есть это означает, что Бог знает все об Иове со времен его юности. Когда Иов думал о своем прошлом, он вспоминал, что был преданным отцом и мужем, помогал нуждающимся и жил непорочной жизнью. Он не совершил ничего плохого. Да и в зрелом возрасте жил праведно, поэтому не мог найти в себе недостатков.

Но когда он был юным, то, должно быть, дрался со своими друзьями и, может быть, даже избил некоторых из них. При этом он говорит, что Бог сейчас наказывает его за грехи, которые он совершил в далеком прошлом, когда был слишком молодым, чтобы разбираться в чем-либо. То есть Иов приписывает Богу придирчивость.

Когда мы принимаем Иисуса Христа как своего Спасителя, Бог прощает нам все прошлые грехи. Когда мы каемся и отступаем от них на деле, Бог даже не вспоминает наших прошлых грехов и очищает нас Кровью Господа Иисуса. Но если мы не каемся или не отступаем от совершения греховных поступков, то мы остаемся грешниками.

Что же, в таком случае, означают слова «и ставишь в колоду ноги мои»?

Если ваши ноги закованы в колоды, то вы не сможете

двигаться. Вы скованны, и это означает, что вы потеряли свободу. Здесь под «колодами» следует понимать оковы жизни. Иов утверждает, что он ни жить не может, ни умереть.

Бог полностью сковал его, лишив всякой свободы. Иов говорит, что Бог помнил его грехи, совершенные в юности, и поэтому заковал его в колоды, не дав ему никакого жизненного пространства.

Иов протестует против Бога, говоря, что Бог ограничивает его шаги и уподобил его чему-то совершенно негодному, – например, одежде, изъеденной молью. Это порочные мысли. Истина – не оковы, ограничивающие нас, но Свет во тьме, указывающий нам путь благодеяний.

Если мы пребываем в Слове Божьем, истина станет наполнять нас, а истина делает нас свободными (От Иоанна, 8:31-32). Когда мы обретаем истинную свободу, у нас появляется надежда на Небесное Царство, хотя на этой земле наши тропы могут быть узкими. Но так как мы верим, что Бог воздаст нам по нашим делам, мы можем вести христианскую жизнь, полную радости и благодарности.

Глава **14**

Разница между плотью и духом

«Но плоть его на нем болит, и душа его в нем страдает»
(Книга Иова, 14:22).

1. Споры о бессмысленности жизни

«Человек, рожденный женою, краткодневен и пресыщен печалями. Как цветок, он выходит и опадает; убегает, как тень, и не останавливается» (14:1-2).

В предыдущей главе Иов высказывал негативные слова, жалуясь, стеная и раздражаясь. Но поскольку он страшился Бога, то не говорил всего того, что хотел сказать.

Теперь же стрелы его негодования были направлены на женщин. В этом стихе Иов смотрит на женщин свысока. В Ветхозаветные времена к женщинам, в основном, относились как к прислужницам мужчин, и от них требовалось лишь послушание.

Конечно, Бог не допускает дискриминации между мужчинами и женщинами. Но из Книги Бытия мы узнаем, что грех пришел к людям через женщину. Бог чтит силу и храбрость, и напротив, Он не любит нерешительность, которая становится причиной того, что человек легко меняет свои убеждения, а следовательно, лукавит и хитрит. Обычно, женское сердце слабее, и поэтому оно чаще, чем мужское, подвержено переменам. Хотя люди и отличаются друг от друга, в основном, все же внутреннее сердце мужчин более стойко, чем женское.

Однако в Ветхом Завете Бог иногда избирал и давал важные поручения женщинам с преданными сердцами.

Мы обнаруживаем, что Бог призывал некоторых женщин и дозволял им являть Его деяния, и примером тому – Девора из Ветхого Завета, которая обладала стойким и мужественным сердцем, а в Новом Завете – это Дева Мария.

Иов думал о женщинах, как об ограниченных созданиях, поэтому и сказал, что «человек, рожденный женою, краткодневен». Он утверждает, что поскольку человек рожден женщиной, которая как прислужница призвана подчиняться мужчине, то жизнь человека не имеет ценности.

Мы живем обычно около 70 – 80 лет, и лишь некоторые –более 100 лет. Жизнь человека, рожденного женщиной, коротка и полна печалей.

Человек подобен цветку, который расцветает и быстро увядает, или тени, которая вскоре исчезает. Иов говорит о бессмысленности скоротечной жизни.

В Книге Екклесиаста, 12:13-14, говорится: *«Выслушаем сущность всего: бойся Бога и заповеди Его соблюдай, потому что в этом все для человека; ибо всякое дело Бог приведет на суд и все тайное, хорошо ли оно, или худо».*

Библия говорит нам, что если мы не боимся Бога и не пребываем в Слове Его, то мы ничем не отличаемся от животных (Кн. Екклесиаста, 3:18). Бог однозначно вынесет на суд каждое действие, все тайное, будь то хорошее или плохое. Если мы не имеем страха Господнего и не живем по Слову Его, то чем бы мы ни обладали – богатством, славой, властью, мудростью, – все суета сует (Кн. Екклесиаста, 1). Без страха Господнего – впереди лишь ад, то есть вечная смерть.

Автор Екклесиаста понимал духовное значение этого и говорил, что все бессмысленно под солнцем. Но Иов этого не понимал. Он просто говорил, что жизнь бессмысленна.

Буквальный смысл слов Иова кажется правильным, но в

духовном плане он не совсем верен. Как говорил Иов, жизнь человека длится лишь 70 или 80 лет, имея в виду, что она коротка. Но в духе, те, кто веруют в Бога и живут по Слову Его, обретут вечную жизнь и будут жить вечно в Небесном Царстве. Разумеется, те, кто не веруют в Бога, окажутся в аду, где их ждут вечные муки.

И еще: говоря, что жизнь человека пресыщена печалями, Иов подразумевает не только свою настоящую жизнь, но также и прошлую. А в прошлом у Иова было немало радостных моментов, но так как в настоящий момент он страдал, то не признавал и своего прошлого.

Кроме того, выражение «пресыщен печалями» противоречит тому, что должно происходить с верующими. Те дети Божьи, которые получили в дар Святого Духа, наполнены радостью и весельем. День встречи с Господом все ближе и ближе, и тот, кто старательно трудится, обретет Царство Божье и праведность Его, поэтому они и радуются.

Мы, дети Божьи, не должны расцвести лишь на мгновение и скоро завять, подобно цветам. Нам следует всегда быть наполненными Духом, обновляться каждое мгновение, для того чтобы наша душа процветала. Плотским людям следует отречься от плоти, чтобы, изменившись, стать людьми духовными.

2. Иов утверждает, что Бог предопределил все по Своей воле

«И на него-то Ты отверзаешь очи Твои, и меня ведешь на суд с Тобою? Кто родится чистым от нечистого? Ни один. Если дни ему определены, и число месяцев его у Тебя, если Ты положил ему предел, которого он не перейдет, то уклонись от него: пусть он отдохнет, доколе не окончит, как наемник, дня своего» (14:3-6).

Как же плачевны были обстоятельства, в которых Иов теперь оказался! Иов протестует против того, что Бог отверзает очи свои на бесполезность человека и ведет его на суд с Собой.

Иов сказал, и это правда, что очи Бога – на нем. Но Бог не вел его на суд. Это не Бог навлек на него суд, а сам Иов стал причиной этого.

Очи Бога всегда на людях, потому что Он любит нас. Он наблюдает за нами, чтобы спасти, позволить нам отступиться от грехов и стать освященными детьми, которые любят Бога.

Иов наслышан о Боге из историй, рассказанных праотцами. В действительности же он не знал любви Божьей.

В 4-м стихе Иов говорит: «Кто родится чистым от нечистого?». И сам же делает вывод – никто! Подобный вывод показывает нам, насколько он был высокомерен. К тому же, сказанное им – неправда.

Бог может сделать все. До того как мы приняли Иисуса Христа, мы были детьми тьмы и жили в скверне греха. Но когда мы уверовали в Иисуса Христа, Бог дал нам в дар Святого Духа, и мы можем очиститься от пороков и стать истинно освященными детьми Божьими. Иов же отрицает этот факт и тем самым препятствует делам веры.

В 5-м стихе говорится: «Если дни ему определены, и число месяцев его у Тебя...». Иов протестует против того, что Бог предопределил все. Иов имеет в виду то, что Бог заранее определил ему страдания, которым он подвергся.

Иов думал о Боге, о Котором слышал от своих предков. Бог вывел Израильтян из Египта, заставив фараона подойти прямо к Красному морю, и Он разделил воды Красного моря, дозволив только Израильтянам пересечь его. Когда они достигли Мерры, Бог сделал воду горькой, а затем дозволил Моисею превратить ее в сладкую. То есть, по мнению Иова, Бог сделал все так, как Ему хотелось, и Он загодя спланировал все, позволяя одним жить, другим умирать, а кому-то получать прощение. Следовательно, он утверждает, что Бог, спланировав его судьбу, исполняет Свой замысел, приготовленный для него.

Иов смог бы выразить свои чувства, сказав: «Господь, я слабый человек, рожденный бедной женщиной. Пожалуйста, прости меня и позволь отдохнуть. Пусть закончится моя жизнь, в которой я должен делать то, что было сказано, не имея никакой свободы».

Но Бог не относится к людям, как к наемным рабочим. Бог дает нам свободную волю, чтобы мы могли выбирать то, что мы хотим. Наемные работники не имеют свободы, поскольку, для того чтобы получить зарплату, они должны выполнить работу.

Иов думал, что раз Бог захотел наказать его, так Он и наказан. Он думал, что Бог забрал его детей, потому что Ему захотелось это сделать. Бог также отобрал у него имущество и поразил его болезнью.

Если мы неверно понимаем Слово Божье, то мы начнем хулить Бога, как это делал Иов, хотя на самом деле мы сами делаем что-то не так. Однако мы не можем найти собственных промахов. Для того чтобы мы столкнулись с испытаниями и трудностями, должны быть определенные причины. В зеркале истины может отразиться все, что не верно в очах Божьих.

Иов не верно понимал Бога, считая Его Богом, Который все планирует заранее, отчего у него и возникли проблемы. И все же, благодаря непорочности, которая была в нем, он жил по Слову Божьему. Так что, после того как Бог дозволил ему эти испытания, Иов, в конечном итоге, отступился от зла, познал путь, ведущий к жизни вечной, и жил, радуясь и надеясь.

3. Иов пытается преподать Богу урок с помощью притчей

«Для дерева есть надежда, что оно, если и будет срублено, снова оживет, и отрасли от него [выходить] не перестанут: если и устарел в земле корень его и пень его замер в пыли, но, лишь почуяло воду, оно дает отпрыски и пускает ветви, как бы вновь посаженное. А человек умирает и распадается; отошел, и где он?» (14:7-10).

Иов жаловался и многое сказал Богу, но ответа все не поступало; и постепенно он стал понемногу успокаиваться. Он рассказывает сначала притчу о женщине, а затем о дереве, чтобы преподать Богу урок.

Почему Иов сказал, что у дерева есть надежда? Потому что на месте срубленного дерева, как мы можем заметить, появляются новые ростки.

Здесь же сказано: «Если и устарел в земле корень его...». Если корень находится в земле долгое время, то он стареет. Но даже если пень погибнет в сухой земле, то вода вернет его к жизни.

В 10-м стихе написано: «А человек умирает и распадается; отошел, и где он?» – и мы вновь видим, что

Иов заблуждается. Физически, когда человек умирает, он превращается в горстку праха земного. Испустив последний вздох, человек теряет силу. И все, что он имел, к примеру известность, власть, все, что он сделал, смерть превратит в ничто. Умершего человека уже не будет на этой земле.

Эти слова Иова не совсем верны. Те, кто верят в Бога и умирают спасенными, возродятся в новом воскрешенном теле во время Второго пришествия Господа Иисуса и будут восхищены на Небеса. Вот почему Библия говорит, что, когда верующие умирают, они засыпают (От Иоанна, 11:11). Тело вновь обратится в горстку праха, но дух никогда не умрет. Он вновь соединится с воскрешенным телом и будет жить вечно.

Фарисеи времен Иисуса Христа верили в то, что в них был дух. Они верили также в то, что верующие войдут в Небесное Царство. саддукеи же считали, что духа нет и что, испустив последний вздох, человек лишь умирает и разлагается в земле. Иов мыслил так же, как саддукеи.

«Уходят воды из озера, и река иссякает и высыхает: так человек ляжет и не встанет; до скончания неба он не пробудится и не воспрянет от сна своего. О, если бы Ты в преисподней сокрыл меня и укрывал меня, пока пройдет гнев Твой, положил мне срок и потом вспомнил обо мне!» (14:11-13).

Вода из озера, испаряясь, поднимается ввысь, но в конечном итоге она возвращается обратно в виде дождя. Поэтому воды в озере не становится меньше. Если бы водоем обмелел, то высохли бы все ручьи и реки. Так как Иов многое знал, то он понимал, что воды в озере меньше не станет. Но если же она все-таки уменьшится, то это, очевидно, скажется на ручьях и реках. Он разъясняет этот основной принцип.

И еще он говорит: «Так человек ляжет и не встанет». Что тоже не верно. Нищий Лазарь, в ком был страх Господень, был отнесен на лоно Авраамово. Когда человек умирает, то неправильно думать, что он больше не встанет: он может восстать, воскреснуть и жить вечно.

Тогда, что же означают слова «до скончания неба он не пробудится и не воспрянет от сна своего»? Это не означает, что Иов знает, что небо и земля исчезнут, как это написано в Книге Откровения.

Очень часто, когда происходит что-то невероятное, мы произносим: «Такое невозможно, даже если небеса и земля поменяются местами». Иов говорит об этом, подразумевая, что небеса и земля исчезнуть не могут. Если небо исчезнет, то человек может выжить, хотя в действительности небо существует вечно, поэтому его исчезновение невозможно. То есть Иов говорит, что человек не пробудится до скончания неба, фактически утверждая, что он не пробудится вовеки.

Иов делает вывод, что небеса существовали прежде и будут существовать вечно, так что исчезнуть они не могут. Тем самым, он объясняет, что человек умирает и воскрешения не произойдет.

В 13-м стихе говорится: «О, если бы Ты в преисподней сокрыл меня и укрывал меня, пока пройдет гнев Твой, положил мне срок и потом вспомнил обо мне!».

Иов понимает так, что преисподняя – это лишь место, где вечно покоятся мертвые. Поэтому он просит Бога укрыть его в преисподней, которая пребывает в небытии. Какую же он чувствовал боль, если говорит такое!

Иов думает, что Бог гневается на него из-за грехов, которые он совершал в юности, и поэтому посылает ему такие напасти. Он думает, что Бог наказал его, и Он запланировал это заранее, но настанет день, и Его гнев уляжется. Вообще-то между людьми, в какой-то момент, может быть неприязнь, но потом их сердца открываются навстречу друг другу.

Хотя это и будет смерть, он все равно желал, чтобы Бог сокрыл его в преисподней, но ему хотелось бы также, чтобы Бог определил и срок этому. То есть Иов просит Бога сокрыть его в преисподней и вспомнить о нем, когда отведенное ему время подойдет к концу и гнев Его пройдет. Если Бог не вспомнит о нем, то он умрет навеки, а вот этого он не хочет.

Итак, что Иов хочет, чтобы Бог делал? Иов говорит, что дерево, если и будет срублено, снова оживет; Иов же был несчастным человеком, рожденным женщиной, не представляющей никакой ценности. Более того, он страдает от проказы, и это делает его еще более несчастным. Поскольку положение его столь жалко и безнадежно, он хочет, чтобы Бог помнил о нем и вновь пробудил его позже.

4. Помнить свое прошлое, принимая Божью любовь

«Когда умрет человек, то будет ли он опять жить? Во все дни определенного мне времени я ожидал бы, пока придет мне смена. Воззвал бы Ты, и я дал бы Тебе ответ, и Ты явил бы благоволение творению рук Твоих; ибо тогда Ты исчислял бы шаги мои и не подстерегал бы греха моего; в свитке было бы запечатано беззаконие мое, и Ты закрыл бы вину мою» (14:14-17).

Теперь Иов изменил свои доводы. Он просил Бога вспомнить о нем и возродить его, даже если он умрет и будет покоиться в преисподней. Но теперь он уже говорит, что, если человек умрет, он не сможет «опять жить».

И что означает следующее: «Во все дни определенного мне времени я ожидал бы, пока придет мне смена»?

Это означает, что Иов страдает, но если бы у него была надежда на то, что он может ожить, как дерево, после того как его срубят, то ему бы не пришлось жаловаться на Бога.

Если бы у него была надежда на то, что он вновь будет жить, он бы терпел и ждал. Но так как все будет иначе, а именно, смерть означает необратимый конец, то теперь он будет выражать недовольство, сколько пожелает.

Если наше сердце такое же, как у Иова, то мы должны избавиться от всякой неправды в нем.

Иов не получил Святого Духа в сердце свое, ведь он жил во времена Ветхого Завета, а мы можем получить помощь Святого Духа как Божьи дети, получившие в дар Святого Духа, поэтому мы не должны поступать так же, как Иов.

Прежде Иов полагался на Бога, и поэтому делал жертвоприношения от имени своих детей, беспокоясь о том, что они могли согрешить. Притом, что Иов делал эти жертвоприношения, он никогда не встречался с Богом и не слышал Его голоса. Более того, даже в его страданиях Бог не приходил к нему и не отвечал на его мольбы.

Иов думал о своем прошлом. Он полагал, что, если бы Бог воззвал к нему, когда он совершал всесожжение, он бы ответил Богу. Чтобы убедить в этом Бога, Иов вспоминает лучшие дни из своего прошлого.

Прежде он обладал богатством, образованием, здоровьем, и его добродетельное поведение позволяло ему оказывать влияние на других людей. В те времена Бог дал ему богатство, и как же Он ценил его!

В 16-м стихе говорится: «Ты исчислял бы шаги мои и не подстерегал бы греха моего». Он имеет в виду, что теперь Бог изменил Свое отношение: Бог исчисляет его шаги, чтобы выявить грех, совершенный им в юности. Бог лишил его собственности и обрек на страдания.

Иов как бы говорил: «В то время Ты любил меня и благословлял изобилием. Насколько я был дорог Тебе! Если бы Ты воззвал ко мне: „Иов!" – то я бы ответил. Но сейчас почему Ты оставил меня? Почему Ты относишься ко мне, как к отвратительному преступнику?».

А что означает 17-й стих, в котором говорится: «В свитке было бы запечатано беззаконие мое, и Ты закрыл бы вину мою»?

Если беззаконие запечатано в свитке, то оно не выйдет наружу. Аналогично этому, если вина укрыта, она не обнаружится. Иов имеет в виду, что Бог выходит за пределы допустимого, исчисляя шаги его и считая преступником. Как сильно, должно быть, Иов страдал, чтобы сказать такое!

«Но гора, падая, разрушается, и скала сходит с места своего; вода стирает камни; разлив ее смывает земную пыль: так и надежду человека Ты уничтожаешь» (14:18-19).

Если гора разрушается, то ее очертания исчезают. Камни меняют свое положение. Если вулкан извергается, то он сносит вершину горы, и вся территория вокруг покрывается лавой.

Почему Иов использует именно такое иносказание в разговоре с Богом. Здесь Иов сравнивает себя с высокими горами и твердыми камнями. Он привык быть заметным, словно гора, быть богатым и иметь авторитет. Но поскольку Бог разрушил эту гору, он превратился в бесполезную груду камней.

В стихе 19-м говорится: «Вода стирает камни; разлив ее смывает земную пыль: так и надежду человека Ты уничтожаешь».

Если вода будет течь долгое время, то она разрушит даже камни. В одной капле воды нет силы, но если она будет падать сотни или тысячи лет, то даже в твердых камнях образуются углубления.

Иов говорит, что «разлив ее смывает земную пыль». Земная пыль настолько мелка, что ее с трудом можно увидеть. Даже небольшое количество воды может смыть камни, а почему же он говорит, что разлив смывает земную пыль? Почему Иов, который многое знал, сказал нечто такое, что кажется нелогичным?

Здесь слово «вода» отражает величие Бога. Иов язвительно говорит о Боге, Который обладает такой же силой, но при этом Он топчет и уничтожает того, кто является лишь прахом земным.

Иов говорит: «Прежде чем Ты сокрушил меня, я был тверд, как камень, и прочен, как сталь. Я был богат, и в моей семье был мир. Но как вода стирает камни, так Божье могущество погубило мое крепкое, как кремень, тело, лишило собственности и прекрасной семьи. Так же, как разлив смывает земную пыль, Ты Своей высочайшей властью смываешь прочь того, кто является лишь земной пылью! Ты превратил меня в ничто. Ты уничтожил все мои надежды».

Но Иов ошибается, полагая, что Бог разрушает надежды людей. В действительности же Бог дает надежду людям.

Он желает, чтобы человечество было счастливым, и Он хочет благословить нас во всем, чтобы мы здравствовали и преуспевали, как преуспевает наша душа.

> «Теснишь его до конца, и он уходит; изменяешь ему лицо и отсылаешь его. В чести ли дети его – он не знает, унижены ли – он не замечает; но плоть его на нем болит, и душа его в нем страдает» (14:20-22).

Представьте себе, что между пятилетним ребенком и двадцатипятилетним молодым человеком возникла борьба. Кто должен уступить? Даже если пятилетний малыш бранится и пытается драться, тот, кому двадцать пять, не должен воевать с малышом. Это все равно, что плевать самому себе в лицо. Ему следует или уступить, или же просто избегать подобных ситуаций.

Иов говорит, что Бог, обладая такой властью, пытается настичь и низвергнуть того, кто ничем не лучше земной пыли. «Теснишь его до конца, и он уходит» – это означает, что Бог, пытаясь одержать над ним полную победу, отобрал у него собственность, здоровье и мир в семье. И, как результат, Бог заставит Иова покинуть этот мир и отправиться в преисподнюю.

Слова же «изменяешь ему лицо и отсылаешь его» означают, что внешность Иова изменилась очень сильно: его лицо то краснело, то бледнело, то желтело.

О чем говорят нам слова из 21-го стиха: «В чести ли дети его – он не знает»? Иов привык быть богатым и почитаемым. Он веровал в Божьи благословения, поэтому приносил жертвы в благодарность Богу. Однако, несмотря на то, что он делал это в прошлом, ныне он ничем не отличался от праха земного. Так в чем же смысл прошлых благословений? Именно об этом и говорит Иов.

Неважно, насколько он был счастлив прежде, Бог все равно отнял у него все, поэтому ему даже не стоит вспоминать прошлое. И поэтому он не может испытывать благодарность.

Кроме того, он говорит о своей униженности, хотя сам этого не ощущает. Он не считает себя ничтожным, напротив, у него были мудрость, знания, так что его друзьям не стоило даже начинать говорить при нем. Он смотрел свысока на своих друзей и, к тому же, спорил с Богом. Он не чувствовал себя незначительным человеком.

Так как теперь Иов опустился крайне низко, то ему, чтобы покаяться и измениться, необходимо было осознать свою ничтожность. Но вот этого он и не понимал. Он спорил, доказывая, что был почитаем всеми; это Бог превратил его в жалкого человека, а он не ничтожен.

Как вы себя ощущаете? Не стоит огорчаться из-за собственной незначительности. Мы должны думать о себе, сопоставив себя с истиной, чтобы ясно понимать, где мы. Только после этого мы сможем найти решение своих проблем. Если возникли проблемы в семье, финансовые трудности или трудности в бизнесе, то нет сомнения, что на это есть причина. Найти причину и обратиться на путь истинный – это благословение.

Те, кто обвиняют других, вместо того чтобы понять себя, не смогут улучшить своего положения.

В 22-м стихе Иов возвратился к реальности и обратил свой взор на самого себя. Он не чувствовал собственной ничтожности, тогда как в действительности его плоть распадалась, а сердце было разбито.

Поскольку Иов обвинял лишь Бога и не пытался найти в себе недостатки, то он не мог ни понять себя, ни покаяться.

Глава **15**

Вторая речь Елифаза Феманитянина

1. Давайте не спорить

2. Насмешливый и необузданный разум

3. Враждебность Елифаза разгорается

4. Елифаз пытается наставлять Иова по слову отцов своих

5. Елифаз проклинает из зависти и ревности

«Не уйдет от тьмы; отрасли его иссушит пламя и дуновением уст своих увлечет его» (Книга Иова, 15:30).

1. Давайте не спорить

«И отвечал Елифаз Феманитянин, и сказал: станет ли мудрый отвечать знанием пустым и наполнять чрево свое ветром палящим, оправдываться словами бесполезными и речью, не имеющею никакой силы?» (15:1-3).

Друзья Иова полагали, что Иов был мудрым человеком, однако чем больше они слушали его, тем больше считали его глупцом. Ведь мудрый человек не станет отвечать «знанием пустым», подобным палящему ветру.

Никто не может обхватить или вобрать его в себя. Иов продолжал оправдываться, приводя бесполезные доводы, и его речи были подобны попыткам поймать ветер.

Эти слова Елифаза действительно верны. Но хотя Елифаз и укорял Иова, согласуясь с истиной, пользы от этого не было никакой, так как это все больше и больше ухудшало отношение Иова к своим друзьям.

Когда чьи-то чувства задеты, то даже справедливые и уместные замечания не будут приниматься. Упреки, скорее, вызовут в нем еще большее раздражение. Так что, если вы мудры, то промолчите в такой ситуации.

«Да, ты отложил и страх и за малость считаешь речь к Богу. Нечестие твое настроило так уста твои, и ты избрал язык лукавых. Тебя обвиняют уста твои, а не

я, и твой язык говорит против тебя» (15:4-6).

Прежде, когда Иов был богат, он приносил Богу всесожжения с благоговейным страхом Божьим. Теперь же он жалуется на Бога, считая Бога плохим. Одна из причин, по которой Иов стал спорить с Богом, заключается в его препирательствах с друзьями, поэтому и они ответственны за его поступки.

По словам Елифаза, Иов утверждает, что он непорочен и справедлив, но слова, исходящие из его уст, обличают его и доказывают, что он грешник.

Почему Елифаз говорит, что Иов лукавый?

Раньше Иов боялся Бога и служил Ему, теперь же все стало наоборот. Вот почему Елифаз считает Иова лукавым.

Но внутреннее сердце Иова не было лукавым. Как написано в первой главе Книги Иова, он был человеком непорочным и справедливым. Если брать в расчет слова Иова, то мнение Елифаза покажется справедливым. Но очень часто бывает так, что человек говорит не то, что у него на сердце. И теперь Иов довольно быстро превратился в лукавого человека, потому что он не знал истины; однако это не означает, что его лукавство – от внутреннего сердца.

Елифаз говорит Иову: «Ни я тебя обвиняю. Это уста твои обвиняют тебя». То же самое происходит и с теми, кто ссорится друг с другом. Вначале они просто разговаривают, но если разгорается спор, то они переходят на оскорбления. И хотя каждый считает себя правым, со стороны видно, насколько они наполнены злом.

Следовательно, споры обижают людей, ожесточают их сердца, озлобляют и толкают на греховные поступки. В спорах нет пользы. Они просто нелепы. Они становятся причиной озлобленности людей и провоцируют на проявление еще большего зла. Если из-за меня кто-то злится, то это означает, что я толкаю этого человека на грех.

2. Насмешливый и необузданный разум

«Разве ты первым человеком родился и прежде холмов создан? Разве совет Божий ты слышал и привлек к себе премудрость? Что знаешь ты, чего бы не знали мы? что разумеешь ты, чего не было бы и у нас?» (15:7-9).

Первым человеком, появившимся на земле, был Адам. Елифаз прекрасно знал, что Иов не был первенцем. Вначале Бог сотворил небеса и землю и все в них, и лишь на шестой день Он создал человека. Так что холмы существовали прежде, чем был сотворен человек. Елифаз задает вопрос, зная ответ на него, то есть, что первыми появились холмы.

Не дано человеку постичь скрытую волю Божью. И кроме того, совершенно невозможно, чтобы Иов обладал всей полнотой мудрости. Елифаз, в данном случае, просто иронизирует в разговоре с Иовом.

И потом, почему друзья Иова стали такими насмешливыми? Все из-за слов Иова, который сказал, что поскольку ни один из них ни в чем не мог состязаться с ним, то он желает спорить лишь с Богом. Но, услышав, как Иов спорит с Богом, они сочли это абсурдным. Мысли же самих друзей путались, и от этого они становились еще более циничными. Чувствуя упрямство Иова, они упрекали его за это.

Они могли сказать: «Иов, то, что знаешь ты, знаем и мы,

и понимаем все то, что понятно тебе».

Здесь следует понимать, что подобные споры являются причиной тревог, испытаний и искушений, которые приходят из-за обвинений сатаны. Споры возникают оттого, что обе стороны обременены знаниями. Все начинается с обыденных разговоров, но, по мере разгорания спора, люди теряют самообладание, а порой, даже начинают оскорблять друг друга.

Божье слово говорит нам, что тот, кто служит, превыше того, кому служат, и убеждает нас побеждать зло добром. Так что же хорошего в том, чтобы, отстаивая свое достоинство, потом враждовать с другими?

Власть Иисуса была велика, но Он ни с кем не спорил. Когда другие люди не принимали того, что Он говорил, и готовы были забросать Его камнями, Он просто уходил (От Иоанна, 8:59), и Он никогда не *«воспрекословит, не возопиет»* (От Матфея, 12:19-20). Нам следует иметь такой же характер, как у Иисуса Христа.

«И седовласый и старец есть между нами, днями превышающий отца твоего. Разве малость для тебя утешения Божии? И это неизвестно тебе?» (15:10-11).

Здесь Елифаз описывает, как выглядят его друзья и обстоятельства их жизни. Несмотря на то, что один намного старше другого, если уровень их знаний одинаков и оба уважительны друг к другу, то они смогут быть друзьями. Елифаз спрашивает Иова: как же он может выказывать такое неуважение к тому, кто старше его отца?

До этого момента его друзья обращались к Слову Божьему с сердцем Бога.

«Мы утешаем тебя по Слову Божьему, так почему же ты отвергаешь нас? Не потому ли, что ты относишься к нам высокомерно?».

В действительности же, когда друзья Иова старались утешить его по Слову Божьему, это не успокаивало его, а напротив, сердило еще больше. От этого все больше зла и грехов выявлялось в Иове. Иов и его друзья теперь совершали один и тот же грех.

Но нам следует также понимать и то, что вина друзей Иова гораздо больше, чем его собственная. В последней части Книги Иова Бог укоряет друзей в большей степени, чем Иова, и Он говорит ему молиться о прощении грехов его друзей.

Мы должны помнить об этом. Если один из ваших братьев сердится из-за вас, то ваша вина серьезнее, чем его.

«К чему порывает тебя сердце твое и к чему так гордо смотришь? Что устремляешь против Бога дух твой и устами твоими произносишь такие речи?» (15:12-13).

В споре с Иовом Елифаз доходит до высшего накала своих чувств. Он упрекает Иова за то, что тот идет против Бога и высокомерно относится к своим друзьям.

«К чему порывает тебя сердце твое и к чему так гордо смотришь» – эти слова означают, что, продолжая спорить, стороны настаивают на своей правоте и, вполне естественно, между ними нарастет враждебность. Злость вызывает прилив крови, от чего краснеют их лица, а порой и глаза наливаются кровью. Глядя со стороны на этих людей, может показаться, что их глаза блестят. Но это не благостный блеск, а блеск недобрый.

А если они будут продолжать спорить, то начнут трястись и содрогаться всем телом. И дойдет до того, что они потеряют контроль над своим разумом, и тогда их уста не будут говорить истину. Иов и его друзья достигли именно этой стадии злости.

Елифаз говорит: «Что устремляешь против Бога дух твой и устами твоими произносишь такие речи?». Но он не осознавал, какой дух был в нем самом, когда он это говорил. Друзья просто пытались преподать урок Иову по Слову Бога, Кто есть Истина, но Иов пренебрег их словами. Поэтому Елифаз и говорит, что Иов противостоит Слову Божьему. Елифаз считает, что слова Иова – это не только то, что исходит с его уст, но и то, что у него на сердце.

Иногда наши слова исходят из глубин нашего сердца, а бывает, что мы говорим то, чего нет у нас в сердце. Если мы произносим не то, чем наполнено наше сердце, то это значит, что мы лжем. Кроме того, не преднамеренно, но все же, иногда, мы произносим необдуманные слова. И это тоже разновидность лжи. Потому что то, что у нас на сердце, выражается через наши уста.

Бывает, что люди в нетрезвом виде говорят много всякой бессмыслицы. Пьяные иногда придираются к людям, в чем-то обвиняют их. Это не просто слова, которые они произносят, это то, что действительно у них на сердце. В нормальном состоянии они могут контролировать себя, уста же опьяневшего человека выражают то, что у него на сердце.

И это естественно, что наши уста отражают состояние нашего сердца. Если мы честно живем в истине, то и произносить мы будем те слова, что у нас на сердце.

3. Враждебность Елифаза разгорается

«Что такое человек, чтоб быть ему чистым и чтобы рожденному женщиною быть праведным?» (15:14).

В Библии есть немало людей чистых. Моисей был кротчайшим из людей на земле, верным во всем доме Божьем (Числа, 12:3-7).

Когда Стефан проповедовал людям Слово Божье, они исполнились злобой и до смерти забили его камнями.

> *«И побивали камнями Стефана, который молился и говорил: Господи Иисусе! приими дух мой. И, преклонив колени, воскликнул громким голосом: Господи! не вмени им греха сего. И, сказав сие, почил» (Деяния, 7:59-60).*

Стефан умирал, будучи безгрешным, но он молился о прощении тех, кто убивал его. Каким же чистым было сердце его!

Почему же Елифаз так говорит?

Елифаз знал свое нечистое сердце. Это было злое и скверное сердце. И когда он думал о людях, окружавших его, то полагал, что их сердца тоже не чисты. Поэтому он пришел к выводу, что чистым сердцем не обладал никто.

Кроме того, Елифаз считал женщин никчемными созданиями, а поэтому нет ни одного праведного среди рожденных женщиной. Это неверно как в физическом, так и в духовном плане.

К примеру, адмирал Сун Шин Ли был верен корейскому народу, предан своим родителям, любил всех своих братьев и сестер. Он был незаслуженно обвинен и сослан, но, в связи с кризисом в стране, ему было приказано вернуться и отправиться воевать на фронт. Несмотря на это, он не роптал против императора, наказавшего его. Он пожертвовал жизнью за страну, за свой народ, родителей, братьев и сестер.

Разве мы можем сказать, что этот человек не был праведным? Безусловно, мы можем говорить, что есть праведные среди рожденных женщиной.

То же самое и в духе. Когда мы открываем свое сердце и принимаем Иисуса Христа как своего Спасителя, мы получаем в дар Святого Духа. От Святого Духа рождается наш собственный дух, который из-за наших беззаконий был мертв.

В Послании к Римлянам, 10:10, говорится, что мы сердцем веруем к праведности, а устами исповедуем ко спасению. Те, кто истинно веруют в Бога, будут избавляться от всех грехов и противостоять им вплоть до последней капли крови. Так как они избавились от неправды и живут по Слову Божьему, их покаяние будет истинным, и они будут оправданы Богом.

На этот момент Елифаз становится настолько разъяренным, что не может больше контролировать себя, и поэтому он говорит абсурдные вещи.

Кто-то может спросить: «Разве могут люди соблюсти все заповеди Божьи и стать освященными?». Но в Боге нет ничего невозможного. Он может изменить наше сердце в любое время.

Если мы любим Бога, соблюдаем Его заповеди и пребываем в Слове, то наши сердца будут меняться, становясь благими и святыми. И если мы получим Святого Духа и нам будет дана сила Свыше, от Бога, то мы сможем соблюсти все заповеди Божьи и стать освященными.

Когда Моисей был принцем Египта, в нем было столько зла, что он даже убил египтянина, который жестоко обращался с одним из представителей его народа. Но после этого, в течение 40 лет, он проходил через испытания в пустыне и стал кротчайшим человеком на земле.

Апостол Павел также обладал вспыльчивым характером, но, после того как он встретил Господа, произошло его полное очищение. Он изменился, став апостолом любви, и смог получить корону праведности. Иоанн и Иаков тоже были вспыльчивы, но и они изменились и стали апостолами любви.

«Вот, Он и святым Своим не доверяет, и небеса нечисты в очах Его: тем больше нечист и растлен человек, пьющий беззаконие, как воду» (15:15-16).

Быть «святым» – значит быть свободным от всякого зла, быть благим и праведным. Бог, несомненно, доверяет тем, кто свят. Он говорит: «Будьте святы, потому что Я свят», так отчего бы Ему не доверять Своим святым? Если кто-то приходит в ярость, то начинает говорить абсурдные вещи, лишенные всякого смысла.

Елифаз говорит: «... и небеса нечисты в очах Его», но почему Бог должен считать Небеса нечистыми, если Он создал небо и землю и был доволен этим?

Кроме того, Елифаз говорит: «Тем больше нечист и растлен человек, пьющий беззаконие, как воду». Быть растленным – значит уйти от праведности. Так Елифаз обличает Иова в ярости.

Иов думает о себе, что он не грешил и жил непорочной жизнью. Но друзья Иова не успокаивали, а только обвиняли и обличали его, и без того бывшего в безотрадной ситуации.

В действительности же внутреннее сердце Иова не было нечистым или растленным. Хотя его друзья и утверждали обратное.

Поскольку Иов не соглашался с ними, то друзья злились и осуждали Иова. Оказавшись в такой ситуации, Иов тоже дал волю чувствам и впал в ярость.

Что привело к таким последствиям? Все это произошло из-за споров. Чем больше в людях враждебности, тем больше они говорят бессмысленных вещей, а в худшем случае они начинают оскорблять друг друга.

4. Елифаз пытается наставлять Иова по слову отцов своих

«Я буду говорить тебе, слушай меня; я расскажу тебе, что видел, что слышали мудрые и не скрыли слышанного от отцов своих... » (15:17-18).

Итак, Елифаз говорит: «Иов, ты не слушаешь нас, поэтому позволь сказать тебе словами, которые завещали нам предки, тогда, может быть, тебе станет понятнее».

До сих пор Елифаз пытался убедить Иова посредством собственных знаний, но Иов не слышал его. Теперь же он упоминает о заветах их отцов. Заповеди, данные Моисею и другим пророкам, не исчезли, а передавались из поколения в поколение.

«... Которым одним отдана была земля, и среди которых чужой не ходил. Нечестивый мучит себя во все дни свои, и число лет закрыто от притеснителя;

звук ужасов в ушах его; среди мира идет на него губитель. Он не надеется спастись от тьмы; видит пред собою меч» (15:19-22).

Израильская земля была отдана избранному Богом народу. В Книге пророка Иоиля, 3:17, говорится: «Тогда узнаете, что Я ГОСПОДЬ – Бог ваш, обитающий на Сионе, на святой горе Моей; и будет Иерусалим святынею, и не будут уже иноплеменники проходить через него». В духовном плане, этот стих означает, что дети Божьи должны покоряться Слову Божьему и пребывать в нем. Если мы дружим с этим миром и совершаем нечестивые поступки, то сатана проникает в нашу жизнь, и мы сталкиваемся с трудностями.

«Нечестивый мучит себя во все дни свои, и число лет закрыто от притеснителя». Что означают эти слова? Итак, Елифаз, упрекая Иова, говорит, что он человек нечестивый и беспощадный.

Некоторые говорят, что нечестивые люди процветают. В действительности же нечестивых ждет погибель.

В Псалме, 1:6, говорится: *Ибо знает ГОСПОДЬ путь праведных, а путь нечестивых погибнет». А в Притчах, 24:19-20, сказано: «Не негодуй на злодеев и не завидуй нечестивым, потому что злой не имеет будущности, – светильник нечестивых угаснет».*

Бог приведет на суд и то, что хорошо, и то, что худо (Кн. Екклесиаста, 12:14), поэтому нам не следует завидовать порочным людям, которые кажутся успешными.

В 20-м стихе слово «притеснитель» указывает на такие человеческие качества, как безжалостность и жестокость. В Библии можно видеть реакцию Бога на поступки жестоких людей и притеснителей. По убеждению Елифаза, Бог уже знает, как поступить с Иовом, и это уже предрешено из-за его нечестивости и безжалостности.

В 21-м же стихе говорится: «Звук ужасов в ушах его». Какие же звуки слышал Иов? Он слышал звуки рушащегося имущества, голоса его умирающих детей и рев гибнущего скота. Но не только это! Жена отреклась от него. Родственники оставили его. Кроме того, все тело его было покрыто проказой. И Иов продолжал слышать звуки ужасов.

Действительно ли Иов преуспевал прежде? Он казался преуспевающим, но когда столкнулся с искушениями и испытаниями, то услышал лишь звуки ужасов, и все обрушилось в одно мгновение. И Иов не видел выхода из этих мучительных испытаний.

Во второй части 21-го и в 22-м стихе сказано: «Среди мира идет на него губитель. Он не надеется спастись от тьмы; видит пред собою меч». О чем говорят нам эти слова?

Меч – оружие разрушения. Слова «видит перед собой меч» имеют отношение к ситуации Иова, когда люди насмехались над ним, презирали его, и он мучился от душераздирающей боли. Поскольку он «видел перед собой меч», то не мог даже надеяться на то, чтобы вернуться из тьмы.

Елифаз говорит: «Иов! Ты – нечестивый и беспощадный. Ты казался преуспевающим, но по Божьему промыслу ты был проклят. Ты видишь перед собой меч, поэтому даже не надейся избежать этих испытаний. Нечестивых притеснителей ждет погибель. Все, что остается тебе теперь, – это презрение и насмешки людей».

Можете себе представить, как разозлился Иов, услышав подобные замечания! Он был обвинен в нечестивости и безжалостности, в то время как он думал, что жил непорочной жизнью.

> «Он скитается за куском хлеба повсюду;
> знает, что уже готов, в руках у него день тьмы.
> Устрашает его нужда и теснота; одолевает его,
> как царь, приготовившийся к битве, за то, что он
> простирал против Бога руку свою и противился
> Вседержителю» (15:23-25).

Вот что Елифаз здесь имел в виду: поскольку Иов был полностью разорен, то теперь он был вынужден скитаться в поисках еды, заимствуя ее у других людей. Не сумев вырваться из тьмы, Иов в итоге осознал бы, что у него нет возможности восстановиться, и, кроме как страдать еще больше, ничего другого ему не остается.

Страдая и терпя боль, Иов боялся Бога. Он говорил бы более грубо, если бы не был богобоязненным, но он контролировал себя из-за страха Божьего. Кроме того, если бы царь многие годы готовился к нападению на врага, насколько легче было бы ему выиграть сражение?

Елифаз объясняет, что Иов простер руку против Бога, поэтому и терпит такие муки. С точки зрения друзей, Иов противостоял Богу и замахнулся на Небеса.

Например, когда два человека ссорятся, они, порой, размахивают руками и отстаивают свою правоту с пеной у рта. Елифаз объясняет все произошедшее с Иовом тем, что он самонадеянно противостоял Всевышнему.

Мы не должны судить других. Друзья же судили Иова как нечестивого, безжалостного и высокомерного человека, основываясь лишь на его словах, поэтому Иов не соглашался с ними. Внутреннее сердце Иова на самом деле не было нечестивым.

Но так как друзья Иова не знали всего о нем и представляли его по-своему, то и он, не получив от них помощи, говорит, что предпочитает спорить с Богом, а не с ними.

«Устремлялся против Него с гордою [выею], под толстыми щитами своими; потому что он покрыл лицо свое жиром своим и обложил туком лядвеи свои. И он селится в городах разоренных, в домах, в которых не живут, которые обречены на развалины» (15:26-28).

Слова «устремлялся против Него с *гордою* выею» описывают надменность, из-за которой люди не покоряются Богу. Это относится и к Иову. Выражение «он покрыл лицо свое жиром своим» символизирует материальные богатства. Елифаз говорит, что Иов стал надменным из-за своего богатства.

Разбогатев, царь Соломон начал поклоняться идолам и оставил Бога. Когда Израильский народ самозабвенно поклонялся Богу, то заметно преуспевал. Но, живя в изобилии и забыв о трудностях, они предали Бога и стали поклоняться идолам. И тогда Бог отвернулся от них, и на них обрушились Его проклятия, вследствие которых они подверглись натиску со стороны соседних стран, были захвачены в плен и обращены в рабов.

Если в стране разруха, то в городах царит запустение, никто не живет в них, и лишь бродячие животные рыскают среди руин. Люди скитаются в поисках еды или прячутся в горах, где устраивают себе жилища в пещерах, или занимаются земледелием на склонах холмов.

Елифаз говорит, что Иов именно из таких людей.

Иов, потеряв детей и все имущество, оказался в жалком положении, без еды и терпя боль от проказы. Елифаз же пытается наставлять Иова словами, которые им завещали их мудрые отцы.

5. Елифаз проклинает из зависти и ревности

«Не пребудет он богатым, и не уцелеет имущество его, и не распрострется по земле приобретение его. Не уйдет от тьмы; отрасли его иссушит пламя и дуновением уст своих увлечет его» (15:29-30).

Теперь друзья Иова проклинают его, так почему же они это делают? Когда Иов был богатым, помогал другим и пользовался всеобщим уважением, они, притворяясь, что любят Иова, дружили с ним. Но их сердца были исполнены зависти и ревности.

И, поскольку казалось, что Иов идет к погибели и хулит Бога, они выговаривали ему, но вместе с этим вышли наружу их зависть и ревность. Вот почему они проклинают Иова и говорят, что Иов не будет таким же богатым, как прежде, а его владения не преумножатся.

Сказав, что он «не уйдет от тьмы», они имели в виду, что Иов не сможет выбраться из сложившегося положения.

Выражение «отрасли его иссушит пламя» означает, что даже посевы его засохнут, подразумевая, что надежды – нет. Иначе говоря, Иову не избежать проклятия.

Какой смысл заключен в словах «и дуновением уст Своих увлечет его»? Бог сотворил небеса и землю по слову Своему. Поэтому, если дуновение «уст Своих» Бог направит против Иова, то всему придет конец. А дуновение уст Его направлено против надменных.

На самом деле, это верно, но не совсем применимо к Иову.

«Пусть не доверяет суете заблудший, ибо суета будет и воздаянием ему. Не в свой день он скончается, и ветви его не будут зеленеть. Сбросит он, как виноградная лоза, недозрелую ягоду свою и, как маслина, стряхнет цвет свой» (15:31-33).

Во времена Иисуса фарисеи, книжники и первосвященники соблюдали Закон и потому считали себя праведными. Но Иисус с упреком говорил им, что они подобны окрашенным гробам. Они распяли своего Спасителя, не признав в Нем Спасителя, хотя видели Его собственными глазами. Однако они думали, что хранят закон Моисеев и являются истинно верующими в Бога. В действительности же они обманывались, а в конечном итоге погибли.

«Иов, ты считаешь себя праведным, но ты обманываешь себя. Ты навлекаешь на себя погибель. Ты лишился всего, и у тебя ничего уже не осталось. Прежде чем наступит день, до того как ты увидишь свет, все эти проклятия обрушатся на тебя. Погибель настигнет тебя еще до того, как ветвь зазеленеет. Даже и не помышляй о том, чтобы поправиться».

Елифаз говорит Иову, что нет никакой надежды на восстановление.

Если недозрелую виноградную ягоду источит червь или ее сорвет ветром, то проку от нее не будет никакого – об этом и говорится в 33-м стихе. Если же с оливкового дерева ветер стряхнет цвет, то плодов не будет, а поэтому цветение окажется бесполезным. Елифаз утверждает, что такова и жизнь Иова.

Давайте рассмотрим теперь духовный смысл, заключенный в виноградной лозе. Иисус сказал, что Он есть лоза, а мы ветви (Евангелие от Иоанна, 15:5). Только когда ветви соединены с лозой, они цветут и приносят плоды. Если же ветвь отпадет от лозы, она засохнет, и в конечном итоге ее бросят в огонь.

Если мы отступаем от Иисуса Христа, а именно, не живем в истине, то становимся подобными сорной траве, и нам не спастись от страданий, оказавшись в огне Страшного суда. Это похоже на недозрелую ягоду, упавшую с виноградной лозы.

«Так опустеет дом нечестивого, и огонь пожрет шатры мздоимства. Он зачал зло и родил ложь, и утроба его приготовляет обман» (15:34-35).

Елифаз сравнивает Иова с безбожниками и нечестивцами и осуждает его за зло и мздоимство.

Почему он так говорит?

В то время, когда Иов был богат, он помогал многим людям и был великодушен с ними. От тех, кто получал его помощь, он принимал подношения. Друзья Иова смотрели на все это с завистью и ревностью, а когда их споры стали более яростными, они, из-за возрастающего чувства неприязни, заявили, будто бы Иов был мздоимцем.

Конечно же Иов не получал никаких взяток. Из всего этого мы можем заключить, насколько завистливы и ревнивы были его друзья!

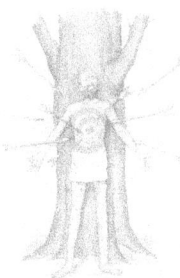

Глава **16**

Иов во всем обвиняет Бога

1. Бессмысленные «ветреные» слова

2. Иов приходит к осознанию самого себя

3. Иов говорит, что Бог «покрыл его морщинами» и разрушил всю его семью

4. Иов говорит, что Бог терзает его

5. Благословения, заключенные в испытаниях

6. Да удалит каждый свою гордыню

7. Иов настаивает на своей правоте

«Я был спокоен, но Он потряс меня; взял меня за шею и избил меня и поставил меня целью для Себя. Окружили меня стрельцы Его; Он рассекает внутренности мои и не щадит, пролил на землю желчь мою» (Книга Иова, 16:12-13).

1. Бессмысленные «ветреные» слова

«И отвечал Иов, и сказал: слышал я много такого; жалкие утешители все вы! Будет ли конец ветреным словам? и что побудило тебя так отвечать?» (16:1-3).

En secouant la tête, Job dit que ses amis sont des consolateurs fâcheux. Pourquoi Job dit-il cela?

Потрясая головой, Иов называет друзей жалкими утешителями. Почему Иов говорит такое?

Утешить – значит успокоить сердце человека, принести ему умиротворение. Друзья же Иова не смогли утешить его. Они лишь раздражали его и преумножали его сердечные муки.

Его друзья продолжали бранить его, и чем больше он их слушал, тем больше путались его мысли. Слова его друзей доставляли ему все больше страданий и увеличивали тяжесть на сердце. Вот что имел в виду Иов.

Тогда почему Иов пришел к выводу, что его друзья произносят «ветреные слова»?

Потому что не важно, насколько верны были их слова, а важно, чтобы за ними последовали поступки. Допустим, у дьякона «А» неожиданно возникла проблема, а дьякон «Б» приходит к нему со словами: «Если вы помолитесь, то ваша проблема разрешится и вы получите благословения».

Но дьякон «А» знает, что у дьякона «Б» немало и

своих трудностей. Поэтому он не может всерьез относиться к его советам. И хотя он старается не показывать этого, про себя он, возможно, подумает: «Почему бы ему для начала самому не помолиться и не получить ответ?». То есть такой совет вызывает только насмешку.

Не только в церкви, но и в миру мы можем услышать множество «ветреных слов». Ведь так много слов, которые не приносят пользы, а лишь ведут к непониманию и раздражению.

Точно так же слова его друзей, за которыми не следовало никаких поступков, были совершенно бесполезны для Иова. Поэтому Иов и сделал вывод, что слова их были «ветреными».

«Ветреным» словам нет конца. Они лишь ведут к спорам. Они не могут принести плоды. Поэтому их так трудно вынести, и в них нет никакой поддержки для тех, кто пребывает в унынии. Люди, настаивая на своей правоте и пытаясь выиграть спор, лишь предоставляют поле деятельности для сатаны.

«Друзья! Чем вы так раздражены, что позволяете себе так разговаривать?».

На самом деле, у друзей Иова были причины для раздражения. Но Иов думал, что он абсолютно прав, поэтому и не мог понять, что побуждало его друзей произносить столь «ветреные слова».

Иов жаловался и бранился на Бога, говоря, что Бог плох. И, кроме того, он не только не слушал советов друзей, но и смотрел на них свысока. При этом настаивая на том, что он справедлив и непорочен. Поэтому, с точки зрения друзей, он был смешным и злобным. Вот почему они говорили такие слова. Если раздражение одной стороны достигает подобного накала, то вина за это ложится на обе стороны.

Некоторые люди думают, что члены их семей или соседи преследуют их за то, что они ходят в церковь и любят Бога. Но в большинстве случаев преследования и испытания все же вызваны их собственными ошибками, недостатками или даже грехами. Если от нас исходит благоухание Христа, то никаких гонений не будет. Иногда, по Божьему провидению, мы можем подвергаться преследованиям за праведность, но это происходит не так часто.

«И я мог бы так же говорить, как вы, если бы душа ваша была на месте души моей; ополчался бы на вас словами и кивал бы на вас головою моею» (16:4).

Иов полагает, что разговоры и поступки его друзей не только не резонны, но и просто возмутительны. И теперь Иов предлагает им изменить свою позицию.

Другими словами, Иов говорит: «Если бы в моем сердце было столько же зла, сколько в вас, я бы тоже нашел слова против вас и бездоказательно обвинял бы вас, кивая на вас головой».

Нашел бы слова, то есть придумал бы их, не имея никаких доказательств, чтобы подтвердить свои слова. Это означает, что друзья Иова осуждали и обвиняли его по собственному усмотрению. По мнению Иова, их слова не имели подтверждения и основывались только на их собственном мнении, поэтому он не мог им доверять.

А отчего тогда эти кивания головой? Когда споры разгораются, люди от возмущения даже трясут головой. Теперь мы можем видеть, в каком возбуждении были друзья.

Поэтому, даже если мы не согласны с чьим бы то ни было мнением, мы не должны кивать головами. Нам нужно расстаться с подобными привычками. Это смущает другого человека, а мы, не дослушав, судим его и приходим к выводу, что слова его неверны. Так что, это действительно очень невежливо.

Сердце Иова было разбито из-за слов и поведения его друзей. И он пытается сделать так, чтобы его друзья осознали свою неправоту.

2. Иов приходит к осознанию самого себя

«Подкреплял бы вас языком моим и движением губ утешал бы. Говорю ли я, не утоляется скорбь моя; перестаю ли, что отходит от меня?» (16:5-6).

До того как начались испытания, Иов наставлял многих людей, укреплял слабых, помогал нуждающимся. По крайней мере, он совершал добрые дела, пусть даже и по плоти (Кн. Иова, 4). И хотя прежние дела Иова были плотскими, друзья Иова, в противоположность ему, ничего похожего не делали.

«Вы говорите мне, что делать и что во мне не так, в то время как сами-то ничего не делаете, и я могу вам это сказать, поскольку я действовал. Если бы это было до того, как я столкнулся с испытаниями, то я смог бы укрепить вас и облегчить вашу боль. Но что бы я сейчас ни говорил, я не могу решить ни одной из своих проблем. Даже если я буду сохранять спокойствие, разве может в моем сердце быть мир?».

Иов думал, что он говорил только хорошее, но это еще больше злило его друзей. Они были настолько рассержены, что трясли головами, только от одной мысли, что Иов не заслужил произносить подобные слова.

По их мнению, Иов находился под Божьим проклятием. Но, вместо того чтобы покаяться, он спорил с Богом и смотрел свысока на своих друзей. Это – грех. Поэтому, хотя Иов и говорил правильные слова, они не прислушивались к нему.

Иов сказал, что в прежние времена он смог бы поддержать друзей и облегчить их скорбь, но эти слова еще больше возмутили друзей.

Предположим, что есть некий человек, который в настоящее время находится не в самой лучшей ситуации. И он, пытаясь наставлять других, утверждает, что был когда-то важным человеком. Что может произойти в данном случае? Окружающие просто не станут его слушать и, вероятно, посмеются над ним.

И наоборот, если бы он объяснил причины, по которым ему пришлось столкнуться с испытаниями, то это прозвучало бы его раскаянием и, став уроком для других, принесло бы им пользу. Именно так, постепенно, Иов познавал себя.

«Говорю ли я, не утоляется скорбь моя» – и эти его слова означают, что Иов осознает факт того, что некогда он мог поддерживать других и облегчать их страдания, теперь же он не в состоянии утолить даже собственную скорбь.

Итак, давайте поразмышляем: действительно ли Иов раньше помогал другим.

Прежде слова Иова могли укрепить и ободрить других, потому что он обладал знаниями, богатством, и люди уважали его. Поэтому они прислушивались к нему. Но как в самом Иове не было жизни вечной, так и слова его не могли им дать жизни вечной.

Злые же слова Иова были результатом его болезни, а

друзья обвиняли его в грубости. Плоть – тленна, она «не пользует нимало» (От Иоанна, 6:63). Вот почему Бог должен был допустить испытания – чтобы Иов обрел истинную жизнь. Разве может человек, не способный решить собственные проблемы, решать проблемы других?

Иов говорит: «Перестаю ли, что отходит от меня?». Плотские люди не способны вынести подобных испытаний. Для того чтобы почувствовать облегчение, они должны освободиться от того, что отягчает их мысли.

Иов не был духовным человеком, поэтому ему приходилось изливать наружу свое зло, а если он сдерживался, то испытывал боль. Правда, тогда он раздражал своих друзей и сильно грешил устами.

Плотским людям нравится распространять дурные вещи о других. Даже если они помалкивают, то эта сдержанность дается им с трудом. Услышав о ком-то сплетни, они не могут хранить молчание и быстро разносят их. И только после этого им становится легче, и они успокаиваются.

Отчего же им становится легче после того, как они говорят дурное и поступают нечестиво? Плотские люди слышат голос сатаны, и, когда они, разнося сплетни, совершают зло, этим самым они успокаивают сатану. Поэтому им самим тоже становится легче.

Если мы становимся духовными людьми, с более позитивным настроем, то мы можем изменять обстоятельства на более благоприятные для себя. Но плотские люди вновь и вновь повторяют недобрые слова. Таким образом, их сердца становятся все более и более злыми, и они загоняют себя в ловушки. Они осложняют свою ситуацию недобрыми словами и, в конечном счете, падают в гибельную пропасть.

3. Иов говорит, что Бог «покрыл его морщинами» и разрушил всю его семью

«Но ныне Он изнурил меня. Ты разрушил всю семью мою. Ты покрыл меня морщинами во свидетельство против меня; восстает на меня изможденность моя, в лицо укоряет меня» (16:7-8).

Иов говорит, что Бог измучил и опустошил его, лишив близких и друзей. Если вы духовно истощены, то и сердце ваше ослабеет, поэтому вы ничего не можете делать.

Под словами «Ты разрушил» подразумевается, что все они уничтожены и пали, а кроме того, в духовном плане, это означает, что сердце их развращено, и они не могут в полной мере исполнить свой человеческий долг. Иов говорит, что Бог сокрушил его, поэтому он, обессиленный, очутился в пропасти бесконечных страданий. Вот почему Иов говорит, что из-за Бога он чувствует изможденность.

К тому же, он считает, что друзья его, говоря вздорные слова и совершая нелепые поступки, нападают на него, опустошая его. Иов не понимает, что он сам является источником раздражения для друзей, и поэтому протестует против того, что Бог предназначает ему в друзья людей, которые его разрушают.

В 8-м стихе мы читаем, что Иов просто чахнет – настолько он изнурен. Так, если цветок сорвать, то он лишится источника жизни и вскоре засохнет.

Иов говорит, что Бог точно так же перекрыл источник его жизни, которым были его достаток, семья, здоровье и дети, и теперь он слабеет, будучи не в силах больше переносить эту боль. Он считает, что Бог является причиной потери им сил. Он во всем обвиняет Бога.

Он также говорит: «Восстает на меня изможденность моя, в лицо укоряет меня». Изможденный – значит бессильный. Быть же изможденным в духовном плане – значит быть полностью сломленным или словно разваленным на части.

Всего лишился Иов – ни достатка, ни семьи, ни здоровья у Иова больше нет, к тому же и друзья восстали против него. И он винит Бога, говоря, что это из-за Него он изнемог и изможден, и его увядание доказывает это.

4. Иов говорит, что Бог терзает его

«Гнев Его терзает и враждует против меня, скрежещет на меня зубами своими; неприятель мой острит на меня глаза свои. Разинули на меня пасть свою; ругаясь бьют меня по щекам; все сговорились против меня» (16: 9-10).

Иов утверждает, что Бог сердится на него, терзает и преследует его. Заявляя, что Бог терзает его, Иов имеет в виду свои страдания из-за язв, которые гноились и лопались. Иов был покрыт коростой с головы до пят, на коже его были язвы, которые лопались и сочились, что в понимании Иова было равнозначно тому, что Бог терзал его.

Под словами «враждует против меня» подразумевается, что он доведен до агонии атаками врага. В духовном смысле, это означает, что Бог вновь и вновь указывает Иову на его грехи. Иов же думает, что Бог преследует его.

Более того, Иов говорит, что Бог скрежещет своими зубами и «острит... глаза свои», чтобы доставить ему еще больше страданий. Иов считает, что Бог дал ему сильную боль, чтобы мучить его и, насылая на него еще больше страданий, заострил на нем глаза свои.

В стихе 10-м сказано: «Разинули на меня пасть свою». Негативный смысл этих слов очевиден. И произносит Иов их потому, что друзья, вместо того чтобы утешить его, делали ему больно.

Иов говорит, что друзья с презрением бьют его по щекам. Даже в этом мире, если кто-то говорит нам что-нибудь особо неприятное, остается такое ощущение, как будто нам дали пощечину. А если, например, мы услышим слова, сказанные с глубоким презрением, то почувствуем себя так, как будто бы нам плюнули в лицо и жестоко посмеялись над нами.

В действительности друзья Иова до сих пор не давали ему пощечин. Однако сейчас Иов вспоминает свое прошлое, когда он жил в роскоши. Тогда друзья относились к нему с уважением и любили его; теперь же ему кажется, что они выступают против него. Так как Иов думает о своем прошлом, он полагает, что друзья бьют по щекам его, вступив в сговор против него.

Иов, на самом деле, судит и обвиняет, поступая точно так же, как его друзья. Но в то же время он находится в безотрадной ситуации, чувствуя, как Бог будто бы пристально смотрит на него и «терзает» его.

Предположим, ваш бизнес обанкротился или вы неожиданно потеряли работу. Затем вы, может быть, почувствуете, что окружающие относятся к вам холодно, пристально наблюдают за вами. И хотя в действительности они этого не делают, вы судите и осуждаете их за то, что они не такие, как прежде, тем самым только мучая самих себя.

5. Благословения, заключенные в испытаниях

«Предал меня Бог беззаконнику и в руки нечестивым бросил меня» (16:11).

Своих друзей Иов называет беззаконниками и нечестивцами. И обе стороны, Иов и его друзья, обвиняют друг друга в порочности.

В наши дни многие верующие, обвиняя Бога в своих проблемах, говорят: «Бог испытывает меня. Он посылает мне эти жизненные трудности. Он дает мне эти болезни». Но если мы виним Бога, то мы не сможем услышать голос Духа Святого, Который в нашем сердце, и мы не сможем найти способ решить свои проблемы.

Бог никогда не отдавал Иова в руки беззаконников и нечестивцев. Он никогда не вызывал Иова на спор. В тот момент Бог лишь наблюдал за ним.

Бог дозволил сатане отобрать собственность у Иова и наслать на него проказу. Но это не правда, что Бог послал Иову трудные времена. Благодаря этим испытаниям, выявилось зло, скрытое в Иове, и появилась возможность избавиться от него. Иов встретил Бога, и поэтому становится понятным, что испытание *заканчивается* благословением.

Иов слышал о Боге лишь от своих предков, но сам никогда не встречался с Ним. И если, благодаря испытаниям, мы находим Живого Бога, то наша вера не будет лишь знанием, а станет духовной верой, исходящей из самого сердца.

Не пройди Иов через эти испытания, и он мог бы получить имущественные блага, какие имел прежде, но он не обрел бы тогда и такого духовного благословения, как познание Бога. Он не обнаружил и не избавился бы от своих грехов, так и не став освященным.

Пройдя же через испытания, Иов получил благословения. Богу все было известно заранее, и поэтому Он допустил, чтобы это случилось с Иовом. Только если наши души преуспевают, мы будем получать благословения не только на этой земле, но и в Царстве Небесном, где мы будем сиять словно солнце, заняв более значимое положение.

Если Бог дозволяет начаться испытаниям, то только от человека, проходящего через них, зависит, быстро они пройдут или нет. А также от того, насколько благим или злым является сердце этого человека. Если в вас много зла, то в ходе испытаний вы обнаружите в себе еще больше пороков, и тогда тест будет длиться дольше.

Если же вы, независимо от ситуации, в которой оказались, проявляете веру, радуетесь, благодарите и угождаете Богу своим постоянством в вере, то Бог быстро ликвидирует стан врага дьявола и даст вам благословения.

Когда друзья Иова впервые дали ему совет, разве он сказал: «Вы правы! Что-то, должно быть, во мне не так, раз у меня есть такие проблемы. Я постараюсь найти все свои недостатки, как вы мне и советуете» – и разве тогда друзья его стали бы спорить с ним? Они бы не стали опровергать то, что говорил Иов. Иов же вызывал раздражение у своих друзей.

Если бы он стремился понять, кем он был, и изменить свою жизнь, то Бог дал бы ему благодать самопознания. Бог помог бы ему в этом и дал бы ему силу. Хотя проказа и поразила все тело Иова, Бог в одночасье исцелил и благословил бы его.

Иов и его друзья – каждый из них скатился в пропасть из-за собственных беззаконий. Следовательно, нам, с добром в сердце, следует различать между тем, что верно, а что нет, покаяться в своих грехах и отступиться от них.

«Я был спокоен, но Он потряс меня; взял меня за шею, и избил меня, и поставил меня целью для Себя. Окружили меня стрельцы Его; Он рассекает внутренности мои и не щадит, пролил на землю желчь мою» (16:12-13).

Вот о чем говорит Иов: прежде чем он столкнулся с испытаниями, он жил в мире и покое, пока Бог не потряс его. Точно так же, как курицу держат за шею, чтобы зарезать, Бог, взяв его за шею, избил. Размышляя над тем, что случилось, Иов решил, что Бог был с ним жесток.

Иов верил в то, что Бог потряс его волю и решимость, – именно это означают слова «быть схваченным за шею и потрясенным». И это значит, что поддерживающая голову Иова опора, а именно, его честь и достоинство, а также все, чем он наслаждался, была разрушена. Вот почему Иов оказался беспомощным и слабым.

Иов также говорит, что Бог избрал его в качестве Своей цели и окружил его Своими стрельцами.

О том, что он с четырех сторон окружен стрельцами Бога, говорится в 13-м стихе. Бог рассек внутренности его, Он пролил на землю его желчь.

В каждом случае Иов говорит языком притч. Здесь имеются в виду не реальные стрельцы, а стрелы сердца Божьего. Божье сердце полно стрел, которыми его обстреливают с четырех сторон. Иов говорит, что Бог без всякой пощады выпускает в него, открытого со всех сторон,

Свои стрелы.

Если человек окружен со всех сторон, то это значит, что не он контролирует себя. Перелом позвоночника может сделать неподвижным все тело. Взятый за шею и окруженный со всех сторон стрелками, Иов потерял равновесие.

Желчь, пролитая на землю, указывает на невыносимую боль в сердце Иова. Поскольку Иов никогда не встречал Бога, в его плаче была такая боль, как будто бы вся желчь его излилась на землю.

Даже если мы обанкротимся, наши дети собьются с пути и мы будем страдать от болезней, нам следует помнить, что Бог всегда хранит нас своими очами, подобными пламенеющему огню, и Он является нашим Избавителем. Поскольку Он всегда направляет нас и все обращает нам во благо, то мы можем только благодарить Его за все.

6. Да удалит каждый свою гордыню

«Пробивает во мне пролом за проломом, бежит на меня, как ратоборец. Вретище сшил я на кожу мою и в прах положил голову мою» (16:14-15).

Иов говорит, что Бог пробивает его оборону, нападает на него, словно воин. Отчего же Бог пробивается, бежит на того, кто является обычным творением?

Сегодня многие из тех, кто страдают от трудностей и испытаний из-за собственных недостатков, говорят, что это Бог поражает их. Но причина их страданий находится в них самих, тогда как они думают, что Бог страшен, и утверждают, что это Бог поразил их.

Иову удалось выявить в себе зло, которое было сокрыто в нем и которое стало причиной всех его испытаний. Обвинения сатаны и его страдания от всех трудностей и тяжелых испытаний соответствовали делам неправды, которые он совершал.

Иов сталкивается с испытаниями, и для этого есть причины, но он винит во всем Бога, чувствуя, что Он – плохой и страшный Бог.

В стихе 15-м говорится: «Вретище сшил я на кожу мою и в прах положил голову мою». Это значит, что все тело его было покрыто ранами. Вретище – это не мягкая, а напротив, грубая одежда.

Кожа его сохнет и лопается, он вновь и вновь покрывается коростой, которая опять лопается и сочится – вот что означают слова «сшил вретище».

Когда Иов был богат и непорочен, кожа его была конечно же мягкой. Но из-за проказы теперь все тело его покрылось струпьями, поэтому он сравнивает ее с грубыми лохмотьями, жалуясь на Бога.

Он также говорит: «... в прах положил голову мою». Что означают эти слова?

Высоко поднятая голова является символом гордыни. Наш разум формируется под влиянием знаний и образования. Так же, как формируется разум, формируются наша гордость и самомнение. Так, разум становится нашим источником силы.

Но когда мы принимаем Иисуса Христа и получаем Святой Дух, то с этого момента наши имена записаны в Книге жизни на Небесах и мы признаны детьми Божьими. Став же детьми Божьими, мы должны избавиться от гордыни. Нам следует убрать не только ее, но и самомнение, и тогда мы сможем получить истинную силу и будем гордиться лишь истиной.

Принять Иисуса Христа и получить Святой Дух не означает, что мы стали совершенными. Как дети рождаются и взрослеют, так и мы, поглощая Слово Божье и применяя его в жизни, становимся духовными людьми и освященными детьми Божьими. При этом, если у нас есть совершенная мера веры, то мы обретем качества, достойные того, чтобы войти в Новый Иерусалим, в котором находится престол Божий.

В Послании к Галатам, 5:16-17, нас тоже призывают избавиться от вожделений плоти и покориться воле Духа Святого: «Я говорю: поступайте по духу, и вы не будете исполнять вожделений плоти, ибо плоть желает противного духу, а дух – противного плоти: они друг другу противятся, так что вы не то делаете, что хотели бы».

Здесь говорится о том, что плотские желания противоречат Духу. Гордость и настаивание на своем в споре относятся к желаниям плоти. После того как мы приняли Святого Духа, начинается противоборство этих двух желаний. Одна сторона хочет следовать закону Святого Духа, а другая – подчиниться неправде, идя против воли Божьей. Таким образом, они борются друг с другом.

Во почему и в Послании к Римлянам, 7:22-24, говорится: *«Ибо по внутреннему человеку нахожу удовольствие в законе Божием; но в членах моих вижу иной закон, противоборствующий закону ума моего и делающий меня пленником закона греховного, находящегося в членах моих. Бедный я человек! кто избавит меня от сего тела смерти?».*

Когда внутренний человек, который старается исполнить желания Духа Святого, и внешний человек, который следует закону греха, воюют друг с другом, мы будем лишь причитать, приговаривая: «Бедный я человек!». Если мы горячо молимся, отбрасываем от себя зло и следуем лишь благому, то желание нашего сердца подчиняться желаниям Святого Духа возрастет, и мы сможем жить победоносной жизнью. Тогда мы будем расти, став на камень веры, которая не будет колебаться.

Апостол Павел говорил: *«Я каждый день умираю: свидетельствуюсь в том похвалою вашею, братия, которую я имею во Христе Иисусе, Господе нашем»* (1-е посл. к Коринфянам, 15:31). Апостол Павел умирал каждый день, и поэтому он мог проповедовать Евангелие, являя безграничную силу Божью.

Некоторые люди полагают, что отсутствие гордости – это просто неестественно. И Иов причитает из-за того, что гордость его повержена в прах.

Иисус и отцы веры никогда не проявляли гордости, высокомерия, себялюбия и не высказывали своего мнения. Представьте, каким гордым был Моисей, пока жил во дворце! Но после жизни в пустыне от его гордости не осталось и следа.

То же самое произошло в жизни Авраама, Иакова, Илии, Елисея, Даниила, учеников Иисуса и апостола Павла. Получив Святой Дух и завершив процесс очищения, они также отбросили свою гордость, и тогда Бог смог так мощно использовать их служение.

Люди, которые привыкли руководствоваться собственными убеждениями, не могут подчиниться Слову Божьему. Царь Саул неукоснительно придерживался собственного мнения. Он не покорился слову Божьему, и, в конце концов, Бог оставил его. Иона также не мог расстаться со своей гордыней, и из-за непослушания его настиг сильный морской шторм.

Гордыня привела Иова к борьбе с друзьями. Поэтому он и говорит, что его достоинство и самолюбие унижены, а это и есть гордыня. Тогда – то она и проявилась со всей силой.

И эта мысль об униженном Богом и друзьями самолюбии доставила ему больше страданий, чем потеря всего имущества и детей, и была болезненнее проказы. Чтобы стать совершенными детьми Божьими, мы должны полностью порвать со своей гордыней.

7. Иов настаивает на своей правоте

«Лицо мое побагровело от плача, и на веждах моих тень смерти, при всем том, что нет хищения в руках моих, и молитва моя чиста. Земля! не закрой моей крови, и да не будет места воплю моему» (16:16-18).

Иов плакал, потому что он потерял свою семью и потому что болезнь доставляла ему страдания. Он плакал, потому что был оставлен женой и друзьями. Но намного больнее было тогда, когда его гордыня была повержена в прах, и он сокрушался в печали. А от сильного плача лицо и глаза человека становятся красными.

Иов тоже много плакал, и красными были его лицо и глаза. Глаза его уже ничего не видели, поэтому он говорит о тени смерти на своих веках.

Наш плач должен быть о необращенных душах, это должны быть слезы покаяния в совершённых грехах, слезы о том, чтобы измениться и стать другими, а также слезы благодарности и радости за милость Божью.

Поскольку в Иове не было жизни и был он человеком

плоти, он не мог не плакать. Однако дети Божьи, в которых есть жизнь и надежда, будут радоваться, благодарить и молиться, и они победят любые искушения и испытания. И в этом — главное различие между теми, в ком нет жизни, и теми, кто ее имеет.

Иов говорит: «... нет хищения в руках моих, и молитва моя чиста». Это правда, в руках его не было греха. Однако то, что на сердце у человека, воплощается в его поступках. В Иове не было столько зла, чтобы оно проявлялось внешне, но все-таки оно выплеснулось наружу в его речах, потому что он не был полностью изменен истиной.

Иов говорит, что молитвы его чисты, но мы понимаем, что он не осознает ошибочности того, что говорит, и он продолжает настаивать на своей правоте.

Иов говорит: «Земля! не закрой моей крови, и да не будет места воплю моему». А это значит, что так как он праведен и чист, то он не хочет, чтобы земля покрыла его праведность. Не зря люди, незаслуженно обвиненные или пострадавшие, говорят: «Небо и земля знают, что я не виновен!». В своей ситуации Иов говорит нечто подобное.

Однако детям Божьим не пристало использовать подобные выражения: «Небеса знают, что я прав», потому что только Бог знает все. И если мы знаем Слово Божье, то сможем отличить правду от лжи.

«И ныне вот на небесах Свидетель мой, и Заступник мой в вышних! Многоречивые друзья мои! К Богу слезит око мое. О, если бы человек мог иметь состязание с Богом, как сын человеческий с ближним своим! Ибо летам моим приходит конец, и я отхожу в путь невозвратный» (16:19-22).

Свидетель – это тот, кто дает показания, а защитник – это тот, кто ходатайствует за вас. Иов говорит, что свидетель его невиновности на Небесах.

Он имеет в виду, что никто на земле не может ни помочь, ни защитить его, и только Бог может сделать это.

Иов был уверен, что друзья издеваются над ним; по мнению же друзей, Иов был не прав. Слово Божье говорит нам радоваться, молиться, благодарить и просить Бога с верой.

Но вместо этого Иов проливал слезы перед Богом, жалуясь и негодуя, осуждая и обвиняя. А это порождало поле для деятельности сатаны, который усугублял его болезнь, страдания и боль.

Поскольку Иов был уверен в своей правоте, он обращался к Богу с просьбой рассудить. В данном контексте, слово «рассудить» означает рассмотреть и выяснить все обстоятельства. «Если бы человек мог иметь состязание с Богом» – здесь, под словом «человек», подразумевается абсолютно честный и праведный, знающий разницу между праведностью и благостью, преданный своему долгу человек.

Иов хочет обратиться ко всем тем, кто знает его, то есть к своим соседям, а также ко всем тем, кто слышал о произошедшем с ним. Иов заблуждается, думая, что они считают его грешником, наказанным Богом.

Иов думает, что конец его жизни близок, но не уверен, кончатся ли на этом его страдания. Вот почему он говорит, что он отходит в путь невозвратный.

Глава **17**

Время шло, заставляя Иова страдать еще больше

1. Иов молит Бога о заступничестве

2. Иов проклинает своих друзей

3. Иов насмехается над друзьями, читая им нравоучения

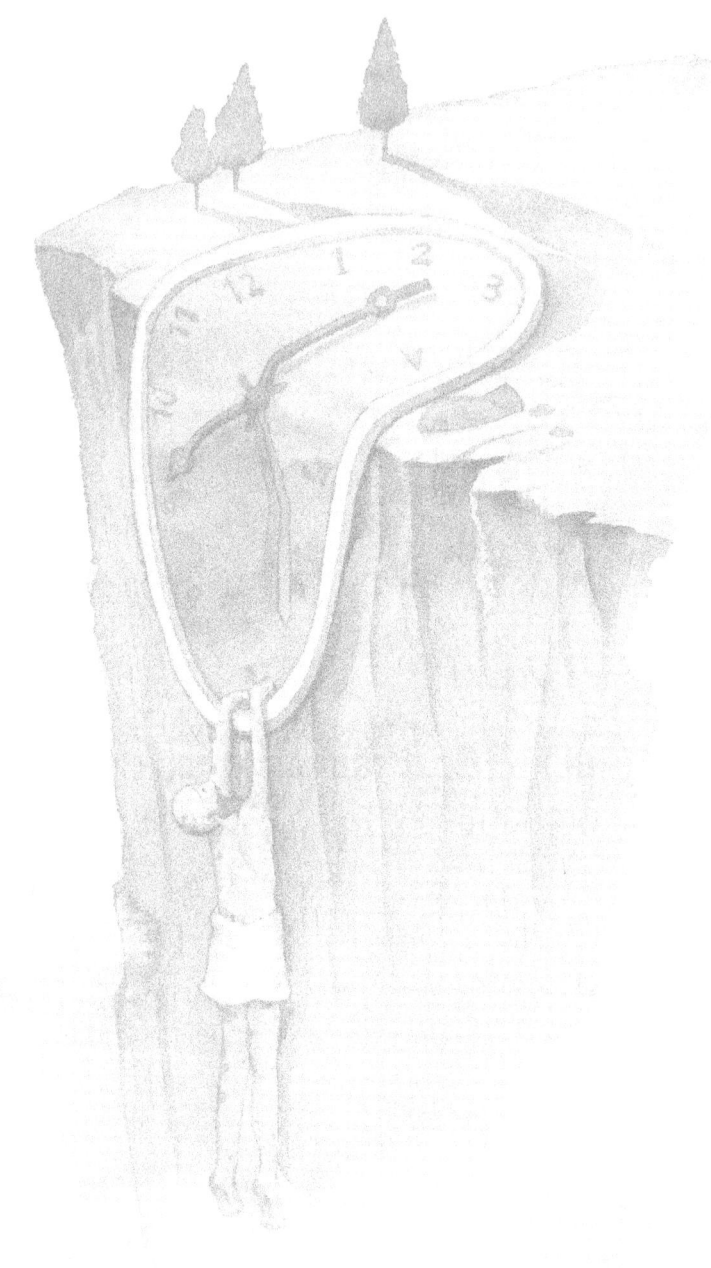

«Дыхание мое ослабело; дни мои угасают; гробы предо мною»
(Книга Иова, 17:11).

1. Иов молит Бога о заступничестве

«Дыхание мое ослабело; дни мои угасают; гробы предо мною. Если бы не насмешки их, то и среди споров их око мое пребывало бы спокойно. Заступись, поручись [Сам] за меня пред Собою! иначе кто поручится за меня?» (17:1-3).

Иов очень устал от борьбы с отчаянием и болью. Он говорит, что дух его сломлен и ему уготована могила. Однако это не означает, что он действительно готов лечь в эту могилу. Это лишь его мнение, что жизнь закончена. Он утверждает, что если человек терпит одну неудачу за другой, опускается до такого дна, которое только можно себе представить, то он уже не сможет восстановиться, и ему остается лишь ждать смерти.

Во 2-м стихе он говорит, что друзья, вместо того чтобы успокоить его, насмехаются над ним. В действительности же Иов рассердил своих друзей, но не признавал это своей виной. Когда он чувствовал, что его товарищи начинают злиться, ему становилось больно.

Допустим, что в силу обстоятельств вам пришлось взять в долг деньги, но вы не можете выполнить обещания вернуть их в срок. Вы оказались в провокационной ситуации, потому что ваш кредитор сердится, проклинает и провоцирует вас. Тем не менее, вам следует попросить у него прощения. Независимо от того, как тот человек поступает и что он говорит, если в ответ вы скажете примерно следующее: «Ну все, достаточно того, что вы наговорили и сделали!», «Чем это вы так огорчены?» – то это значит, что в вашем сердце есть зло.

Даже если кто-то поступает по отношению к нам неправильно, прежде чем отчуждаться от него, необходимо помочь им познать истину, чтобы они могли хранить ее в своем сердце.

Поручиться – значит гарантировать что-то, то есть кто-то берет на себя полную ответственность за это. Иов просит Бога стать его поручителем и заступником. Это означает, что он хочет, чтобы Бог Сам разрешил его проблемы в качестве поручителя. Он просит Бога стать его Владыкой и спасти от опасности. Мы можем видеть отчаянную мольбу и боль Иова.

Очевидно, что неверующие стараются решать проблемы мирскими способами, вот почему они пытаются найти себе гаранта. Как человек, имеющий большую задолженность, ищет поручителя, который мог бы ему помочь в решении проблем, так и Иов отчаянно молит Бога о помощи.

Однако, даже если и найдется поручитель, но основная проблема все же не разрешена, то остаются обязательства перед поручителем. Следовательно, каждый должен решать свои проблемы самостоятельно. Если вы пошли по неверному пути, вам следует сойти с него. И вам нужно исправить все свои ошибки.

Однако Иов считает себя правым и ищет поручителя. Он стенает из-за вещей, в которых нет смысла.

Когда люди сталкиваются с проблемами, то тем, кто верует, не нужно искать поручителя и брать на себя обязательства перед ним. Бог – Всемогущ, поэтому мы должны прежде всего покаяться в своих прегрешениях и покориться воле Божьей, стараясь понять причину, по которой мы оказались в такой трудной ситуации.

В 3-м стихе Иов говорит: «Иначе кто поручится за меня?». Он ищет причину в прошлом, исследуя ее со всех сторон, но не находит другого объяснения, кроме как, что это Бог обрушил на него несчастья, подобные сильному шторму.

2. Иов проклинает своих друзей

«Ибо Ты закрыл сердце их от разумения, и потому не дашь восторжествовать им. Кто обрекает друзей своих в добычу, у детей того глаза истают. Он поставил меня притчею для народа и посмешищем для него» (17:4-6).

Иов говорит, что он наставлял своих друзей мудрыми словами, но они ничему не научились, а наоборот, они демонстрируют свое зло; и всем этим управляет Бог. Поэтому, раз Бог не признает их, то и он тоже не может признать их.

Если бы Иов наставлял своих друзей по слову Божьему, то не провоцировал бы их. Но поскольку он применял людскую мудрость, то в итоге начал действовать сатана, и поэтому они пытались решить возникшие проблемы с эмоциональной горячностью.

Иов молит Бога не дать возноситься его друзьям, которые укоряли и ругали его. Он просит Бога признать неверными слова его друзей.

Терпя презрение и невыносимую боль, Иов проклял детей своих друзей, желая им ослепнуть.

Даже среди верующих в Иисуса Христа есть те, кто проклинают людей, доставляющих им беспокойство, потому что они не понимают, что такое истинная любовь.

Вместо того чтобы подумать, почему он ничем не удостоился, кроме как насмешек своих друзей, Иов бросает слова обвинений и проклятий в их адрес. Поэтому становится понятно, почему Иову пришлось столкнуться с испытаниями.

Иисус сказал: *«Но вам, слушающим, говорю: любите врагов ваших, благотворите ненавидящим вас, благословляйте проклинающих вас и молитесь за обижающих вас»* (От Луки, 6:27-28).

Божье слово велит нам любить даже наших врагов, и ни при каких обстоятельствах мы не должны ненавидеть своих братьев по вере, которые не являются нашими врагами. Это не так просто – благословлять тех, кто проклинает нас, но если в нас есть духовная любовь, то мы сможем сделать это. Если мы изменимся, став людьми духа, то мы будем сострадать даже тем, кто проклинает нас. Поэтому мы сможем молиться за них и предать все в руки Божьи.

Иова хвалили за то, что он был справедлив и непорочен, а между тем, когда его обижали или оскорбляли, он отвечал тем же. Бог дозволил, чтобы все это происходило именно так, для того чтобы благость Иова, сформированная под влиянием Закона, преобразилась в благость сердца с помощью Духа.

Поскольку Бог знал справедливость и честность Иова, Он начал процесс его очищения, чтобы изменить Иова и сделать его человеком Духа. И мы видим, как выявилось зло, которое было в Иове. Когда его друзья наносили ему словесный удар, он отвечал им ударом, который был вдвое сильнее. Поэтому Бог дозволил проявиться злу в его сердце. И когда Иов обнаружил в себе это зло и отбросил его от себя, он смог стать истинным сыном Бога Отца, тем, которого принимал, любил и благословлял Бог.

Если бы на Олимпийских играх всем давали золотые медали, то никто не стал бы проходить период тяжелой подготовки. И спортсменам не понадобилась бы помощь тренеров. Только пройдя через интенсивные тренировки, можно выиграть медаль. Вот почему спортсмены идут на такие упорные тренировки, которые сродни истязаниям и мукам.

Допустим, что в вашей церкви или у вас на работе руководитель похвалил кого-то. А у вас из-за этого возникло чувство зависти к тому, кто получил поощрение.

Возможно, вы подумали про себя: «Этот человек работает не лучше чем я, за что его только хвалят?».

Если вы обладаете подобным сердцем, то вам следует осознать, что в нем есть зло. Ваш начальник не сделал вам никаких замечаний, но вы, тем не менее, мучаетесь от собственного зла.

И что означают слова проклятия: «... у детей того глаза истают», посланного в адрес друзей, мучающих его?

Глаза, в духовном плане, символизируют будущее. Если вы не можете видеть, то перед вами закрыты все пути, и это все равно, что находиться в заключении. Это одно из наиболее тяжелых проклятий. Дети – продолжение семейного рода, поэтому желать, чтобы они ослепли, – страшное проклятие.

В 6-м стихе Иов говорит, что Бог сделал из него притчу во языцех и тем, над кем все насмехаются. Поскольку он не считает, что у него есть причины для подобных страданий, то он во всем винит Бога. И весть об Иове широко распространилась.

«Помутилось от горести око мое, и все члены мои, как тень. Изумятся о сем праведные, и невинный вознегодует на лицемера. Но праведник будет крепко держаться пути своего, и чистый руками будет больше и больше утверждаться» (17:7-9).

Иов – был хорошим писателем и человеком, обладавшим обширными знаниями. Он был очень мудр, поэтому его притчи многозначны. В духовном смысле слово «око» символизирует обозримое будущее. То, что мы видим своими глазами, будет храниться в нашей памяти, а запомнив увиденное, мы сможем при необходимости возродить его в памяти.

О каких же горестях здесь говорит Иов? Горестей у него было много. Он потерял все, что имел, на него обрушились презрение и боль. Он упал на самое дно жизни, и впереди его ждала только смерть. Все это и есть его «горести».

Его око помутилось из-за тени, и это означает, что будущее его не ясно. Он также говорит, что все члены его, как «тень». У тени есть форма, но пользы от этого нет никакой. Так, образно, он говорит о своей жизни, в которой не было ни смысла, ни цели. И он сравнивал бесполезность своего тела с тенью.

Тело его разлагалось, оно было точимо червями и издавало отвратительный запах. Он ничего не мог изменить или приукрасить. Он ничего не мог поделать со своим телом, а потому сравнивал его с тенью.

То же самое и с нашей верой. Мы слышим Слово Божье, мы знаем его. И, казалось бы, должны исполнять Божьи повеления, которые говорят нам, что мы должны делать, а что – нет, что мы должны хранить, а от чего мы должны избавиться. Но для многих это всего лишь знания, которые они не применяют на практике. Если мы, познав Слово Божье, не живем согласно ему, мы ощущаем, как сокрушается Святой Дух и страдает наше сердце. Вот почему многие люди взывают к Всемогущему Богу, но не могут получить ответ и поэтому начинают блуждать.

Если мы посмотрим вокруг себя, то увидим, что жизнь многих верующих лишена смысла. И, как результат, они превращают Иисуса, в Которого верят, просто в тень.

Применяя на практике Слово Божье, дети Божьи должны проникнуть в более глубокий уровень духа, однако многим из них не удается сделать это. Они знают Слово, но не применяют его, и это становится их бедой.

Кажется, что как будто они верят Слову Божьему, но их вера подобна тени, в которой нет ни смысла, ни содержания. Они бредут, не разбирая дороги и не понимая, что есть действительно Божья воля. Их заносит то вперед, то назад, то вверх, то вниз и, возможно, опять вверх. Если только они встретят Бога, то все их проблемы могут разрешиться. Но поскольку они никогда не видели истинных деяний Божьих, данных по вере, то их духовные странствия продолжаются.

Иов был убит горем, потому что никогда не встречался с Богом. Как же это грустно! Но Бог знал, что Иов мог стать освященным, стать великим сосудом. Поэтому Бог дозволил, чтобы Иов прошел через такие тяжелые испытания.

Так как друзья обвиняют его в нечестности, то в 8-м стихе он употребляет слово «праведник» как бы в третьем лице, но при этом он имеет в виду себя. Он говорит, что так как он проходит через все это, то праведные ужаснутся, а безвинные возмутятся против лицемера.

Когда невинный человек сталкивается с тем, кто совершает злые дела, то он может праведно вознегодовать. Здесь сравнение Иова с самим собой правильно, но он не в том положении, чтобы говорить это. Мы можем делать подобные высказывания лишь тогда, когда мы действительно наполнены истиной и в нас нет никакой неправды. И если мы, в действительности не являясь праведными, сравниваем себя с другими людьми, чтобы оправдаться, мы можем способствовать их падению, что тоже грех.

На самом деле, в своей повседневной жизни мы нередко совершаем подобный грех. Поэтому и сатана часто провоцирует нас на многие споры и конфликты.

В 9-м стихе говорится: «Но праведник будет крепко держаться пути своего». «Держаться пути» – значит быть преданными своему делу.

Говоря «праведник будет крепко держаться пути своего», Иов фактически утверждает, что он безо всяких колебаний делает то, что он должен делать, независимо от противостояния, с которым ему приходится сталкиваться.

Он имеет в виду, что он праведен, а друзья спровоцировали в нем злобу. Так что, ничего другого ему не оставалось, кроме как спорить с ними, и он вынужден был продолжать это противостояние.

О чем же говорят нам слова «и чистый руками будет больше и больше утверждаться»?

Прежде Иов заявлял: «Ты покрыл меня морщинами» (Кн. Иова, 16:8), «Дыхание мое ослабело» (Кн. Иова,17:1). Однако здесь он говорит, что он будет сильнее и сильнее. Казалось бы, он противоречит самому себе. Но для самого Иова это – правда, и в этом есть смысл.

Иов очень горд и упрям, и поэтому он будет заступаться за самого себя, пока его не оставят силы, и он верит, что может говорить это, поскольку прав. Те, в ком велика гордыня, не смирятся до последнего.

Тело Иова чахнет и умирает, а он продолжает оставаться уверенным в своей правоте, и поэтому он сопротивляется всеми силами. Его тело слабеет, но поскольку он прав, то он становится сильнее и сильнее.

Подобное упрямство бессмысленно в нашей вере. Оно может стать причиной того, что люди будут ненавидеть нас. Оно бесполезно, потому что влечет за собой одни лишь конфликты. Когда другие не понимают нас, нам следует проверить себя.

Если мы не имеем мира друг с другом, то обе стороны имеют проблему. Следовательно, нам не следует настаивать на своей правоте. Мы должны учиться принимать друг друга и понимать себя.

3. Иов насмехается над друзьями, читая им нравоучения

> «Выступайте все вы – и подойдите; не найду я мудрого между вами. Дни мои прошли; думы мои – достояние сердца моего – разбиты. А они ночь [хотят] превратить в день, свет приблизить к лицу тьмы» (17:10-12).

«Выступайте все вы – и подойдите» – призыв этот не означает, что его друзья куда-то уходили, а потом вернулись. Иов на самом деле призывает их подумать над тем, что они до сих пор говорили. Иов также пришел к заключению, что среди его друзей не было ни одного мудрого. Он говорит, что никто из них ничему не может научить его, поэтому он и не находит выхода из своих проблем.

Иов хочет сказать, что, поскольку он ничего так и не

получил от своих друзей, все планы и желания его сердца рассыпались. Он не может разрешить ни одной проблемы самостоятельно, Бог отвернулся от него, и даже друзьям не хватает мудрости решить его проблемы.

Он выплескивает наружу свои болезненные эмоции и сердечные муки. А это, в свою очередь, дает основание сатане еще активнее действовать против него. Если мы собственными словами строим себе ловушки, глядим свысока на других, настаиваем на своей правоте и считаем Бога не добрым, то как же Бог может помочь нам?

Слушателям может не понравится то, что мы говорим, считая эти разговоры мучительными, поэтому они не могут оставаться с нами и будут все больше отдаляться от нас. И никакой пользы от всего этого нет. Поскольку Иов полагал, что его друзья презирают его, он тоже говорил в их адрес глумливые слова.

В 12-м стихе написано: «А они ночь [хотят] превратить в день». Здесь ночь является символом тьмы. Так как они превращают ночь в день, тьма – это их рук дело. И то, что Иов говорит, имеет отношение к сердцам его друзей.

Иов насмехается над ними, говоря притчами, что означает: «То, что вы делаете очень плохо и противоречиво. И все это вы изливаете на меня».

«А они ночь [хотят] превратить в день, свет приблизить к лицу тьмы» – эти слова означают, что их слова такой же вздор, как если бы они говорили, что солнце встает на западе. Иов прибегает к нравоучительным высказываниям.

Самим им не дано было сказать так, поэтому друзья чувствовали, что Иов над ними насмехается. Как, должно быть, это злило их!

Сегодня даже среди верующих есть люди, которые обвиняют других, используя Слово Божье, или говорят с сарказмом, когда им что-то не нравится в других. А некоторые пасторы, бывает, неверно применяют Слово Божье или цитаты из Писания для того, чтобы пригрозить прихожанам. Но истина приносит нам мир, радость, свободу и жизнь, но никак ни страх или нервозность.

> «Если бы я и ожидать стал, то преисподняя – дом мой; во тьме постелю я постель мою; гробу скажу: „ты отец мой”, – червю: „ты мать моя и сестра моя”. Где же после этого надежда моя? и ожидаемое мною кто увидит? В преисподнюю сойдет она и будет покоиться со мною в прахе» (17:13-16).

Иов говорит, что его надежда уходит в преисподнюю, ибо он разочарован бессмысленностью всего. Но те, кто веруют в Иисуса Христа, надеются на Небеса.

У Иова не осталось жизни. Все, что принадлежало ему, было уничтожено. Вот почему он говорит, что он погружается во тьму, в преисподнюю, и что во тьме он постелит постель свою.

Иов также говорит: «...гробу скажу: „ты отец мой”», потому что гроб может быть убежищем для тела его. Когда умирают те, у кого нет надежды на Небесное Царство, тогда гроб и могила укроют их тела. А причем тут тогда отец? Роль отца – защищать своих детей. Если он ляжет в гроб, то гроб будет ему отцом, укрывающим и защищающим его.

Что же он имеет в виду, говоря, что он скажет «червю: „ты мать моя и сестра моя”»?

Принято, что мать или старшие братья и сестры обнимают и целуют друг друга, а растя маленького ребенка, они имеют физический контакт с ним. Разлагающаяся кожа Иова полна червей. Поскольку черви находятся в непосредственном контакте с его кожей, он говорит, что они ему мать и сестра. На самом деле, так он выражает свои страдания и боль.

Он вопрошает: «Где же после этого надежда моя?». Но мы, имеющие истину и жизнь, надеемся не на преисподнюю, а на Царство Небесное. И слава Богу за это!

Когда человек умирает, его хоронят в могиле, и он в земле, словно в заточении. Вот почему Иов говорит, что его надежда сойдет с ним в преисподнюю, когда он будет покоиться в прахе.

Люди настолько во всем здравствуют и преуспевают, насколько преуспевают их души. И так как они имеют жизнь вечную, то они свободны от страха смерти и могут жить, радуясь и за все благодаря.

По мере того как они избавляются от зла в своем сердце и становятся освященными, они обретают мир в сердце, они благодарны за то, что могут вознестись на Небеса. Кроме того, есть немало благословений, уготованных для верующих на этой земле, не говоря уже о наградах и благословениях, которые они получат в будущем в Царстве Небесном.

Глава **18**

Отплатить добром за зло – Вилдад описывает зло

1. Не терзайте себя

2. Давайте избавимся от зависти

3. Когда мы проклинаем и желаем плохого другим

4. Когда выявляется первородное зло в сердце

«Петля зацепит за ногу его, и грабитель уловит его. Скрытно разложены по земле силки для него и западни на дороге» (Книга Иова, 18:9-10).

1. Не терзайте себя

«И отвечал Вилдад Савхеянин, и сказал: когда же положите вы конец таким речам? обдумайте, и потом будем говорить. Зачем считаться нам за животных и быть униженными в собственных глазах ваших? [О ты,] раздирающий душу твою в гневе твоем! Неужели для тебя опустеть земле и скале сдвинуться с места своего?» (18:1-4).

Видя, как друзья или родственники ссорятся между собой, вы, скорее всего, не выдержите и скажете: «Как долго вы будете ссориться? Пожалуйста, прекратите!». Когда люди спорят, то большинство из них стараются оставить последнее слово за собой. Оказавшись загнанными в угол, они сердятся и обижаются.

Давайте посмотрим, не продлеваем ли мы подобные бесполезные споры только для того, чтобы выйти из них победителем.

Иногда, чтобы прекратить спор, вмешивается третий человек, но и сам в него вовлекается. Вилдад Савхеянин говорит: «Когда же положите вы конец таким речам?» – но при этом сам продолжает спорить.

Как же нелепо выглядит это в очах Божьих! Иов и его друзья, спорящие друг с другом, не правы, но тот из друзей, который призывает их остановиться, тоже не прав.

Вилдад спрашивает Иова: «Зачем считаться нам за

животных ..?». Поскольку Иов утверждает, что его друзья не похожи на людей и к тому же они не совершенны и не подходят ему, то Вилдад говорит, что Иов относится к ним, как к животным, и считает их глупцами.

Животные действуют без разбора, следуя лишь своим инстинктивным желаниям. И Вилдад спрашивает Иова, считает ли он их глупыми и хочет ли он этим сказать, что они все равно, что отбросы.

Иов оскорбляет и позорит их в гневе своем. Друзья же, в свою очередь, спорят с ним. Так что, они квиты. Оказавшись в безнадежной и крайне печальной ситуации, Иов терзает себя, потому что друзья продолжают говорить, что он неправ.

Давайте разберемся, как же он терзает себя.

В Книге Иова, 16:9-11, говорится: *«Гнев Его терзает и враждует против меня, скрежещет на меня зубами своими; неприятель мой острит на меня глаза свои. Разинули на меня пасть свою; ругаясь, бьют меня по щекам; все сговорились против меня. Предал меня Бог беззаконнику и в руки нечестивым бросил меня».*

Он жалуется на Бога, своих друзей считает злыми, говоря, что Бог предал его в руки друзей, которые нечестивы и похожи на грубиянов. Говоря так, Иов лишь мучает и терзает себя.

Многие верующие, до того как они познали истину и изменились, тоже мучили и терзали себя. Они думали, что являются жертвами, и если им что-то не нравилось, то они сердились и причиняли самим себе беспокойство. Поступая так, они мучили себя, теряли контроль над собой.

Если в нашем сердце бушуют эмоции, то мы обязательно будем терзать себя. Терзать и мучить других, это все равно, что терзать и мучить себя. Нам следует посмотреть на себя со стороны, не являемся ли мы людьми такого же плана.

Например, некоторые в пьяном виде кричат, колотят в дверь, требуя, чтобы им открыли немедленно. Когда муж с женой ссорятся, они крушат все в доме.

Некоторые верующие не посещают воскресные богослужения из-за возникших проблем с братьями по вере. Но нарушить День Господень – значит согрешить перед Богом, поэтому, если они не приходят на службу, то тем самым наносят ущерб себе, а не другим. Если люди перестают молиться, потому что они разгневаны или попали в тяжелую ситуацию, то этим они тоже терзают самих себя.

И еще: если жена, узнав, что ее муж вступил в связь с другой женщиной, также начнет с кем-то встречаться, и в результате семья распадется, то будет ли от этого какая-то польза? В итоге, из-за своих поступков они сами же и будут терзаться.

В 4-м стихе говорится: «Неужели для тебя опустеть земле и скале сдвинуться с места своего?». То, что землю и скалы нельзя сдвинуть, – это незыблемый факт. Вилдад насмехается над Иовом, говоря, что как бы он ни злился, ни земля, ни скалы не сдвинутся с места.

Допустим, что муж зол на свою жену и швырнул в нее часами. На это жена говорит: «Не имеет значения, как ты зол, и то, что ты сломал часы: разве земля и скалы сдвинутся с места?» – и еще посмеется над ним, тем самым разозлив его сильнее.

Он мог бы ограничиться часами, но, разозлившись еще больше, он может начать бросать телевизор и мебель. То, что делает муж, – это зло, но еще большим злом является то, что делает жена. Какая польза от того, что жена провоцирует в муже гнев?

Но не только жена делает мужа более злым, и муж, в свою очередь, тоже заставляет ее злиться еще сильнее. Таким образом, они одинаково мучают друг друга.

Терзая друг друга, они гневят Бога, а Он отворачивается от таких вещей. И, как следствие, за дело берется сатана. Семьи разрушены, дети сбиваются с пути истинного и заболевают. Следом наступают серьезные испытания и злоключения. Поскольку они терзают друг друга, Бог отворачивается от них, а сатана насылает на них настолько тяжкие времена, насколько ему того захочется.

Земля, о которой говорится в 4-м стихе, – это то, на чем мы стоим, и огромные скалы, которые не сдвинуть, потому что они крепки и тяжелы. Мы можем почувствовать разницу между этими двумя понятиями.

«Удивишь ли ты землю своим гневом? Как бы вы ни сердились, разве от этого твердость камня изменится?».

Мы можем видеть, как Вилдад насмехается над Иовом, используя аллегории. Он похож на тех людей, о которых говорилось выше и которые усугубляли гнев гневом, что, в свою очередь, порождало еще больший гнев.

Истина говорит нам, что мы не должны издеваться или смеяться над человеком, даже если он сделал что-то неправильно и сам же из-за этого сердится. Только когда мы позволим ему осознать собственное зло через наше благостное отношение, он сможет побороть в себе это зло. Если же мы отвечаем злом на зло, то этого зла будет еще больше. Следовательно, чтобы быть победителями, мы должны превозмогать зло добром.

В историю древней корейской династии Чосан вписана наложница по имени Джанг Хи Бин, которая жила, постоянно мучая саму себя. Ее старший брат также сильно изводил себя в распрях между партиями. Слова и дела, которые идут против истины, без сомнения, принесут только нелепые результаты.

Эта наложница терзалась от ревности. Император приговорил ее к смертной казни, думая, что осуществляет правосудие. Но то, что он сделал, обернулось трагедией для сына наложницы.

Если бы император и его министры знали истину и поступали в соответствии с ней, то приговор мог бы быть другим, к примеру, наказание могло быть в виде лишения свободы, и история кровопролития не продолжилась бы после того, как сын наложницы стал императором. Те, кто следуют истине, в итоге будут победителями.

Поскольку в последних главах Книги Иова становится явным то зло, которое глубоко укоренилось в сердцах людей, то, я верю, что, поняв и осознав его, а также обнаружив в себе слабости, мы сможем благодаря этому обрести жизнь.

2. Давайте избавимся от зависти

«Да, свет у беззаконного потухнет и не останется искры от огня его. Померкнет свет в шатре его, и светильник его угаснет над ним. Сократятся шаги могущества его, и низложит его собственный замысл его, ибо он попадет в сеть своими ногами и по тенетам ходить будет. Петля зацепит за ногу его, и грабитель уловит его» (18:5-9).

Очевидно, что если свет погаснет, то все вокруг померкнет. «Свет у беззаконного потухнет» – и это значит, что надежда Иова, то есть надежда нечестивого человека, постепенно слабеет. Говоря, что от огня его не останется и искры, Вилдад проклинает Иова, утверждая, что все, что Иов сделал, обречено на провал, так как, по мнению друзей, все это – дела человека нечестивого.

Иов же считал себя человеком справедливым и непорочным, потому что дела его были праведными. Из этого отрывка мы узнаем, что друзья завидуют праведным делам Иова. Вот почему они глумятся над ним, как над нечестивым.

В 5-м стихе Вилдад приходит к выводу, что от огня не останется и искры, и в 6-м стихе он говорит, что в шатре его померкнет свет и светильник его угаснет над ним. Это сказано в продолжение того, о чем говорится в 5-м стихе. Сколько же зла во всем этом!

Люди истины, которые верят в Бога, должны ободрять людей, подобных Иову, давать им надежду и направлять их на путь праведный. Это и есть настоящий долг человека.

Иисус был Тем, Кто *«трости надломленной не переломит, и льна курящегося не угасит»* (От Матфея, 12:20). У нас должно быть сердце Иисуса. Если в нас есть желание наступать на нечестивых людей и мы хотим их падения, то это означает, что у нас злое сердце. Таким образом, если нечестивый человек идет по пути, ведущему к погибели, то и мы из-за своего злого сердца тоже следуем этим путем.

В 7-м стихе говорится: «Сократятся шаги могущества его, и низложит его собственный замысл его».

Мы понимаем это, потому что Иов думал про себя, что он совершенен во всем и имел «шаги его могущества». Это были «шаги», в которых было чувство собственного достоинства.

Вот почему Иов вызывал зависть и ревность у своих друзей. В обычное время они скрывали это в своем сердце, но когда Иов потерпел неудачу в жизни, их ревность и зависть проявились со всей очевидностью.

Это касается не только Вилдада, но и большинства людей. Сердца многих людей плоти абсолютно такие же.

Вилдад говорит, что то, что Иов делал прежде, – это лишь его собственный замысел, то есть то, что произошло с Иовом, – это плоды его собственных рук. Вилдад позорит Иова и принижает все, что ему удалось достичь. Злое сердце Вилдада, неразличимое до сих пор, проявилось в этих словах.

Если мы немного завидуем тем, кто благополучен, если мы желаем, чтобы их постигли неудачи, и если мы смеемся над ними и злорадствуем, когда у них что-то не ладится, то мы ведем себя крайне глупо. Нам не следует радоваться, когда те, кто сделал нам зло, сталкиваются с неприятностями, но мы должны молиться и скорбеть за них.

В 8-м стихе говорится: «Ибо он попадет в сеть своими ногами и по тенетам ходить будет». О чем это говорит?

Если стоит капкан, то его конечно же нужно обойти. Под словами «по тенетам ходить будет», то есть по паутине, подразумевается, что Иов попадется в ловушку.

«Иов! Ты постоянно жалуешься и огорчаешь Бога, в Которого ты веришь, а это равносильно тому, что ты запутаешься в сети, ступая по паутине».

Вилдад не понимал духовного значения слов, которые произносил. Поэтому давайте вдумаемся в духовный смысл этих стихов.

Из-за того что Иов жалуется на Бога и произносит слова, которые радуют лишь врага, дьявола и сатану, он все дальше и дальше заходит в тупик. Это то же самое, что ногами попасться в сети или угодить в ловушку.

Разве Вилдад, будучи другом Иова, не должен был помочь ему не попадаться в сети и не угодить в ловушку? Если друзья Иова способствовали тому, чтобы он еще сильнее запутывался в сетях, то тем самым они совершали большой грех.

Друзья Иова, используя Слово Божье, слово истины, заставляют проявляться все возрастающее в нем зло. Неверное использование Слова Божьего означает нарушение третьей из Десяти Заповедей, которая велит нам не упоминать имя Бога всуе.

Нам не следует быть такими же, как Иов, который сам, без чьей-либо помощи, попал в сети.

Жаловаться и злобствовать – это все равно, что войти в расставленные сети или угодить в ловушку по собственной воле.

В церкви мы особенно не должны быть причиной того, что наши братья попадают в сети. Нам нужно помогать братьям и молиться за них, чтобы они не запутались в сетях.

Что же тогда означают слова «петля зацепит за ногу его, и грабитель уловит его»? Петля – это та же ловушка, которую используют для ловли мелких животных.

Если на животном затянуть петлю, то оно, скорее всего, погибнет. И точно так же, если человек зацепится ногой за петлю, то он упадет на землю и не сможет подняться вновь. Какое же это жестокое проклятие!

«Иов! Так же, как ты по доброй воле попался в сети, которые сам себе расставил, петля зацепит тебя за ногу, и ты будешь сокрушен и лишишься жизни!».

3. Когда мы проклинаем и желаем плохого другим

«Скрытно разложены по земле силки для него и западни на дороге. Со всех сторон будут страшить его ужасы и заставят его бросаться туда и сюда» (18:10-11).

Вы скрытно расставляете силки, поскольку ваша цель – хоть что-то поймать. Именно с целью поймать кого-то, вы копаете яму, затем слегка покрываете ее ветками и тонким слоем земли – таким образом ловушка станет незаметной. Когда животные или люди ступят на нее – они упадут в яму.

Слово «силки» здесь символизирует новые страдания Иова, которые были еще впереди. Слова «скрытно разложены по земле силки для него» означают, что страдания, которые предстоят Иову, пока скрыты, их нельзя увидеть.

«И западни на дороге» предполагают, что на пути Иова стоит капкан, так что он будет мучиться и погибнет. Сказанное: «Скрытно разложены по земле силки для него и западни на дороге» – это не что иное, как замечание, в котором содержится угроза.

В этот момент Вилдад не думает, что он угрожает Иову, но в данной ситуации как раз и всплывает наружу ненависть Вилдада.

Если вы когда-либо испытывали чувство ненависти к кому-то, то не желали ли вы ему, чтобы у него ничего не получалось, чтобы он испытал трудности? Если у вас не идут дела или вы по чьей-то вине были незаслуженно обвинены, не захочется ли вам в этой ситуации, чтобы этого человека постигли неудачи?

Бог отдал за нас Своего Единственного и Единородного Сына как искупительную жертву, чтобы решить проблему наших грехов. Однако, если мы не решаем этой проблемы греха, а по-прежнему имеем зло в сердце, то как тогда поступит Бог?

Бог тогда должен будет очистить нас, чтобы сделать совершенными детьми, очистить Кровью Господа. Во время испытаний мы можем молиться, понять себя, отступиться от греха и покаяться. Если ваш разум наполнен тем же, чем наполнен разум Иова и его друзей, то вам следует избавиться от этого как можно скорее.

В стихе 11-м говорится: «Со всех сторон будут страшить его ужасы и заставят его бросаться туда и сюда». Вилдад продолжает проклинать Иова из чувства ненависти.

Он клянет Иова, говоря, что ужасы не просто будут страшить его, но они будут еще и продолжаться. Сколько же зла в его сердце!

4. Когда выявляется первородное зло в сердце

«Истощится от голода сила его, и гибель готова, сбоку у него. Съест члены тела его, съест члены его первенец смерти» (18:12-13).

Под «силой» здесь подразумеваются честь, богатство, известность и мудрость, которые Иов имел. И здесь же, слово «истощившийся» не означает наступление голода из-за отсутствия, скажем, дождя.

Под этим подразумевается, что дети Иова погибли,

что он потерял все накопленное и у него не осталось ни гордости, ни высокомерия, ни авторитета.

«Иов, посмотри на себя. Ты истощен, ты теряешь все свои силы. Тебя ждут одни лишь несчастья!».

Иов страдает от боли, а Вилдад делает ему еще больнее.

Под «членами тела» в 13-м стихе подразумевается все, что образовалось с помощью усилий Иова. А именно, это его тело, его единородные дети, обстоятельства вокруг него и все то, чего он достиг.

«Первенец смерти» – это не просто смерть, это особо мучительная смерть. «Съест члены его первенец смерти» – под этими словами подразумевается полная смерть, не оставляющая после себя семени жизни. Это не простая смерть, а смерть, беспощадно убивающая каждую часть тела, каждый сустав.

Из этого мы можем понять, как беспощадно зло. Если вы думаете: «Сколько же зла в друзьях Иова! Как могут они источать столько зла?» – то в этом случае оглянитесь на себя: не принадлежите ли и вы к числу таких людей.

Мы можем встретиться с проявлениями подобного зла и сегодня. Когда люди спорят и злятся, они проклинают друг друга, говоря: «Умри!». Иногда они изливают бесконечное множество проклятий и нецензурной брани. И хотя это не физическое убийство, однако словами они все же убивают друг друга.

У друзей Иова есть знания, образование, они хорошие люди, но, по мере того как они продолжали спорить, выявлялось зло, глубоко укоренившееся в их сердцах.

«Изгнана будет из шатра его надежда его, и это низведет его к царю ужасов. Поселятся в шатре его,

потому что он уже не его; жилище его посыпано будет серою» (18:14-15).

Под словами «изгнана будет из шатра его надежда его» подразумевается, что человек лишился всего своего имущества и ему негде жить. Тот, кто разоряется, либо должен продать свой дом, либо его отберут у него.

Далее говорится: «... и это низведет его к царю ужасов». В этом случае под «царем ужасов» не подразумеваются какие-либо демоны или Люцифер. Вилдад использовал слово «царь», чтобы подчеркнуть величину страха, который становится все сильнее и сильнее.

Итак, «царь ужасов» – это крайняя степень страха, от которого заходится человеческое сердце. Вилдад насмехается над Иовом, зная, что тот испытывает именно такой ужас.

Давайте посмотрим, что влечет за собой подобный ужас.

Во-первых, люди, подобно Иову, начинают оправдываться.

Они боятся, что остальные будут смотреть на них свысока или обнаружится их несостоятельность. Они думают, что недостаточно признаны окружающими, поэтому пытаются объяснить что-то относительно себя и оправдаться. Все это оттого, что в них живет страх, а это, в конце концов, может привести к противостоянию или даже вражде с другими людьми.

Во-вторых, люди связывают себя.

Когда они действительно не очень старательны и преданны своему делу, не могут или не хотят исполнять свои обязанности, тогда у них и появляется чувство страха. В этой ситуации, если они не будут постепенно меняться, они будут охвачены «царем ужаса».

Мы испытываем страх, потому что скрываем то неправильное, что есть в нас. Если мы живем в истине и честны, то у нас нет и причины бояться чего-либо. Лишенные страха радуются, принимая упреки, и, так как они хотят получить больше, они не оправдываются.

В 15-м стихе говорится: «Поселятся в шатре его, потому что он уже не его». Это означает, что поскольку дом Иова разрушен, то на этом месте будут жить другие люди. Как же велико проклятие, заключенное в словах о том, что Иов не оставит даже истоков своих! И к тому же сказано, что «жилище его посыпано будет серою».

«Снизу подсохнут корни его, и сверху увянут ветви его. Память о нем исчезнет с земли, и имени его не будет на площади. Изгонят его из света во тьму и сотрут его с лица земли» (18:16-18).

Прокляв Иова, Вилдад подытожил свою речь притчей о дереве. Если корни дерева засохнут, то оно погибнет. Но если ему еще и обрезать ветви, то будет еще хуже – оно исчезнет навсегда.

Когда мы пребываем в мире, мы не в состоянии выявить в себе зло. Но через испытания и искушения, мы способны обнаружить всю мерзость и безобразность зла.

Если грязную воду не трогать достаточно много дней, то вся муть в ней осядет на дно. Тогда, глядя на поверхность воды, можно подумать, что она чистая. Но если ее взболтать, она вновь станет мутной. Следовательно, чтобы вода стала по-настоящему чистой, необходимо отфильтровать всю грязь. То же самое Бог делает с Иовом.

Когда Вилдад говорит, что дерево Иова засохнет и его ветви увянут, то он имеет в виду, что от пребывания Иова на земле не останется и следа. Исчезнет все, что бы то ни было связанное с ним, и мало что будет напоминать о нем.

В 18-м стихе написано: «Изгонят его из света во тьму». И это означает смерть и потерю всякой надежды. А слова «и сотрут его с лица земли» говорят нам, что Иов исчезнет с лица земли. Речь идет не просто о смерти, но о том, что все, связанное с ним, будет стерто с лица земли. Вилдад имеет в виду, что Иов попался в ловушку из-за собственного зла, и поэтому он отвержен всем миром.

К примеру, когда кому-то кажется, что нет шанса на выживание, то он обычно говорит: «Весь мир отвернулся от меня». Кто-то может сказать то же самое, если нет сил продолжать жить; и Вилдад, не задумываясь, адресует эти слова Иову.

«Ни сына его, ни внука не будет в народе его, и никого не останется в жилищах его. О дне его ужаснутся потомки, и современники будут объяты трепетом. Таковы жилища беззаконного, и таково место того, кто не знает Бога» (18:19-21).

В этом отрывке говорится, что у Иова не будет ни детей, ни внуков. Это проклятие говорит, что весь род Иова будет искоренен.

Читая Библию, я поставил себя на место Иова. Я не мог не плакать, думая об Иове. Даже друзья не утешали его, хотя он был в отчаянном положении. Они так зло обращались с ним. Как же он должен был страдать!

Если бы ваши друзья сделали вам столько же зла, как бы вы себя чувствовали? То, что Иов прошел через все это, объясняет, почему он стал примером глубоко страдающего человека, примером для тех, кто проходит через похожие обстоятельства. Проклиная Иова, Вилдад предупреждает его о тех тяжких страданиях, с которыми ему еще придется столкнуться.

И, далее, Вилдад объясняет, что Иова ждут страшные беды из-за того, что он неправеден и не познал Бога. Вилдад делает подобные утверждения, хотя сам он недостаточно хорошо знает Бога.

Глава 19

Муки и терзания Иова

«Братьев моих Он удалил от меня, и знающие меня чуждаются меня»
(Книга Иова, 19:13).

1. Давайте не терзать друг друга словами

«И отвечал Иов, и сказал: доколе будете мучить душу мою и терзать меня речами? Вот, уже раз десять вы срамили меня и не стыдитесь теснить меня» (19:1-3).

Если вы мучаетесь, то ваше сердце страдает. Так как Иов старался выиграть в споре с друзьями, то он был слишком взволнован и измучен. Когда Иов говорил что-нибудь, то друзья отвечали ему притчами, чтобы терзать его словами, укорять и мучить его, игнорируя то, что он говорил.

Человек, и не имеет значения, верующий он или нет, если слышит слова, сказанные против него, попытается найти контраргументы, чтобы подавить говорящего. И все же, нельзя терзать людей словами. Вы стараетесь подавить оппонента словесно, потому что не можете понять его или у вас нет желания убеждать его, чтобы он понял вас.

Нам не следует ни пренебрегать людьми, ни давить на них. Если вы будете подавлять людей, они ответят вам на это злом. Добродетельный человек, в котором есть любовь, постарается вызвать понимание другого человека.

В 3-м стихе говорится: «Вот, уже раз десять вы срамили меня и не стыдитесь теснить меня». Под словами «десять раз» подразумевается многократность.

Иов говорит: «Будучи безвинным, я все это время

терплю оскорбления, а вам даже не стыдно оскорблять меня и относиться ко мне несправедливо. И, хотя я не виновен, Бог поразил меня болезнью, и вы так сурово осуждаете меня. Если бы у вас была совесть, то вы бы устыдились самих себя!».

как друзья относились к нему, было недопустимо. Поэтому он старается заставить своих друзей понять, что их поступки постыдны.

Иов обладал справедливым сердцем, и если кто-то был не способен делать то, что делал он по своей добродетельности, то он советовал им пойти и сделать это. Но когда люди не соглашались с ним, он приходил в замешательство.

Друзья же терзали его своими словами, даже не чувствуя смущения или стыда.

«Если я и действительно погрешил, то погрешность моя при мне остается. Если же вы хотите повеличаться надо мною и упрекнуть меня позором моим, то знайте, что Бог ниспроверг меня и обложил меня Своею сетью» (19:4-6).

О чем говорят нам слова «если я и действительно погрешил»? По мнению Иова, он не был ни в чем виноват. Но поскольку друзья так долго настаивали на этом, то он говорит: «Если я и...». И затем он пошел в ответное наступление, спрашивая, а как они поступают, и прося их доказать свою праведность.

Что же означает сказанное: «Если же вы хотите повеличаться надо мною и упрекнуть меня позором моим ...»?

Иов говорит, что его друзья превозносятся над ним. Он думал, что ему нечего стыдиться, поэтому говорит им:

«Если я проклят и если вы, судя по тому, что вы говорите, праведны, подтвердите свою праведность и докажите мой позор!». Позор – это нечто постыдное, это некая вина, о которой другим нежелательно знать.

Когда две стороны спорят друг с другом, то одна из них может быть права, или обе могут ошибаться. Спорить, в любом случае, не следует. Когда страсти в споре накаляются, то люди обычно разоблачают недостатки других.

Встретив сопротивление, они начинают злиться, хотя на какое-то мгновение у них может возникнуть желание уступить, но затем они перейдут в наступление, обличая промахи и недостатки людей, чтобы полностью растоптать их. Такое побуждение возникло и у Иова. Нам же следует избавляться от подобных злых желаний.

Люди с таким сердцем встречаются и в церквях. Даже пасторы и лидеры церквей проявляют недовольство, если с их мнением не соглашаются. Или же они становятся сторонними наблюдателями и перестают взаимодействовать, говоря: «Посмотрим, как они с этим справятся».

Такое сердце – самое злое из всех злых сердец. Насколько же сильны проявления зла, если ваше рвение охладело и вы не коперируете с другими людьми, работая для Царства Божьего!

В этом случае, некоторые люди начинают разоблачать прошлые просчеты других. А это отвратительно в очах Божьих. В этом проявляется сердце дьявола, и сатана будет радоваться этому. Поэтому с помощью поста и молитвы мы должны избавляться от зла.

2. Иов обвиняет Бога и оправдывается

Давайте обратимся к 6-му стиху: «То знайте, что Бог ниспроверг меня и обложил меня Своею сетью».

Здесь Иов утверждает, что он был повержен Богом. И когда Иов говорит о том, что Бог ниспроверг его, это означает, что Иов сдался. А также то, что он этого не хотел, но его силой заставили покориться.

Так как Иов верит в свою правоту, то повинуется неохотно, с мыслью, что он не должен подчиняться. Кроме того, он говорит: «Тогда это означает, что вы правы? Потому что Бог ниспроверг меня, у меня нет власти, а сам я превратился в жертву». Он во всем винит Бога и очень сильно жалуется на Него.

Чтобы поймать птицу или рыбу, мы используем сети, а чтобы отловить животное, ставится капкан. Иов утверждает, что Бог обложил его Своею сетью и ниспроверг его. И он оправдывается перед друзьями.

Иов же попался в сети собственного зла. То же самое происходит с некоторыми людьми сегодня. Заключенные в рамки правил, они при этом жалуются на своих соседей, на церковь или Бога.

К примеру, их бизнес разорен или из-за собственных ошибок они потеряли все деньги, однако себя они не винят в случившемся. Они обвиняют других людей, говоря, что они такие злые люди, что отобрали у них деньги.

Когда из-за реконструкции района сносят незаконно построенные ими дома, они не жалуются на правительство, а предъявляют претензии к Богу, обвиняя Его. Даже неверующие обвиняют Бога. Насколько же это глупо!

«Вот, я кричу: „обида!", – и никто не слушает; вопию, и нет суда. Он преградил мне дорогу, и не могу пройти, и на стези мои положил тьму» (19:7-8).

Обида – это реакция на безжалостность и притеснения. И страдать от обиды – значит столкнуться с несчастьем, которое не так часто встречается.

Так как Иов сильно страдал, то он говорит, что не понимает происходящего с ним и не получает ответа, когда кричит; и нет суда, когда он просит о помощи.

Если бы мы оказались в таком же положении, как Иов, многие ли из нас не стали бы жаловаться на Бога? Большинство будет жаловаться на Бога и оставит Его.

«Суд» здесь означает разрешение или устранение разочарований, расстройств, гнева и тревог. Иов говорит, что нет суда, поэтому некому рассеять его досаду и раздражение. Он умоляет с отчаянием в сердце.

Давайте проверим, похожи мы или нет на Иова. Причина, по которой Иов не получает ответа в том, что он не познал самого себя.

«И когда вы простираете руки ваши, Я закрываю от вас очи Мои; и когда вы умножаете моления ваши, Я не слышу: ваши руки полны крови. Омойтесь, очиститесь; удалите злые деяния ваши от очей Моих; перестаньте делать зло; научитесь делать добро, ищите правды, спасайте угнетенного, защищайте сироту, вступайтесь за вдову. Тогда придите – и рассудим, говорит ГОСПОДЬ. Если будут грехи ваши, как багряное, – как снег убелю; если будут красны, как пурпур, – как волну убелю. Если захотите и послушаетесь, то

будете вкушать блага земли; если же отречетесь и будете упорствовать, то меч пожрет вас: ибо уста ГОСПОДНИ говорят (Кн. пророка Исаии, 1:15-20).

«Вот, рука ГОСПОДА не сократилась на то, чтобы спасать, и ухо Его не отяжелело для того, чтобы слышать. Но беззакония ваши произвели разделение между вами и Богом вашим, и грехи ваши отвращают лицо Его от вас, чтобы не слышать. Ибо руки ваши осквернены кровью и персты ваши – беззаконием; уста ваши говорят ложь, язык ваш произносит неправду» (Кн. пророка Исаии, 59:1-3).

Причина, по которой мы не получаем ответа на свои молитвы в том, что между нами и Богом стена греха. Если мы покаемся и отступимся от грехов, то Бог говорит, что Он простит нам наши грехи.

Как же, в таком случае, Иов мог получить ответ?

Если бы он понял свое внутреннее сердце, верил бы в Бога, Который отвечал бы ему, и молился бы, радуясь и благодаря, то получил бы щедрые благословения. Однако он, вопреки истине, только жаловался, говорил о своих страданиях и боли, и поэтому никак не мог получить ответа от Бога.

Истина указывает нам, что нужно радоваться, молиться и благодарить даже в страданиях и верить в Бога, но Иов причитал, ввергая себя в отчаяние, споры и оправдания, оттого-то он и не получал ответа.

В 8-м стихе написано: «Он преградил мне дорогу, и не

могу пройти, и на стези мои положил тьму».

Под словом «стезя» здесь подразумевается кратчайший путь, но тьма покрывает его. Иов говорит, что Бог преградил ему дорогу, поэтому он не может пройти; каким же путем следовал Иов?

Он собирал урожай, поедал его и наслаждался изысканной жизнью. Однако при этом он был очень совестливым и помогал нуждающимся. И вот теперь, по словам Иова, Бог не дает ему делать всего этого. И это правда – Бог остановил Иова, чтобы тот стал истинно духовным человеком.

Иов искал кратчайший путь к тому, чтобы окружить себя благополучием и обеспечить свое будущее, но поскольку Бог допустил, чтобы тьма покрыла его путь, то он потерял свои владения и детей, его покинули жена и друзья. Иов говорит, что он лишился всех радостей, что он так тяжко страдает от боли потому, что Бог положил на его пути тьму, подобную смерти.

«Совлек с меня славу мою и снял венец с головы моей. Кругом разорил меня, и я отхожу; и, как дерево, Он исторг надежду мою. Воспылал на меня гневом Своим и считает меня между врагами Своими» (19:9-11).

«Венец», или корона, – это то, что обычно носят короли. Слава – это награда и известность. Как понимать сказанное, что Бог совлек с Иова славу и снял «венец» с его головы?

Иов был богат, был утешением для многих людей, которые почитали его. Он был в почете, прославляем и любим многими людьми. И вот теперь, как утверждает Иов, он лишился всего этого из-за Бога.

«Венец» – это олицетворение власти. Подобно королю,

увенчанному короной, Иов обладал властью, которую давало ему богатство. А так как Бог лишил его богатства, то и власти у него не стало.

Из чего мы можем заключить, что Иов обрел почет и власть не только благодаря своим делам, но и своему имуществу. Через это признание Иова становится понятным, что люди осознают бессмысленность богатства, лишь потеряв его.

Слова «кругом разорил меня» означают, что Бог атакует его со всех сторон. Сегодня многие люди думают, что потеря авторитета и богатства равносильна смерти. Но ценность нашей жизни не определяется ни властью, ни славой.

В Евангелии от Луки, в 16-й главе, есть рассказ о богаче и нищем Лазаре. Богач наслаждался своей жизнью, пиршествовал, не зная Бога. А нищий Лазарь вынужден был просить подаяние у ворот дома богача, но при этом, надо помнить, что Лазарь боялся Бога. Какую из этих двух жизней выбрали бы вы?

Когда Бог призвал души этих двоих, богачу пришлось мучиться в Нижней могиле, в Гадесе, а бедный Лазарь был отнесен на лоно Авраамово, в Верхнюю могилу (От Луки, 16:19-31). Если наши духовные глаза открыты, то мы конечно же предпочтем иметь страх Божий и отправиться в Царство Небесное, подобно нищему Лазарю.

В 10-м стихе написано: «И, как дерево, Он исторг надежду мою». Надеждой Иова были все его накопления. Но поскольку все исчезло в одно мгновение, Иов говорит, что Бог исторг его, как дерево со слабыми корнями.

Надежды Иова были связаны с материальными понятиями, с его детьми и собственностью. Поэтому давайте осознаем, насколько бессмысленно и глупо погружаться в плоть и как важно стать человеком духовным, действительно знающим и верящим в Бога.

В 11-м стихе говорится: «Воспылал на меня гневом Своим и считает меня между врагами Своими». Боль и несчастья стали причиной того, что Иов утверждает, будто Бог разгневался на него. Поскольку он полагает, что его мучения из-за Бога, он выплескивает пред Ним свое раздражение.

Когда у вас есть враг, то стоит вам только заметить его лицо, услышать его дыхание или просто увидеть его глаза, как вы вздрогнете. Вам не хочется видеть этого человека, вы можете даже хотеть убить его. Одно из главных зол человеческих – это вражда. Как же шокирует утверждение Иова о том, что Бог считает его Своим врагом, в то время как Он говорит нам любить даже своих врагов!

«Полки Его пришли вместе, и направили путь свой ко мне, и расположились вокруг шатра моего» (19:12).

Когда «полки» пришли и окружили Иова?

Здесь, под словом «полки», на самом деле подразумеваются не воины, а друзья Иова. Насколько же сильно Иов пострадал от друзей, если он сравнивает их с войском?

Это все равно, что сравнивать кого-то со львом или с тигром. И это довольно резкое выражение, чтобы сказать, что друзья говорят с ним громкими и зычными голосами.

«И направили путь свой ко мне» – здесь имеется в виду, что друзья Иова, искажая его слова и намерения, как бы говорят ему: «И это неправильно, и то неверно...».

Таким образом, Иов убежден, что Бог, считая его Своим врагом, использует его друзей, чтобы исказить его слова и намерения.

Слова «и расположились вокруг шатра моего» означают, что его друзья окружили его и нападают на него. Иов возлагает вину на Бога и за неправильные действия своих друзей.

3. Разница между плотской и духовной любовью

«Братьев моих Он удалил от меня, и знающие меня чуждаются меня. Покинули меня близкие мои, и знакомые мои забыли меня. Пришлые в доме моем и служанки мои чужим считают меня; посторонним стал я в глазах их. Зову слугу моего, и он не откликается; устами моими я должен умолять его» (19:13-16).

Мы вполне можем понять всю сложность положения Иова. Его одиночество и трудности все больше и больше усугубляются.

Когда Иов был обеспеченным человеком и, благодаря своему богатству, наслаждался почетом и славой, люди восхваляли его за праведность, поскольку он вселял в них надежду.

Иов очень любил своих детей и постоянно приносил Богу жертвы за них. И он любил своих соседей.

Но любовь Иова была плотской. Та, что, в конечном итоге, ищет собственной выгоды, и поэтому итог ее плачевен. Плоть подвержена изменениям. Когда она не находит пользы для себя, она поворачивается спиной.

Иов говорит, что братья оставили его, и это тоже работа

Бога. Он говорит, что друзья и близкие забыли о нем.

Пока Иов был богатым, в доме его было множество людей, в том числе и слуг, а также бывали гости. Теперь же те, кто жили в его доме, его служанки считают его посторонним. В их глазах он стал чужим.

Слуги должны были бы служить своему хозяину Иову, но они даже не откликались на его зов. Только если Иов, унижаясь перед ними, смиренно просил их об одолжении, они могли сделать для него что-нибудь

Должно быть, Иову было очень трудно выражать свою боль и страдания. И, вероятно, он по-настоящему заботился о нуждающихся людях, когда был богат. Его друзья, скорее всего, получали немалую помощь от Иова. Вот почему они пришли навестить его, когда он оказался на одре болезни.

И так как Иов во времена своего благополучия был добр к ним, то теперь он может позволить себе утверждать подобные вещи. Но ничего из прежнего не вернулось к нему. Все, что он получает, – это лишь насмешки и презрение.

Так почему же все покинули Иова?

Даже когда мы тратим деньги, мы должны делать это духовно. Достичь совершенства в этом плане можно только тогда, когда мы все делаем, имея духовную любовь. Будучи богатым, Иов многим давал надежду и помогал, но то была плотская любовь. В силу этого братья и знакомые оставили его.

Как написано в 1-м послании к Коринфянам, в главе 13-й, духовная любовь долготерпит, милосердствует, ищет блага для других, поэтому, если бы его действия были духовными, братья не покинули бы его. Он не был бы покинут людьми, а, скорее всего, получил бы в ответ помощь от них.

Если вы даете деньги другим, то в тот момент они могут

быть благодарны вам, но через какое-то время они забудут об этом. Учитывая жалобы и негодование, исходящие из уст Иова, мы можем ясно понять, что его любовь не была духовной.

Примером духовной любви в Библии является любовь Давида и Ионафана. Отец Ионафана – Саул, первый царь Израиля, одним из придворных которого и был Давид. Давид одерживал победы во всех сражениях, и его популярность среди людей возрастала. Царь Саул, завидуя Давиду, возненавидел его и, в конечном итоге, попытался убить его.

> *«И снова Ионафан клялся Давиду своею любовью к нему, ибо любил его, как свою душу» (1-я кн. Царств, 20:17).*

Ионафан знал, что по Божьему плану Давиду предстоит стать царем, а его отцу, оставленному Богом, быть поверженному. Однако он продолжал защищать своего друга Давида. Он любил Давида духовной любовью, так же как и Давид его. Вот почему, став царем, Давид до последнего защищал сына Ионафана, Мемфивосфея , и проявил к нему столь великую любовь, что позволил ему есть с собой за одним столом.

> **«Дыхание мое опротивело жене моей, и я должен умолять ее ради детей чрева моего. Даже малые дети презирают меня: поднимаюсь, и они издеваются надо мною. Гнушаются мною все наперсники мои, и те, которых я любил, обратились против меня» (19:17-19).**

«Дыхание мое опротивело жене моей», то есть жена Иова не желает видеть его рядом. Не только жена, но все, кто был близок ему и, в духовном понимании, имел одно дыхание с ним, кто делил с ним свое сердце, покинули его, когда он оказался в трудной ситуации.

До того как я встретил Бога, я семь лет болел, но моя жена не оставила меня. Пока я был прикован к постели, она заботилась обо мне, зарабатывала на жизнь. Ей выпало много страданий.

В моем самочувствии все еще не наступало никакого улучшения. Мое состояние лишь усугублялось, не было никакой надежды на будущее. Однако моя жена не развелась со мной, когда я был болен. Я был покинут ею, когда был исцелен Богом от всех болезней.

На самом деле, я не понимал, почему так произошло, но Бог объяснил мне это через вдохновение, полученное мной от Святого Духа, когда Он разъяснял мне Книгу Иова.

Вполне естественно, что я любил свою жену, был честен с ней и ничего от нее не скрывал. Поскольку моя жена истратила деньги, предназначенные для обучения в колледже, еще до того как мы поженились, то я не смог продолжать обучение, а должен был сначала найти работу. Тем не менее, у меня не было никаких претензий к жене. Ничто не вызывало у меня неприязни и не могло заставить страдать.

Я всегда любил свою жену всем сердцем, и правда говорила за меня, поэтому она могла жертвовать ради меня. Если бы я не был предан своей жене, то она могла бы невзлюбить меня, мое дыхание опротивело бы ей и она бы развелась со мной.

Но когда она сталкивалась с реальными трудностями, то говорила: «Если я разведусь с тобой сейчас, то люди будут говорить, что я непорядочная женщина, бросившая своего больного мужа. Поэтому я не буду разводиться с тобой сейчас. Но если ты поправишься, то я с тобой разведусь». На самом деле, она говорила это много раз.

Эти слова моей жены стали для нее ловушкой, и именно из-за них враг дьявол предъявил ей свои обвинения. После того как я встретил Бога и был полностью исцелен от всех своих болезней, мы были очень счастливы и строили планы счастливого будущего. Но на дне рождении моего отца произошел инцидент.

Когда моя мать из добрых побуждений дала моей супруге совет, та неправильно поняла его, подумав, что свекровь сказала, будто бы я заболел из-за нее, и убежала из дома. Я был покинут своей женой.

Позже она возвратилась, покаялась, и мы вновь были вместе. В тот период я заметил, что вспыльчивость моей жены исчезла. Бог содействует ко благу во всем.

В 18-м стихе Иов говорит, что его презирают даже малые дети. А в 19-м стихе он утверждает, что им гнушаются его наперсники и даже те, кого он любил, обратились против него.

Теми, кого он любил, могут быть его друзья, его жена и его родственники, соседи или братья. То есть это означает, что все люди, окружавшие Иова, ополчились против него, возненавидели его, потому что Иов продолжал жаловаться, не пытаясь даже выслушать других.

Мы тоже можем наблюдать ситуации, сходные с той, в которой оказался Иов. Представьте себе человека, который помогал многим людям и который потом стал банкротом.

И тогда те, кто когда-то получали от него помощь, пытаются дать ему совет, подсказывая, что надо делать, а чего делать не следует. При всех этих обстоятельствах, если человек, которому дают совет, думает только о прошлом, то, не принимая ничьих советов, он подумает: «Да кто вы такие, чтобы говорить мне, как я должен поступать? Я гораздо лучше вас во всем разбираюсь, поэтому-то я и помогал вам раньше!».

В этом случае, люди, дающие совет, будут разочарованы и, думая о нем, могут сказать: «У самого нет ничего, а продолжает хвастаться».

Прежде он помогал людям, теперь же он стал банкротом, и как бы они ни старались дать ему свои рекомендации, он их не принимает. Тем не менее, им не следует разочаровываться или ненавидеть его. Им не следует забывать благодать, которую они получали от него прежде. Но сердца людей не помнят того, что получали.

«Кости мои прилипли к коже моей и плоти моей, и я остался только с кожею около зубов моих. Помилуйте меня, помилуйте меня вы, друзья мои, ибо рука Божия коснулась меня. Зачем и вы преследуете меня, как Бог, и плотью моею не можете насытиться?» (19:20-22).

Кожа и плоть Иова иссохли. И так как Иов кипел от гнева из-за продолжающихся споров, то, даже если он и ел, пища не усваивалась. Все его тело было покрыто нарывами, а кожа его продолжала гноиться, растрескиваться и сохнуть.

Поэтому кости Иова прилипли к коже и плоти. Он с трудом выживал, но все еще мог говорить. Практически все его тело высохло, и как же тяжело ему было!

Иов просит друзей помиловать его, поскольку он сокрушен Богом.

Если вы, проходя через испытания и искушения, говорите

мне: «Пастор, Бог сразил меня. Помилуйте меня», могу ли я иметь жалость к вам, когда вы обвиняете Бога в испытаниях, причиной которых являются ваши собственные ошибки. Разумеется, я могу сказать: «Какая жалость!» – но это не решит ни одной из ваших проблем.

Здесь становится понятным, до какой степени Иов оставался плотским человеком. Поскольку он жил по плоти, он и от друзей ожидает плотской помощи.

Еще более поразительным кажется то, что Иов говорит в 22-м стихе: «Зачем и вы преследуете меня, как Бог, и плотью моею не можете насытиться?».

Иов говорит, что друзья преследуют его своими словами, и поэтому плоть его иссохла.

Иов не усваивал то, что друзья говорили ему, – это только злило его. Вот почему он воспринимал слова друзей как преследование. Очевидно, что Иов похудел из-за своих тяжелых страданий. Но для того чтобы поярче выразить всю свою боль, он говорит, будто бы это друзья поглощают его плоть.

Но если наше сердце такое же мягкое, как хлопок, мы не потеряем вес. Не обладаете ли и вы таким же упрямым и твердым, как камень, сердцем? Если кто-то клевещет на вас и незаслуженно обвиняет в чем-то или распространяет о вас сплетни, то не закипите ли вы от гнева? Не пойдете ли вы к нему, чтобы сразу же выяснить с ним отношения, так как не можете вынести этого? Из-за злости вы можете лишиться сна и, возможно, похудеете. Если вы относитесь к тому типу людей, которые в похожих ситуациях теряют вес, то вам следует признать, что вы обладаете твердым, как камень, сердцем.

Если мы бросим камень в охапку ваты, то она бесшумно примет и укроет его. И если наше сердце такое же мягкое, как вата, то мы не станем поднимать шума из-за определенных поступков людей. Даже если кто-то, обладая твердым, как камень, сердцем, ударит вас, вы обнимете его с любовью и кротостью, без всякого шума, и поэтому причины худеть у вас не будет.

Нам не следует произносить слова, которые причиняют боль другим. Мы не должны становиться причиной того, что люди худеют. Иов настаивает на том, что он иссох из-за слов друзей, а они продолжали говорить их! С какой целью они это делали? Если бы Иов согласился со словами друзей, он не стал бы худеть, а его проблемы были бы решены.

Кроме того, люди, которые упорно продолжают говорить таким образом, также совершают грех. Если мы сделаем наше сердце таким же мягким, как вата, и станем зерном пшеницы, которое, упав в землю, умрет, то где бы мы ни были, там будут Небеса, и Благая Весть дойдет до наших семьей и коллег по работе.

«О, если бы записаны были слова мои! Если бы начертаны были они в книге резцом железным с оловом, на вечное время на камне вырезаны были! А я знаю, Искупитель мой жив, и Он в последний день восставит из праха распадающуюся кожу мою сию, и я во плоти моей узрю Бога» (19:23:26).

«Железный резец» похож на ручку.

Иов говорит, что если бы он написал книгу о том, через что он проходит, то это может быть стерто или книга может порваться; но если бы это было начертано на камне, то осталось бы на века. Он имеет в виду, что его единственное желание – оставить запись о том, насколько велики были его боль и страдание, навсегда.

Прежде, когда вы не верили в Бога и незаслуженно страдали или были на положении жертвы, не говорили ли вы: «Кто знает, в каком я положении? Знают ли об этом земля и Небеса? Где мне записать эти незаслуженные страдания?».

Вы можете говорить подобное, поскольку в вашем сердце есть зло. Если же мы терпим и, оставив все, уповаем на Бога, то Он совершит все ко благу (Псалом, 37:5). Так что, не будет и нужды вести записи.

В 25-м стихе написано: «А я знаю, Искупитель мой жив». Это не то, о чем он знает наверняка, а лишь то, о чем слышал прежде.

Есть большая разница между той верой, которая непоколебима, и той, что колеблется. Если вашу веру можно поколебать, то вы можете сомневаться, дружить с миром и совершать грехи.

«Он в последний день восставит из праха распадающуюся кожу мою сию, и я во плоти моей узрю Бога» – об этом говорится в 26-м стихе. И это опять лишь то, что он слышал.

Даже неверующие говорят примерно следующее: «Небеса причинили мне слишком много вреда!», «Бог так жесток ко мне!» и «Я думаю, что отправлюсь на Небеса, потому что я жил добропорядочно!». Однако все эти слова напрасны. Они говорят их только для того, чтобы успокоить себя.

4. Хитрое и коварное сердце

«Я узрю Его сам; мои глаза, не глаза другого, увидят Его. Истаевает сердце мое в груди моей! Вам надлежало бы сказать: „зачем мы преследуем его?" Как будто корень зла найден во мне. Убойтесь меча,

ибо меч есть отмститель неправды, и знайте, что есть суд» (19:27-29).

Иов слышал о Боге и служил Ему, поэтому он не мог быть пред Богом чужим. Раньше Иов преданно служил Богу. Теперь же он жалуется на Бога и говорит, что Бог плох. Так как же он будет относиться к Нему потом? Когда Иов думал о той ситуации, при которой он встретит Бога, он начинал нервничать, и сердце его истаивало.

28-й стих semilla de la vida один из самых трудных для понимания. Это – гипотеза. Здесь, под словом «его», подразумевается Иов. Друзья непрерывно нападают на него, чтобы сломить и заставить его сдаться.

Друзья Иова говорят, что причина всех проблем в самом Иове. Но Иов не признает этого. Иов чувствует, что его преследуют и что его обвиняют ошибочно, он говорит, что во всем повинен Бог, и это Он сразил его. Он хочет, чтобы Бог уступил, и обвиняет Бога во всех своих бедах.

Друзья Иова во всем обвиняют его, а Иов винит во всем Бога!

Но что бы Иов ни говорил друзьям, те его не слушали. Оттого и истаивает сердце Иова. И теперь-то Иов по-другому стал общаться с друзьями. Он уклоняется от их атак при помощи мудреных слов, обвиняя обе стороны.

Мы не должны ни в чем обвинять людей, тем более строить догадки, осуждая их. Иов обвиняет других в том, чему причиной является сам. Он выдвигает свои предположения. Он винит и Бога, и друзей.

Иов мог делать это, потому что обладал большими познаниями, однако мы не должны допустить, чтобы кто-то страдал из-за наших промахов. Если мы в состоянии, то должны взять на себя ответственность за то, что совершили. Если же мы виним еще кого-то, то делаем это из трусости и коварства своего сердца.

В 29-м стихе Иов приходит к выводу, что за злом следует наказание мечом. И это правда. Когда люди злятся, между ними происходят драки, жестокость и даже убийства. Иов приходит к угрожающему и серьезному заключению, говоря, что меч покарает за неправду.

А это означает: «Вы во гневе своем истязаете меня, поэтому в итоге вас ожидает наказание!». От злости нет никакой пользы. Бог однозначно рассудит между добром и злом. Но в данном случае Иов говорит это, чтобы запугать своих друзей.

Даже если какой-то человек и разозлится на нас, и плюнет в нашу сторону, мы не должны ему угрожать. Как поступал Иисус? Его бичевали, на Него надели терновый венец и Он страдал на кресте, и все же Он молился Богу, говоря: «Прости им, ибо не знают, что делают».

Люди забили Стефана камнями, когда тот проповедовал Евангелие, а он молился Богу: «Господи! не вмени им греха сего».

Истинный человек, даже столкнувшись со злом, не станет угрожать другому. Человек истины будет только прощать и молиться с любовью. Поэтому не стоит превращаться в порочных людей, угрожающих другим.

Глава **20**

Последствия для тех, кто порочен

«Небо откроет беззаконие его, и земля восстанет против него. Исчезнет стяжание дома его; все расплывется в день гнева Его»
(Книга Иова, 20:27-28).

1. Давайте не раздражаться

«И отвечал Софар Наамитянин и сказал: размышления мои побуждают меня отвечать, и я поспешаю выразить их. Упрек, позорный для меня, выслушал я, и дух разумения моего ответит за меня» (20:1-3).

Озабоченность Софара несколько отличается от чувств Иова, которые он выразил словами *«истаивает сердце мое»* (Кн. Иова, 19:27). Сердце Иова истаивает, потому что в будущем, когда он предстанет пред Богом, он будет мучиться и страдать из-за своих жалоб на Него. Софара же заботит то, что он узнал о себе. Софар, вместе с друзьями упрекая Иова, осознал, что, по сути, те же претензии можно предъявить и ему. И, будучи совестливым, Софар начал размышлять над этим.

Сегодня многие люди не отвечают за свои слова. Некоторые, более совестливые из них, могут почувствовать стыд, другим же все бывает безразлично.

Если человек не будет брать на себя ответственность за то, что говорит, он потеряет уверенность в себе. У него появится беспокойство и чувство стыда.

В данном случае, если бы Софар просто замолчал и перестал спорить, ему бы больше не пришлось стыдиться, но Софар и его друзья, пытаясь успокоить самих себя, наговорили еще больше недобрых слов.

В 3-м стихе можно найти объяснение беспокойству Софара.

Софар, слушая упреки, почувствовал себя пристыженным, и дух разумения заставил его реагировать. Причина, побудившая Софара к размышлению и укорам самого себя, кроется в его совести, подсказывающей, что все слова, сказанные в адрес Иова, применимы и к нему тоже. Он осознал, что сам, точно так же как и Иов, не делает того, что сам говорит.

Так как Софар укорял Иова вместе со своими друзьями, у него появились угрызения совести. Из этого мы можем заключить, что у него сохранились остатки совести.

И нам становится понятным, что «дух разумения моего ответит за меня», только если мы различаем его в истине. То есть может ли раздраженный человек рассуждать мудро?

Если вы даете кому-то советы и говорите ему сделать то, что вы сами сделать не можете, то вы почувствуете некоторые угрызения совести, при условии, конечно, что она у вас есть. По сути, это означает, что вы упрекаете самого себя, а с другой стороны, вы пытаетесь найти оправдание для себя.

Давайте посмотрим, что в этом случае делает Софар. Поскольку и то, что он сам говорил, и то, что сказал Иов, пронзало его уколом совести, он попытался найти себе оправдание. Стараясь изменить ситуацию, он начал словесную атаку.

Довольно часто я наблюдал подобные ситуации и в своем служении. Когда я давал людям какие-то советы и говорил о том, что было сделано неверно, они, вместо того чтобы покаяться, старались найти себе оправдание. Если бы они приняли мой совет и покаялись, отвратившись от грехов, то смогли бы за несколько месяцев обрести истинное сердце. Поэтому я испытывал сожаление, когда они даже не пытались что-либо сделать.

Люди не желают, чтобы им указывали на их недостатки, поэтому они стараются скрывать их. Они обладают хитрыми сердцами и ищут себе оправдания, не выражая своего истинного мнения. Этим они преследуют личную выгоду. Если мы не избавимся от подобного сердца, то мы не сможем изменить его очень долго.

Когда угрызения совести тревожат человека, он чувствует, что должен оправдываться. А если кто-то подмечает какие-то из ваших недостатков, не появляется ли у вас волнение в сердце и желание найти себе оправдание? «Как я могу выйти из этой ситуации? Какие мне найти оправдания? Как мне найти слабые стороны этого человека и пойти в ответное наступление на него?». Не бьется ли ваше сердце быстрее от подобных мыслей?

Те, кто пытаются переломить эту ситуацию, подобны друзьям Иова. Их сердце не будет считаться чистым, потому что Бог видит его изнутри.

2. Какое у вас сердце?

Людям, живущим в истине, не следует тревожиться ни при каких обстоятельствах. Праведники хорошо подумают, прежде чем дадут ответ другим. Если кто-либо идет на конфликт с вами, предпочтительнее перестать разговаривать с ним. Лучше не спорить, и тем сохранить мир.

Мы должны помнить об этом. Если мы раздражаемся при разговоре, то это подогревает эмоции. О накале страстей будут свидетельствовать наши покрасневшие лица и глаза, а также появление морщин и морщинистые же складки вокруг глаз. Если так пойдет и дальше, то мы, будучи не в состоянии больше сдерживаться, можем наброситься на другого человека с нецензурными словами. Богу это не понравится, зато враг дьявол будет удовлетворен.

Эмоциональные и легко возбудимые люди не могут услышать голос Святого Духа. Голос Святого Духа звучит в сердце, которое подобно тихой заводи. Когда люди волнуются и распаляют свои чувства, они не способны слышать голос Святого Духа. Мы можем распознать Его голос, только когда мы способны порвать со своими плотскими мыслями и очиститься от зла. Не важно, как часто мы молимся и насколько хорошо мы знаем Слово Божье, но если мы настаиваем только на собственной правоте, мы не расслышим голос Святого Духа.

Чтобы слышать голос Святого Духа, мы должны переломить свой образ мышления. Нам следует удалить из сердца все, что не является истиной, и это поможет нам поломать ограниченные рамки мышления.

Те, кто имеют чистую совесть, отступятся и промолчат, когда им укажут на ошибки. Те же, кто злы, будут жалко оправдываться и стараться всех переговорить. Они будут не только оправдываться, но и обвинять кого-нибудь еще, совершая всевозможные злодеяния.

Такие люди, придумав оправдания, сочтут себя мудрыми.

К примеру, когда кто-либо ударит их один раз, они ответят двойным ударом. И если на них нападут, они нанесут ответный удар. А потом они подумают: «Вот так и должно быть. Я умный». Но это сердце, в котором живет зло.

Когда кто-либо указывает на один из ваших промахов и вы, отвечая ему тем же, указываете на два его упущения, то хорошо ли вы себя чувствуете при этом? Видя, что другой человек не может вам ответить, вы чувствуете себя победителем.

Подобные чувства порождаются злом в сердце, которое стремится найти собственную выгоду. Как же глупо и жестоко это выглядит сквозь призму истины! И мы понимаем, каким злым, беспощадным и неумным является такой человек.

3. Последствия для тех, кто порочен

«Разве не знаешь ты, что от века – с того времени, как поставлен человек на земле, – веселье беззаконных кратковременно и радость лицемера мгновенна? Хотя бы возросло до небес величие его и голова его касалась облаков, как помет его, навеки пропадает он; видевшие его скажут: „где он?”» (20:4-7).

Здесь мы можем найти объяснение, почему Софар считал себя мудрым. А все потому, что Иова он рассматривал как грешного человека.

Софар говорил Иову: «Разве тебе не известно, что веселье беззаконных кратковременно и радость лицемера мгновенна? Разве ты не являешься и беззаконным, и лицемером?».

Уколов Иова этим высказыванием, он думал, что говорит мудрые слова.

Лицемерный человек не почитает Бога, поэтому поступает недостойно. Иов был много разумнее, но Софар продолжает говорить ему: «Неужели ты не понимаешь?».

Как историей Израиля, так и современной историей подтверждается, что «веселье беззаконных» проходит очень быстро. В этом Софар прав, но это не применимо к Иову.

Его замечание не имеет отношения к Иову, хотя сам Софар убежден в своей правоте и мудрости. Как же он, в действительности, неразумен!

Дети Божьи, живущие в благости и истине, получат благословения Свыше, поэтому проживут в достатке и на этой земле, и будут наслаждаться жизнью вечной в Царстве Небесном. Мирские люди говорят, что беззаконники более преуспевают, однако, если мы посмотрим на последствия, то увидим, что это не совсем так.

В 6-м стихе говорится: «Хотя бы возросло до небес величие его...», и это означает, что власть и почет беззаконников и лицемеров открыты миру и их имена известны. Этим объясняются их власть и почет. В 7-м стихе употребляется слово «помет». Помет – бесполезные, грязные и дурно пахнущие отбросы. Все это используется для того, чтобы провести параллель с Иовом, но Иов, в действительности, ни беззаконником, ни лицемером не был, так что это к нему не относится.

В истории человечества можно найти имена многих людей, которые, казалось бы, вечно будут наслаждаться славой и преуспеванием, но все они однажды попадали в ситуации, где становились подобны «помету». Люди от них отворачивались, оскорбляли их. А это гораздо хуже, чем быть «пометом».

Из-за того что человеческая жадность толкала их исключительно на поиски собственной выгоды, они действовали по указке врага, дьявола и сатаны. Многие люди становились жертвами и вынуждены были проливать невинную кровь. Это летопись страданий и скорбей.

Давайте проверим, не обладаем ли и мы сердцем, подобным сердцу беззаконных. И если мы обнаружим в себе такое сердце, давайте покаемся и отвратимся от него.

«Как сон, улетит, и не найдут его; и, как ночное видение, исчезнет. Глаз, видевший его, больше не увидит его, и уже не усмотрит его место его. Сыновья его будут заискивать у нищих, и руки его возвратят похищенное им. Кости его наполнены грехами юности его, и с ним лягут они в прах» (20:8-11).

Когда мы говорим о другом человеке эмоционально и со злом, мы говорим о нем так, как будто он грешник, хотя на самом деле он безгрешен; и мы можем говорить о нем так, как будто он действительно виновен, тогда как он не виновен. Теми, кто следуют только истине, не управляют эмоции, и они не совершают подобных ошибок.

В 7-м стихе говорится: «Видевшие его скажут: „где он?”». А это значит, что все дела его рухнули, так как были они сплошным злом. Люди даже не попытаются вспомнить о нем, потому что ничего хорошего такой человек не оставит в их памяти. Скорее, они будут помнить только плохое и наплюют на него.

В 8-м стихе сказано: «Как сон, улетит…». Каким бы хорошим ни был сон, после пробуждения теряется всякий смысл в нем. Софар говорит, что беззаконные и лицемеры улетучатся, как сон, хотя они могут насладиться сиюминутной славой, почетом и преуспеванием.

Иов выказывал недовольство своим прошлым, думал об ушедших днях. И когда друзья видели это, то всячески насмехались над Иовом. Их собственное зло побуждало их судить Иова. Иов не считал себя беззаконником, однако друзья критиковали его, поэтому он чувствовал себя жертвой.

Затем в этом же отрывке написано: «...и, как ночное видение, исчезнет». Даже глава государства может быть свергнут и отправлен в изгнание. Он оставит свой дворец, и, скорее всего, в пещерах он будет искать укрытия. Весь мир его обрушится.

Софар продолжает: «Иов, поскольку ты беззаконный и лицемер, то ты лишился славы, почета и достатка, и все исчезло, как ночное видение». Из этого становится понятным, каким злым в очах Божьих был Софар. Нам понятно, какие жесткие и страшные слова друзья говорили Иову и какой сильной была его боль.

«Сыновья его будут заискивать у нищих, и руки его возвратят похищенное им» – так написано в 10-м стихе.

Друзья Иова были полны гнева и оскорбляли его словами, которые на самом деле не имели к нему никакого отношения. Слова «сыновья его будут заискивать у нищих» означают, что дети беззаконных будут просить подаяние у бедных. В Библии мы можем прочесть о том, каким жалким был конец таких порочных людей, как Саул и дети царя Ахава.

Под нищими здесь подразумеваются не те, кто испытывал недостаток в деньгах, а те, у кого было меньше славы и власти. Теперь же беззаконники будут просить милости вот у таких нищих.

Например, если царь или президент однажды, когда изменится ситуация, попросит милости у своих бывших подчиненных. Это и есть заискивание, о котором говорится в отрывке. Когда какого-нибудь президента уличат в коррупции, он должен будет уйти, и вот тогда он начинает заискивать перед бедными и раздавать накопленное богатство.

Иов относился к людям по – доброму, но теперь его положение изменилось, и друзья осуждают его. Он, должно быть, чувствовал такую сильную боль, как будто поедали его плоть.

И, по словам Иова, все это подобно тому, как если бы друзья истребляли его плоть. В действительности же Иов поедал себя сам. Те, кто обладают сердцем, кротким и мягким, как вата, примут все, даже суровые слова, подобные брошенному камню, – они не издадут ни звука при столкновении с ними. Но те, у кого сердце окаменело, при столкновении с другими производят много шума. Разве Иов не делал то же самое, занимаясь самоедством?

Когда мы говорим, нам следует быть осторожными в выборе слов. Мы не должны обижать своих братьев или вредить им, пытаясь заставить их все осознать и отступиться от своих беззаконий.

В 11-м стихе говорится: «Кости его наполнены грехами юности его, и с ним лягут они в прах». Понять это можно, обратившись к истории. В ней было множество королей и правителей, наделенных огромной властью, но конец их жизни был жалким.

«Энергия юности твоей прошла из-за зла твоего. Нет в тебе больше силы, оттого ты и вынужден лечь в прах, словно мертвец». Вот так друзья нападают на Иова, мучая его.

Некоторые люди завидуют грешникам, думая, что они больше преуспевают, но это не так. В конце концов, все построенное на беззаконии обязательно обрушится.

Совсем не завидуйте тем, кто обрел большое состояние или успех нечестивыми путями. Какую пользу принесут миллионы долларов тому, кто заработал их, обманывая других?

Они будут жить, нервничая из-за того, что их деньги могут быть похищены или вдруг откроется их преступление. Те, кто заработал деньги подобным путем, не смогут достойно потратить их. Жизнь их закончится после того, как они насладятся бессмысленными удовольствиями.

Кроме того, в несчастном положении окажутся их дети, для которых конечным пунктом назначения будет ад. Следовательно, лучше уж быть бедным, но жить праведной жизнью и войти в Царство Небесное. Такая жизнь благословенна.

4. Давайте избавимся от враждебности

«Если сладко во рту его зло, и он таит его под языком своим, бережет и не бросает его, а держит его в устах своих, то эта пища его в утробе его превратится в желчь аспидов внутри его. Имение, которое он глотал, изблюет: Бог исторгнет его из чрева его. Змеиный яд он сосет; умертвит его язык ехидны» (20:12-16).

«Если сладко во рту его зло, и он таит его под языком своим» – эти слова означают, что зло спрятано и может быть использовано в любое время. По мнению Софара, Иов должен избавиться от своего зла, но он считает зло сокрытой под языком сладостью, которую при желании можно применить в любую минуту.

Здесь же Софар называет злом жалобы Иова на Бога. Он говорит, что друзья все это время увещевали Иова, но тот не избавился от зла, а затаил его под языком, чтобы использовать в любой момент.

На самом деле, во рту друзей было еще слаще от зла, спрятанного под их языками, и как же нелепы их слова!

В действительности, в друзьях Иова гораздо больше зла, чем в нем самом, тем не менее, они говорят только о зле Иова. В себе зла они не ищут.

Хотя среди плотских людей Иов считался непорочным и справедливым, он не был духовным человеком. Согласно истине, он поступал неверно. Но, не понимая своих ошибок, он думал, что прав.

Многие из нас думают, что знают правду, но при этом мы, стараясь уколоть другого человека словами или указать ему на его недостатки, обнаруживаем в себе зло.

Однако мы можем считать это «сладостью». Мы прячем ее под языком и, продолжая нападать на других, даже не думаем, что это плохо. Мы можем, указывая на ошибки другим, желать все исправить им же во благо, однако при этом добиваемся обратного эффекта.

Если люди и примут такой совет, то они, скорее всего, ослабеют и будут разочарованы. Поэтому мы не должны допускать, чтобы происходило нечто подобное.

Так как Софар ничего не понимал о сердце и душе, то в 14-м стихе он, в качестве примера, использует еду.

Он говорит, что зло, таящееся под языком, становится желчью и проникает в утробу человека. Здесь, под утробой, подразумевается сердце. Если зло, подобно пище, попадает в утробу, то становится «желчью аспидов», а другими словами, ядом кобры; какая же это, должно быть, страшная вещь!

Кобры очень страшны. Они несут смерть. В духовном плане, желчь аспида является символом смерти, а кобра, ядовитая змея, – это то же самое, что враг дьявол. «Желчь» – это нечто горькое и нечистое, она опаснее самой кобры. Яд кобры несет смерть и является воплощением страшного зла.

Слова «в утробе его превратится в желчь аспида» означают, что в Иове много глубинного зла. Софар утверждает, что Иов очень злой человек.

И теперь Софар с возрастающей враждебностью, с еще большей силой нападает на Иова. Сравнить человека с ядовитой змеей – значит жестко указать ему на то, что он грешник, однако слова «желчь аспида» подразумевают еще большее зло. Как же рассержен был Иов, услышав это!

В 15-м стихе говорится: «Имение, которое он глотал, изблюет: Бог исторгнет его из чрева его». Софар утверждает это не потому, что знает волю Божью, а просто в запале эмоций произносит то, что слышал от своих отцов.

Бог дозволяет нам пожинать то, что посеяли, и воздает каждому по делам его. Если мы творим зло, то в итоге, несомненно, пожнем зло. Если мы обратимся к мировой истории, то сможем заметить, что творившие зло умирали жалкой смертью.

Это принцип духовного мира и Закон Божий. Предположим, для того чтобы получить выгоду, вы пойдете по порочному пути. Другой человек будет обманут вами, но для вас все складывается как будто бы благополучно. Однако это будет продолжаться недолго. Поскольку Бог Живой, все может измениться, и, в конечном итоге, вам придется плакать.

И конца этому не будет не только на земле, но и в мире вечности, где вам придется терпеть бесконечные муки в огне.

В 16-м стихе говорится: «Змеиный яд он сосет; умертвит

его язык ехидны». Что это значит? Яд змеи символизирует здесь нечто пагубное, несущее смерть. А слова «змеиный яд он сосет» означают, что Иов столкнется с последствиями сотворенного им зла.

> **«Не видать ему ручьев, рек, текущих медом и молоком! Нажитое трудом возвратит, не проглотит; по мере имения его будет и расплата его, а он не порадуется. Ибо он угнетал, отсылал бедных; захватывал домы, которых не строил» (20:17-19).**

Итак, сказано: «Не видать ему ручьев, рек, текущих медом и молоком!». Это означает, что Иов потерял все свои земли и все то, что приносило ему радость преуспевания, и ничего из этого он больше не увидит.

Потому что, по мнению друзей, Иов был полностью сломлен. Они были убеждены в том, что Иов никогда не сможет вновь восстановиться.

Думали ли вы когда-нибудь о том, что вы, подобно Иову, низко пали и нет сил подняться? Тогда это не вера, а лишь мысли человека. Если Бог начнет действовать, все может измениться в одно мгновение. И хотя все у вас рухнуло, но если вы покаетесь, обратитесь и угодите Богу своей верой, то сможете подняться в одночасье. Вы можете стать еще более успешными, чем прежде.

В 18-м стихе написано: «Нажитое трудом возвратит, не проглотит». Это значит, что хотя Иов нажил все честным путем, он не сможет обладать этим: все это исчезнет.

А в 19-м стихе объясняется, почему так происходит. Потому что он якобы угнетал и отсылал бедных; он якобы захватывал дома, которых не строил. Иов никогда ничего подобного не делал, но Софар неправомерно осуждает

Иова, опираясь лишь на собственные ощущения.

История подтверждает, что многие руководители, в частности президенты и министры, не заботятся о бедных. Это равносильно тому, что они угнетают неимущих, пренебрегают ими. Подобные руководители пекутся исключительно о собственных интересах, а это равносильно тому, что они отбирают дома у бедных.

Но Иов не был таким человеком. Софар же, злобствуя, приписывает ему ложь. Мы должны понять, что проявлять раздражительность и враждебность неразумно и бесполезно. А создавать трудности другим – это большой грех.

Когда наши слова путаются под влиянием эмоций, тогда мы должны избегать слов, через которые проявляется наша неприязнь.

Из-за неприязни возникают споры и драки, поэтому мы должны избавляться от таких недобрых чувств. Внешнее проявление неприязни огорчает и сердит других людей и может стать причиной их жалоб. Что совершенно не верно, согласно истине, поэтому мы должны избавиться от подобных недружелюбных чувств.

Когда мы неустанно и искренне молимся, мы можем пребывать в благодати и получать силу Бога Отца и помощь Духа Святого. Таким образом мы можем избавиться от своей враждебности. Если мы обижаем других своей неприязнью и в отношениях с ними проявляем раздражительность, то мы совершаем множество разных грехов.

«Не знал сытости во чреве своем и в жадности своей не щадил ничего. Ничего не спаслось от обжорства его, за то не устоит счастье его. В полноте изобилия будет тесно ему; всякая рука обиженного

поднимется на него. Когда будет чем наполнить утробу его, Он пошлет на него ярость гнева Своего и одождит на него болезни в плоти его» (20:20-23).

Здесь говорится о греховном человеке, под которым Софар подразумевает Иова. Если в сердце наше проникает жадность, то оно ничем не может насытиться. И жадность становится все сильнее и сильнее. Если семя нашей веры прорастет, то мы сможем сдвинуть даже горы; «похоть же, зачав, рождает грех».

«Похоть же, зачав, рождает грех, а сделанный грех рождает смерть» (Послание Иакова, 1:15). Если кто-то с вожделением относится к деньгам, славе или власти, то он не сможет контролировать себя и, прибегая к неправедным методам, будет грешить.

Если мы жадны до денег, то мы будем пытаться навредить другим, мы будем строить козни и обманывать их. Некоторым людям безразлично, каким способом добиться славы и власти. Поэтому, чтобы обрести реальную власть, они могут пожертвовать многими людьми и даже спровоцировать кровопролитие.

Софар смотрит на Иова плотскими глазами и поэтому продолжает критиковать его. Но Бог очищал Иова, чтобы он стал лучшим сосудом и получил большие благословения. Это не правда, что Иов потерял все, потому что был порочным и не благодарил за свое состояние и детей.

В 21-м стихе говорится: «Ничего не спаслось от обжорства его, за то не устоит счастье его». Эти слова по сути своей верны. Софар говорит то, что слышал от своих предков.

А именно, когда зачинается жадность, то вначале может показаться, что все идет хорошо, но, впоследствии, люди могут лишить вас всего, и, так или иначе, все исчезнет.

То же происходило и в мировой истории: когда глава государства думал и действовал, движимый исключительно жадностью, тогда все, включая его славу, власть и благополучие, рушилось и исчезало в одно мгновение.

И еще: в истории Кореи был президент, который мог бы пользоваться большим уважением, если бы он, как и положено, точно следовал закону. Но жадность, зачатая в нем, побудила его изменить конституцию, чтобы дважды занять пост президента. Он не сдержал своих обещаний и разработал другой план действий. В конце концов он умер жалкой смертью.

В 22-м стихе написано: «В полноте изобилия будет тесно ему; всякая рука обиженного поднимется на него». О чем нам это говорит?

«Будет тесно» предполагает, что впереди – неудачи и трудности. Поскольку полнота изобилия – зло, то сохранить это чувство полноты невозможно, ведь благополучие не продлится долго, поэтому и «будет тесно». Это надо понимать так, что Иов недолго процветал, он сокрушен и «будет тесно» ему, потому как грешил.

В 23-м стихе сказано: «Когда будет чем наполнить утробу его, Он пошлет на него ярость гнева Своего и одождит на него болезни в плоти его». Слова «наполнить утробу» означают, что он наслаждался своим преуспеванием и оберегал свое изобилие.

К примеру, глава одного государства, проделав много работы, по завершении своего срока передал полномочия другому, но поскольку сделал это со злостью, то Божий гнев обрушился на него. Поэтому он жил во мраке, и все его состояние было у него отобрано.

А как понимать слова о том, что во время насыщения утробы «Он пошлет на него ярость гнева Своего»? Сколько же всего на тот момент было обращено в стрелы, выпущенные в Иова? Так как Иов был грешным, друзья окружили его и нападали на него.

«Убежит ли он от оружия железного – пронзит его лук медный; станет вынимать [стрелу,] – и она выйдет из тела, выйдет, сверкая сквозь желчь его; ужасы смерти найдут на него! Все мрачное сокрыто внутри его; будет пожирать его огонь, никем не раздуваемый; зло постигнет и оставшееся в шатре его» (20:24-26).

«Убежит ли он от оружия железного – пронзит его лук медный» – объясняя эту строку, остановимся на двух аспектах.

Один из них предполагает следующее: «Иов! Ты стараешься уклониться от советов друзей, поэтому мы не можем помочь тебе, но, давая советы, мы говорим слова, которые буквально пронзают тебя. Даже если ты сможешь уклониться от наших советов, тебе не избежать приготовленного для тебя лука медного».

Другой аспект подразумевает, что когда атакует железное оружие, ты можешь увернуться или заградиться от него, а вот стрел из лука, выпущенных сразу же вслед, избежать нелегко. Это означает, что медный лук страшнее и мучительнее оружия железного.

В 25-м стихе говорится: «Станет вынимать [стрелу], – и

она выйдет из тела, выйдет, сверкая сквозь желчь его; ужасы смерти найдут на него!».

Когда стрелы пронзают тело человека, он чувствует нестерпимую боль. Но когда стрелу вынимают, то боль должна отступить, однако, как сказано, на него найдет ужас смерти.

Этот стих невозможно понять, если воспринимать его буквально. Например, у человека обманным путем выманили деньги. Он злится и не может перенести этого. Допустим, что этот человек убьет того, кто его обманул.

Он убил, поддавшись своему порыву сделать это, но, увидев обидчика мертвым, ужаснется, подумав: «Я стал убийцей». Когда все закончится, он будет испытывать страх и ужас и пожалеет о содеянном.

«Иов! После того как стрела выйдет из тела, на тебя найдут боль и ужас».

Софар угрожает Иову, чтобы запугать его. Мы не должны становиться причиной страданий и ужасов других людей.

Итак, в конце Книги Иова гнев Божий пал на этих трех друзей, но, через заступничество Иова, они были прощены.

В 26-м стихе написано: «Все мрачное сокрыто внутри его; будет пожирать его огонь, никем не раздуваемый; зло постигнет и оставшееся в шатре его».

В сущности, Софар завидовал благосостоянию Иова. Вот почему Софар говорит Иову, будто бы внутри того мрак, и он не может теперь двигаться из-за того, что был жадным к деньгам и занимался накопительством богатства как грешник. Так что, он будет вынужден либо быть скованным, либо неприкаянно скитаться.

Это все равно, что сказать: «Иов, все несчастья обрушились на тебя, потому что ты грешный. Бог отвернулся от тебя, и сатана действует в твоей жизни. Никто из людей не насылал на тебя несчастий, и тебе ничего другого не остается, кроме как погибнуть».

Во тьме мы не можем общаться с другими людьми или свободно перемещаться. Мы будем либо в заточении, либо передвигаться на ощупь. Слава, власть и деньги уйдут от нас, потому что люди отвернутся от нас.

«Небо откроет беззаконие его, и земля восстанет против него. Исчезнет стяжание дома его; все расплывется в день гнева Его. Вот удел человеку беззаконному от Бога и наследие, определенное ему Вседержителем!» (20:27-29).

Софар утверждает, что, поскольку Бог открыл беззакония Иова, все пути его перекрыты. Если Небеса не прощают, то все в жизни теряет смысл. Тогда дом, имущество и все в жизни исчезнет.

Во время земной жизни человеку могут быть даны материальные благословения, и Софар говорит, что от всего этого не останется и следа. Он уверяет, что все, испытываемое Иовом, является уделом, который грешник непременно получит от Бога.

Но мы должны знать, что Бог не планировал заранее всего того, что случилось с Иовом, как это утверждает Софар. Бог установил основные ограничения этого мира, определяющие то, что случится, если мы будем действовать таким образом.

Всемогущий Бог знает все о будущем, Он – Бог предвидения и прогнозирования в совершенной справедливости. Он установил границы, но Он не решает заранее то, что могло бы произойти.

Он лишь определил границы спасения через Закон, а

оставаться нам в пределах этих границ или нет, зависит от нашего добровольного выбора.

Если бы Бог планировал заранее судьбу каждого, то Он не мог бы судить нас, Ему вовсе не пришлось бы этого делать.

Автор:

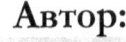

Д-р Джей Рок Ли

Д-р Джей Рок Ли родился в городе Муан, в провинции Джэоннам Южной Корейской Республики, в 1943 году. Начиная с двадцати лет, д-р Ли страдал от различных неизлечимых заболеваний и в течение семи лет жил в ожидании смерти, без всякой надежды на исцеление. Но однажды, весной 1974 года, сестра привела его в церковь, где он, упав на колени, молился, и Живой Бог сразу исцелил его от всех болезней.

С той минуты, как д-р Ли встретился с Живым Богом, он искренне возлюбил Его всем сердцем, а в 1978 году был призван на служение Богу. Он усердно молился, чтобы ясно уразуметь волю Божью, полностью исполнить ее и повиноваться всякому слову Божьему. В 1982 году он основал Центральную церковь «Манмин» в городе Сеуле (Корея), и с того момента бесчисленные дела Божьи, включая чудесные исцеления и знамения Божьи, были явлены в этой церкви.

В 1986 году д-р Ли был рукоположен в пасторы на ежегодной Ассамблее Корейской церкви Христа в Сингкуоле, а спустя ещё четыре года, в 1990 году, его проповеди начали транслироваться по каналам Дальневосточной вещательной компании, Азиатской вещательной компании и Вашингтонской христианской радиостанции в Австралии, России, на Филиппинах и во многих других странах.

Через три года, в 1993 году, журнал *Христианский Мир* (США) внес Центральную церковь «Манмин» в список пятидесяти лучших церквей мира; колледж Христианской веры в штате Флорида (США) присвоил д-ру Ли степень почетного доктора богословия, а в 1996 году Теологическая семинария Кингсвэй (штат Айова, США) присвоила ему степень доктора философии христианского служения.

С 1993 года д-р Ли, проведя крусейды в Израиле, США, Танзании, Аргентине, Уганде, Японии, Пакистане, Кении, на Филиппинах, в Гондурасе, Индии, России, Германии и Перу, вошел в ряд лидеров мировой миссионерской деятельности.

В 2002 году, за его труд по проведению ряда впечатляющих объединенных крусейдов, ведущие христианские газеты Кореи назвали его «пастором всемирного пробуждения». Особенно отмечена его Нью-Йоркская евангелизационная кампания 2006 года, прошедшая в «Madison Square Garden», которая транслировалась в 220-ти странах мира.

Также особо отмечен Объединенный крусейд в Израиле в 2009 году, прошедший в международном Центре конгрессов Иерусалима, когда Иисус Христос был открыто провозглашен Мессией и Спасителем. Тогда проповеди д-ра Джей Рока Ли через спутниковое вещание транслировались на 176 стран.

В 2009-м и 2010 годах ведущий христианский мега-портал «In Victory», а также новостное агентство «Christian Telegraph» назвали д-ра Ли одним из 10-ти ведущих христианских лидеров мира.

По данным на февраль 2013 года, членами Центральной церкви «Манмин» являются более ста двадцати тысяч человек. Ею основано десять тысяч филиалов и ассоциативных церквей по всему миру, и на данный момент церковь отправила более 129 миссионеров на служение в 23 страны, включая США, Россию, Германию, Канаду, Японию, Китай, Францию, Индию, Кению и многие другие страны.

На момент публикации этой книги д-р Ли издал 84 книги, включая такие бестселлеры, как *«Откровения о вечной жизни в преддверии смерти»*, *«Моя жизнь, моя вера»* (I и II), *«Слово о Кресте»*, *«Мера веры»*, *«Небеса»* (I и II), *«Ад»* и *«Сила Божья»*. Его книги были переведены на 75 языка мира.

Его статьи на тему христианской веры публиковались в следующих периодических изданиях: *The Hankook Ilbo, The JoongAng Daily, The Dong-A Ilbo, The Chosun Ilbo, The Munhwa Ilbo, The Seoul Shinmun, The Kyunghyang Shinmun, The Korea Economic Daily, The Korea Herald, The Shisa News* и *The Christian Press*.

В настоящее время д-р Ли возглавляет многие миссионерские организации и ассоциации. Он, в частности, является главой правления Объединенной церкви святости Иисуса Христа, президентом Международной миссионерской организации Манмин, основателем и главой правлений «Глобальной христианской сети» (GCN), «Всемирной сети врачей-христиан» (WCDN) и Международной семинарии Манмин (MIS).

Небеса I и II

Подробное описание тех великолепных условий, в которых живут граждане неба, и красочное описание разных уровней небесных царств.

Моя жизнь, моя вера I и II

Автобиография Др. Джэрока Ли это подарок для читателей, насыщенный благоуханными духовными ароматами, полученными в течении жизни из любви Божьей, которая цвела посреди темных волн, холодного ига, и глубокого отчаянья.

Слово о Кресте

Действенная, пробуждающая проповедь для всех, кто находится в духовной спячке. В этой книге вы узнаете почему Иисус является единственным Спасителем и истинной любовью Бога.

Мера веры

Какое жилище, венец и награды приготовлены для тебя на небесах? Эта книга содержит в себе мудрость и наставления, необходимые чтобы измерять свою веру, и взращивать свою веру до полной зрелости.

Ад

Важная весть для всего человечества от Бога, который не желает, чтобы даже одна душа попала в глубины ада! Вы откроете для себя доселе не известные подробности жестокой реальности нижней Преисподней и адских глубин.

www.ingramcontent.com/pod-product-compliance
Lightning Source LLC
Chambersburg PA
CBHW061552120626
46550CB00004B/1457